RHODOS

DUMONT REISE-TASCHENBUCH

Hans E. Latzke

RHODOS

LAND & LEUTE

Erste Begegnung mit Rhodos

Kultur und Leben

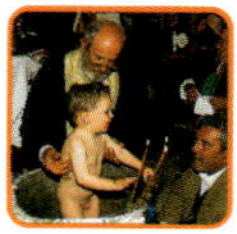

Inhalt

REISEINFOS VON A BIS Z

REISEATLAS

Hinweis zur griechischen Aussprache: Das griechische Thita (Θ/θ, Umschrift th) wird wie das englische th ausgesprochen, Delta (Δ/δ, Umschrift d) als weiches englisches th, Ypsilon (Υ/υ, Umschrift y/i) als kurzes i und die Buchstabengruppe ou als langes u. Der Akzent hebt die betonte Silbe hervor. Weitere Hinweise zu Umschrift und Aussprache s. S. 224.

LAND & LEUTE

»Diese mehrfachen, meterdicken Quadermauern, diese Tortürme und Ausgucke, diese Wehrgänge und Pecherker, diese Schützenluken und Senkscharten: hat sie nicht der Geist des Nordens und Westens geschaffen? Und mit einemmal spürt man's, was uns diesen Ort unbeschreiblich reizvoll macht: es ist die wundersame Ineinanderschachtelung von Okzident und Orient.«

Gerhard Venzmer

Erste Begegnung mit Rhodos

Blick entlang der Ostküste
vom Tsambíka-Berg

DIE INSEL DES SONNENGOTTES

›Sonneninsel Rhodos‹: dieser Mythos ist wohl gut und gern über 3000 Jahre alt. So sagten schon die alten Griechen, dass diese Insel dem Gott Helios geweiht sei, dem ›Rosse lenkenden‹, der mit dem Sonnenwagen täglich das Firmament durchquert. Doch die jährlich über 300 Sonnentage sind es nicht allein, die die viertgrößte griechische Insel nahe der türkischen Küste so attraktiv machen.

Rhodos hat mehr zu bieten: neben den lang gestreckten Stränden vor allem eine Hauptstadt, in der Geschichte auf Schritt und Tritt lebendig wird, bedeutende antike Ausgrabungen und ein reizvolles Hinterland. Diese Insel ist nicht karg und herb wie die meisten anderen in der Ägäis; sie ist grün, fruchtbar, duftend.

Schon wenige Kilometer abseits der doppelspurigen Schnellstraße, die die quirligen, modernen Urlaubsorte an der Ostküste verbindet, kommt man in beschauliche Dörfer mit üppigen Gärten, in ausgedehnte Pinienwälder, Olivenhaine, stößt auf einsame, weiß gekalkte Kirchen. So ist Rhodos auch eine Insel der Extreme: Mit rund einer Million Touristen pro Jahr und Saison zählt sie zu den wichtigsten Urlaubsgebieten ganz Griechenlands – und dennoch kann man sich hinten im Südteil der Insel, fern von den Hotelburgen und dem Trubel der Großstadt Rhodos, auf ungeteerten Pisten verirren und in uralten Klöstern griechische Gastfreundschaft kennen lernen.

Sprichwörtlich ist die Fruchtbarkeit der ›Roseninsel‹ Rhodos, auf der man auf Schritt und Tritt Palmen und Oleander, Platanen und Granatapfelbäume, die uralte Symbolpflanze von Rhodos, findet. Schon auf dem Weg vom Flughafen nach Rhodos-Stadt fährt man vorbei an alten neoklassizistischen Villen, in deren Gärten die ganze exotische Vegetation des Südens üppig sprießt, und in den Dörfern scheinen sich manche Häuser unter dichten Polstern der rotviolett blühenden Bougainvillea verstecken zu wollen.

Der Urlauber jedoch, der nur die Sommerhitze kennen lernt, der süchtig geworden ist nach dem niemals endenden Gesang der Grillen, er müsste sich vom Winter der Ägäis überraschen lassen. Denn das ist die einsame Jahreszeit, in der kalte Stürme übers Meer peitschen und alle fort sind: die Touristen wieder im Norden, die meisten Geschäftsleute wieder in Athen. Nur die einheimischen Rhodier bleiben und kümmern sich um die Olivenernte. Die Urlaubssiedlungen an der Küste sind nun feucht und ungemütlich und ähneln Geisterstädten.

So ist es denn ein fragiles Gleichgewicht, das die Insel am Leben erhält, auch ökonomisch. Die meisten Jobs hängen direkt oder indirekt vom Tourismus ab und bringen nur sieben bis acht Monate Geld. Das ist nicht viel, aber es reicht aus – für manche, um zu bleiben, für andere, um in Hotels und Restaurants zu investieren. Blieben die

Touristen aus, würden wohl auch die Griechen gehen müssen.

Nur Rhodos-Stadt, Hauptstadt der Insel und des Dodekanes-Archipels, macht da eine gewisse Ausnahme. Sie wächst und hat ihre Einwohnerzahl in den letzten 10 Jahren um 30 % erhöht. Hier wurden einige Fakultäten der neuen Ägäis-Universität angesiedelt, dazu auch eine Hotelfachschule. Daher sind stets relativ viele junge Leute in der Stadt – ungewöhnlich für Griechenland mit seinen vielen sterbenden Dörfern und Städten und vergleichbar nur mit Athen und Thessaloniki. Und so ist dies eine höchst ungewöhnliche Stadt: einerseits das Hotelviertel mit touristischem Flair und kosmopolitischem Nachtleben, andererseits griechische Wohnviertel und zahlreiche Kneipen und In-Cafés für die Studenten.

Auch sonst gibt sich Rhodos konträr: man hat die Wahl zwischen Luxusanlagen wie in Kiotári oder einfachen Pensionen wie in Líndos, zwischen beschaulichen Hotelarealen wie Kolýmbia oder lauten Kunstorten wie Faliráki mit seinen berüchtigten Bars und Clubs. So ist für jeden gesorgt, seien es die Surfer, die an der Westküste allerbeste Bedingungen vorfinden, seien es Kunstliebhaber, die bedeutende historische Relikte studieren können. Selbst zum Relaxen und Nichtstun gibt es genügend Strände – obwohl Rhodos dafür eigentlich viel zu schade ist.

Die Hafeneinfahrt mit den berühmten Hirschfiguren bei Sonnenuntergang

STECKBRIEF GRIECHENLAND

Landesstruktur: Die Griechische Republik *(Elleniki Dimokratia)* erstreckt sich über 131 957 km^2; mit einer Gesamtküstenlänge von 15 021 km schließt sie 3054 Inseln ein (davon sind etwa 150 bewohnt). Rhodos (gr. *Ródos)* ist mit 1400 km^2 die viertgrößte dieser Inseln (nach Kreta, Evia und Lesbos). Hauptstadt ist Athen, in dessen Großraum mit ca. 7,5 Mio. Einwohnern 3/4 der gesamten Bevölkerung leben.

Bevölkerung: Rhodos hat knapp 120 000 Einwohner, davon leben etwa die Hälfte in Rhodos-Stadt. Von den 11 Mio. Einwohnern Griechenlands sind 98 % Griechen, daneben gibt es kleine türkische (u. a. auf Rhodos), albanische und bulgarische Minderheiten. Über 6 Mio. Griechen leben im Ausland, hauptsächlich in den USA, Kanada und Australien. Alle Griechen sind von Geburt an Mitglieder der griechisch-orthodoxen Kirche. Auf Rhodos bilden die türkischstämmigen Einwohner eine durch den Lausanne-Vertrag von 1923 geschützte muslimische Minderheit, allerdings hat ihre Zahl sehr stark abgenommen.

Regierungsform: Griechenland ist mit der Verfassung von 1975 Republik geworden; der im Exil lebende Ex-König Konstantin hat auf seine Thronrechte jedoch nicht verzichtet. Das Land gliedert sich seit der Verwaltungsreform 1999 in 13 Regionen, diese wiederum in 51 Bezirke, darunter der Nomos Dodekanes (gr. *Dodekansia)* mit Rhodos als Hauptstadt, der zur Region Südägäis (gr. *Notio Aigaio)* gehört. Regierungspartei ist die liberalkonservative Neue Demokratie (Nea Dimokratia, ND) unter Ministerpräsident Kostas Karamanlis, die 2004 die linksnationalistische Panhellenische Sozialistische Bewegung (PASOK) unter Andreas Papandreou ablöste. Die ND bemüht sich derzeit um eine konservative Reformpolitik, sieht sich aber dem erbitterten Widerstand der Gewerkschaften gegenüber.

Wirtschaft: Nach offiziellen Zahlen erwirtschaftete Griechenland pro Einwohner ein Bruttosozialprodukt von 17 900 US-$ (2003). Über die Realität sagt dies freilich wenig aus: Fast alle ökonomisch potenten Betriebe konzentrieren sich im Großraum Athen; die ländlichen und gebirgigen Regionen sind dagegen stark unterentwickelt. Wichtigster Devisenbringer ist der Tourismus mit 9–13 Mio. Besuchern per anno in den letzen Jahren. Wichtigster Handelspartner ist Deutschland mit ca. 10 % des Exports und 13 % des Imports, wobei das Importvolumen aus Deutschland in den letzten Jahren die weltweit höchsten Wachstumsraten aufwies. Nach guten Werten kurz vor Aufnahme in die Eurozone (2000/01/02) stieg die Inflation 2003 wieder auf ca. 3,6 % und die Neuverschuldung auf 3,2 % des BIP. Trotz guter Wachstumsprognosen (um 4 %) haben die Ausgaben für die Olympischen Spiele die immense Staatsverschuldung wieder steigen lassen (104 % des BIP für 2004 prognostiziert).

LANDSCHAFT & NATURRAUM

Die Landschaften

Wie ein Delphin (mit Rhodos-Stadt auf der langen Schnauze, Líndos als Brust- und Monólithos als Rückenflosse) taucht die Insel aus dem Meer auf. Lang gestreckt schließt sie die Ägäis, das Meer der griechischen Inseln, gegen das offene Mittelmeer im Süden ab. Auf halber Länge, etwa auf Höhe von Líndos, überschreitet Rhodos den 36. Breitengrad, liegt damit auf gleicher Höhe wie Malta und Gibraltar, nördlicher aber als Kreta, dem es das Südende zukehrt. Die Nordspitze hingegen weist zum türkischen Festland, mit dem die Insel in der Vergangenheit oft in enger Beziehung stand.

Durch die kaum 18 km breite Meerenge zwischen der Nordwestküste und dem kleinasiatischen Festland fuhren seit frühester Zeit die Handelsschiffe auf der Route nach Ägypten, was der Stadt Rhodos seit ihrer Gründung 408 v. Chr. enorme strategische Bedeutung gab. Die Ostküste schaut aufs inselfreie Meer, das bald auf Tiefen über 4000 m abfällt, die Westküste hingegen ist der Inselgruppe des Dodekanes zugewandt. Dieser Name bedeutet auf Griechisch ›Zwölf Inseln‹; man bezeichnet damit die kleineren Inseln nahe der kleinasiatischen Küste. Rhodos gehört historisch nicht dazu, ist aber heute die Hauptstadt der Präfektur Dodekanes.

Insgesamt hat Rhodos keine so buchtenreichen Küsten wie die meisten anderen Inseln der Ägäis. Es überwiegen gerade, kilometerlange Küsten, die einzigen Naturhäfen liegen bei den alten Städten Rhodos und Líndos. Die dem Méltemi-Nordwind ausgesetzte Westküste besitzt schöne Strände nur in der Nähe von Rhodos-Stadt, ab Ialyssós/Triánda überwiegen grobe Kiesel. Im Süden werden unerschlossene Kieselstrände von Steilfelsen unterbrochen. Die besten Strände erstrecken sich an der Ostküste, z. B. bei Kallithéa, Faliráki und Líndos.

Das Inselinnere wölbt sich hügelreich zu sanften, bewaldeten Kuppen, über die sich als höchster Berg der kahle Attávyros auf 1215 m erhebt. Neben diesem kahlen Brocken aus Granitgestein bestehen viele der Hügel aus quartären Sedimenten, also abgelagerten Sandmassen, durchsetzt von Meereskieseln und sogar Muschelresten. Diese außergewöhnliche geologische Struktur gab wohl Anlass zum Mythos von der von Göttervater Zeus aus dem Meer gehobenen Insel Rhodos (s. S. 140).

Obwohl das Land fruchtbar ist, ist das Inland nur wenig besiedelt; die meisten Dörfer leiden unter Abwanderung. Mit zunehmender Entfernung zur Hauptstadt sinkt die Zahl der Einwohner (und Touristen) pro Quadratkilometer, bis sie zum Schluss, an der Südspitze, fast gen Null tendiert. Seit dem Ausbau der Küstenstraße jedoch, die Rhodos asphaltiert einmal ganz umrundet, wird auch der Süden häufiger besucht. Doch während Küstenweiler wie Kiotári und Gennádi vom Hotelbau

profitieren, dämmern die Orte im Landesinneren weiterhin im Dornröschenschlaf dahin – im Süden wie im Norden.

Inseln rings um Rhodos

Auch die Inseln rings um Rhodos haben durch den Tourismus einen deutlichen Aufschwung erlebt. Zur beliebtesten Ausflugsinsel hat sich dabei sicherlich das karge und doch mit seiner neoklassizistischen Architektur so reizvolle Sými gemausert. Aber auch die Vulkaninsel Níssyros im Norden wird gern besucht, während Chálki vor der Westküste oder Kastellórizo weit im Osten vor der türkischen Küste Refugien für sehr stille Urlaubstage sind.

Diese Inseln zeichnet im Gegensatz zu Rhodos die ökologische Mangelsituation aller ägäischen Inseln aus. Weit dehnen sich die Geröllhänge, auf denen man sich kaum eine Pflanze vorstellen kann, auf denen aber nach den Regenfällen des Winters eine farbenprächtige Blumendecke sprießt. Nur kleine Talmulden erlauben beschränkte Landwirtschaft mit Anbau von Winterweizen, Gemüse und Baumkulturen wie Oliven, Mandeln, Feigen ... Aber

Rhodische Landschaft im Süden der Insel, im Hintergrund der Attávyros

die Siedlungen sind umgeben von bewässerten Ackerparzellen mit Wein, Tomaten, Kürbis und Zucchini, über die weiß gekalkten Wände wuchern Hibiskus und Bougainvillea mit ihrer hellroten und tief violetten Blütenpracht.

Das Wetter

Das Klima der Zentralägäis zwischen dem griechischen Festland und der Türkei weist im Vergleich mit dem übrigen Mittelmeerraum eine noch geringere Niederschlagsmenge und noch extremere Temperaturunterschiede im Tagesverlauf auf. Eine Ausnahme stellt jedoch Rhodos dar: Das über 2000 m hohe Taurusgebirge des nahen Festlands bildet für den Südostpassat eine Stauwand, an der sich diese feuchtwarme Strömung abregnen kann.

Gleichzeitig schirmen die Berge die kalten Nordwinde des Winters ab und bewirken daher ein etwas milderes Klima. Jedoch sollte man auch im Sommer den griechischen Méltemi, den stürmisch-böigen Nordwind, nicht unterschätzen. Ihm verdankt die Nordwestküste bei Triánda ihre günstigen Surfwinde. An der Ostküste hingegen wird der Méltemi durch die Höhen des Landesinneren gebrochen, dort können die Temperaturen daher leicht auf über 40 °C steigen. Angenehmer ist das Klima vor allem von Ende April bis Anfang Juni, wenn der Frühling eine überwältigende Pflanzen- und Blumenpracht aus der Erde kitzelt.

Natur und Umwelt

Die rhodische Landschaft erscheint großzügig: Sie ist nicht von Terrassenmauern und kleinen Ackerparzellen geprägt wie die meisten Ägäis-Inseln. Zwar besitzt Rhodos wie alle griechischen Inseln keine ganzjährig wasserführenden Flüsse, aber doch zahlreiche Quellen, die noch im Sommer Wasser spenden. Statt felsigem Karstland herrscht hier daher eine vergleichsweise üppige Pflanzenwelt vor. Besonders

Der Granatapfel

›Rhodos, die Roseninsel‹ – dieser werbeträchtige Slogan geht auf einen Irrtum zurück: *ródinos* ist das griechische Wort für ›rosa‹, aus dem Namen ›Die Rosige‹ wurde irgendwann ›Die Roseninsel‹, auch wenn es auf Rhodos kaum Rosen gibt. Der Wortstamm selbst ist aber viel älter: Eine Insel *rhod* taucht schon in Überlieferungen der Phöniker auf, in deren Sprache das Wort auch den Granatapfel *(Punica granatum)* bezeichnet. Dieser bis zu 5 m hohe Strauch mit derben Blättern trägt große, gefüllte rote Blüten mit gelben Staubfäden; im Herbst reifen die apfelförmigen Früchte mit süßsaurem Fruchtfleisch und dicken glänzenden Kernen. Der Granatapfel stammt aus Südwestasien und ist schon früh in den Mittelmeerraum gebracht worden. In hellenistischer Zeit erscheinen Abbildungen seiner Blüte, die der Rose sehr ähnlich sieht, auf rhodischen Münzen. Bis heute wächst der Granatapfel auf Rhodos in Vorgärten und an Wegesrändern: Er ist eine uralte Symbolpflanze der Insel.

auffällig sind die großen Waldzonen im wenig besiedelten Landesinneren, die ein für griechische Inseln ungewöhnlich grünes Gesamtbild zur Folge haben.

Typisch mediterran ist hingegen die Pflanzengesellschaft der Macchia, die den natürlichen Bewuchs von Ödlandflächen darstellt. Sie wird griechisch *frygána* genannt und traditionell als Weide für Ziegen und Schafe genutzt.

Pflanzen der Frygána

Vor allem die Frygána besteht aus ganz speziell an das Klima angepassten Arten. In der langen regenlosen Zeit des Mittelmeersommers können nur solche Pflanzen überdauern, die bestimmte Methoden der Anpassung entwickelt haben: Zwiebeln oder Knollen, um Wasser zu speichern (z. B. Iris, Orchideen), Blattformen wie Hartlaub oder Dornen, die wenig Wasser verdunsten lassen (z. B. Wacholder, Disteln).

An Wegesrändern sieht man häufig die **Dornbibernelle,** deren grüne Stengel mit roten Beeren neben blattlosen dornigen Seitenästen stehen. Dichte Polster bildet auch der würzig duftende **Thymian** und der wilde **Oregano.**

Fast eine Charakterpflanze auf Rhodos ist der gelb blühende **Ginster,** der an den Straßenrändern oft riesige Polster bildet. Besonders hoch wachsende Arten der Frygána sind die bis zu 2 m hohe **Kermeseiche** mit dornig gezähnten Blättern und die sehr ähnliche **Steineiche.** Aus den hellrosa Früchten des bis zu 5 m hohen **Erdbeerbaums** mit langen, derben Blättern wird traditionell ein Likör hergestellt.

Kiefern und Olivenbäume

In den Waldzonen, vor allem an den Bergen Profítis Ilías und Psínthos, finden wir zumeist die **Aleppokiefer,** einen bis zu 20 m hohen Nadelbaum mit lichter Krone und bis zu 15 cm langen

Nadeln. Daneben sind **Edelkastanie** und **Zypresse** vertreten, letztere ist auch häufig als heiliger Baum an Friedhöfen oder neben Kapellen zu finden. Wasserliebende Bäume wie **Platanen** und **Eukalyptus** sind vielfach in den Dörfern als Schattenspender angepflanzt worden.

Am häufigsten vertreten ist der **Olivenbaum,** der bis etwa 400 m Höhe in großen Hainen angebaut wird. Die Ernte der Ölfrüchte erfordert größere Arbeitsleistungen nur von November bis März, zu einer Zeit also, wenn die Urlauber wieder fort sind. In der Tat sind viele Land besitzende Rhodier auf diese bequeme Nebenerwerbslandwirtschaft umgestiegen, seit es im Tourismus so viel Geld zu verdienen gibt.

Exoten am Wegesrand

Auf Kulturland sieht man neben mittelmeerischen Nutzpflanzen auch subtropische Pflanzen, die aus Amerika oder Asien importiert wurden. Die **Korkeiche,** die heute kaum noch zur Korkgewinnung geschält wird, ist an ihrer wulstigen Rinde zu erkennen.

Imposant ist die **Agave** mit ihrer Bodenrosette aus dickfleischigen wachsgrünlichen Blättern, die unter südlicher Sonne bis 2 m hoch werden. Nach etwa 10 Jahren bildet die aus Mittelamerika stammende Pflanze einen bis 8 m hohen Blütenstand (besonders schön an der Straße nach Triánda zu sehen), nach der Blüte stirbt sie ab.

Essbar, aber nur mit Vorsicht zu genießen, sind die süßen Früchte der **Opuntie,** des Feigenkaktus. Die kaktusähnliche Pflanze kann bis 5 m hoch werden. Die Früchte sind süß und lecker, aber ebenso wie die dickfleischigen Blatter von Polstern winziger Stacheln mit Widerhaken besetzt, die schlimme Hautentzündungen verursachen können.

Karibik-Muscheln

Auf Rhodos werden häufig prachtvolle Muscheln verkauft. Aber Achtung: Sie stammen zumeist aus der Karibik oder Südostasien, und viele Sorten fallen unter die Bestimmungen des Washingtoner Artenschutzabkommens. Wenn man sie mitnimmt, kann es erhebliche Probleme mit dem Zoll geben.

Kultivierte Pflanzen

Obwohl Rhodos wasserreich ist, sind nur wenig mehr als 2 % der 1400 km^2 großen Insel landwirtschaftlich genutzt. Die politischen Wechsel dieses Jahrhunderts haben der Agrarwirtschaft immer wieder Rückschläge versetzt, die auch im Landschaftsbild Spuren hinterließen. So verfielen die türkischen Farmen, die Çiftlik, als die Italiener Rhodos übernahmen; was die italienischen Bauern bis 1945 aufgebaut hatten, verfiel, als das Gastspiel der Italiener endete. Zuletzt führte der Aufschwung des Tourismus zu einer starken Arbeitskräfteabwanderung, die weite Flächen brach fallen ließ. Heute kann die Insel noch nicht einmal den eigenen Bedarf decken.

Zudem hat sich die Palette der angebauten Produkte gewandelt. Der Anbau von Getreide, Feigen, Melonen ist zurückgegangen, und auch die Imkerei, in türkischer Zeit ein lukrativer Erwerbszweig der landlosen Griechen, verlor an Bedeutung. Zugenommen hat der Anbau von Oliven, von Wein – sowie von Kartoffeln, für die der Tourismus eine Nachfrage geschaffen hat.

Der **Weinanbau** liefert den Rohstoff für die beiden großen Produzenten CAIR und Emery (s. S. 166). Für den einheimischen Markt, speziell also Athen, werden **Zitrusfrüchte** angebaut, Orangen z. B. bei Másari und Malóna an der Líndos-Straße. Auf der Westseite der Insel, bei Mandrikó bis Soroní, gedeihen in einfachen Gewächshäusern **Tomaten,** die zum Großteil auf Rhodos direkt zu Tomatenmark verarbeitet werden, und andere Gemüsesorten.

Die Tierwelt

Die wild lebende Fauna ist sehr artenarm und durch die Jagdleidenschaft der Griechen stark dezimiert. So sind **Eidechsen** fast die einzigen frei lebenden Tiere, die der Wanderer zu Gesicht bekommt. Besonders auffällig ist die grau-braune Hardun-Agame, die die Griechen Sávres (Drachen) nennen. Verschiedene **Schlangen** gibt es auf Rhodos zwar auch, doch sind sie scheu und ziehen sich meist zurück, wenn sie Gelegenheit haben. Zum Schutz vor den durchaus nicht ungefährlichen schwarzen Vipern sollten Wanderer daher lange Hosen und feste Schuhe tragen und unterwegs stets fest auftreten.

Halbwild leben die **Ziegen,** die wie die Schafe auf Brachflächen weiden; vor allem die von der EU subventionierte Ziegenzucht ist für die fortschreitende Waldvernichtung mitverantwortlich. Viele der berüchtigten Waldbrände dürften auf das Konto der Ziegenhalter gehen, die so Weideflächen für ihre Herden ›freiräumen‹.

Das frühere Allzwecknutztier der Griechen, der **Esel,** scheint dagegen fast vom Aussterben bedroht. Fast nur in Líndos sind Esel noch zu finden, als Touristenattraktion.

Darüber hinaus gibt es wenige Rinder und auch einige Schweinemastbetriebe. Trotzdem ist die Versorgungssituation nicht günstig. Über 50 % des Fleischbedarfs müssen eingeführt werden, erstaunlicherweise aber auch Fisch, der mit den großen Fähren von den umliegenden Inseln herbeigeschafft wird (s. S. 21).

LANGE NÄCHTE UND EINE KLEINE FREIHEIT – DIE FISCHER

Jedes Mal, wenn die Fähre von Kálymnos nach Rhodos in Tílos Halt macht, steht Manoli am Anleger. Neben ihm stapeln sich flache Holzkisten, jede einzelne unter der schweren Plastikfolie voll mit dem, was das Meer nachts hergab. Manoli ist Fischer, und mit ihm stehen auch die anderen Fischer von Tílos am Kai. Seit dem Morgen haben sie aus ihren Netzen die beste Ware aussortiert und mit Eis gepackt, zwei Kästen sind es diesmal gewesen. Wenn die Fähre beladen wird, schleppen Manolis und seine Kollegen die triefenden Kästen an Bord, 4 Stunden später sind sie in Rhodos. Dort werden sie von einem Zwischenhändler in Empfang genommen, der den Wert der Ware berechnet. 6 Euro das Kilo erhält Manoli für einen guten Speisefisch wie etwa die Barboúnia, die rote Meerbarbe, für ca. 26 Euro wird der Fisch dann im Restaurant verkauft.

Fischer werden »nur die armen Teufel, die Landlosen und die auch sonst keinen nahrhaften Beruf finden«, schrieb Johannes Gaitanides 1959 über den Beruf von Manoli; viel geändert hat sich bis heute nicht. Die Fischer sind gänzlich abhängig von Zwischenhändlern, die die Preise diktieren. Ihre Arbeit auf den kleinen Kaiki-Booten ist immer noch gefährlich (auch wenn sie inzwischen motorisiert sind) und findet zu einer Zeit statt, wenn andere Leute längst schlafen. Frühestens gegen 21 Uhr, häufig aber erst um 2 Uhr morgens fahren die Fischer los. Vormittags müssen sie die Netze säubern, da bleibt nur eine lange Siesta zur Erholung, und

Groß ist die Ausbeute der Ägäis-Fischer nicht mehr

dann geht es wieder raus. Dieser Arbeitsrhythmus trennt den Fischer vom Rest des Dorfes; schon der antike Philosoph Platon verspottete die ›Sklavenarbeit‹ auf dem Meer. Viel hat sie noch nie eingebracht. Die Ägäis ist ein relativ fischarmes Meer; die jahrzehntelange Dynamitfischerei tat ein Übriges. Heute lohnt sich auch diese barbarische Methode nicht mehr, die sämtliche Fischbrut vernichtet und manchen Fischer verstümmelt hat. Aus dem früheren Volksnahrungsmittel – erschwinglich für jeden – wurde so ein Luxusartikel. Nur der Oktopus und der Seeigel werden heute noch relativ einfach von Schnorcheltauchern gefischt. So müssen heute bis zu 30 000 Tonnen Fisch jährlich importiert werden. Es ist keine Seltenheit in touristischen Gegenden, dass der Fisch, den man am Mittelmeer isst, aus dem Atlantik stammt – tiefgefroren angeliefert und noch billiger als die Ware vom griechischen Fischer.

Fischer sind heute meist Träumer, Leute, die nicht mittun wollen am großen Run auf das Geld. So wie Yannis aus Kássos. Auf Léros ist er geboren, sagt er, aber dort sei es zu hektisch, Fisch gäbe es dort auch nicht mehr viel. So ist er nach Kássos gekommen, hat ein Haus in Nimborió, ein Boot, Frau und Kinder – und viel Zeit. Emmanuel hat sich auf Hummerfang spezialisiert. Der *ástakos* bringt in Rhodos gutes Geld, um 10 Euro pro Stück, die Touristen in den großen Ferienzentren auf Rhodos, Kós oder Kreta zahlen zwischen 45 und 70 Euro. Emmanuel weiß die besten Plätze, wo er mit dem Grundschleppnetz in einer Nacht so viele Tiere fängt, dass es für eine Woche reicht.

Grundschleppnetze vernichten bei ihrer Fahrt über den Meeresboden zwar die Laichgründe der Fische und sind daher nur sechs Monate im Jahr erlaubt – allerdings ist das Meer groß und die Polizei weit weg. Die meisten Fischer auf den Inseln fahren mit kleinen Motorbooten aufs Meer, gerade mal 3 x 8 m messend. Zwei oder drei Mann Besatzung reichen aus, um das nur 1,20 m breite, aber bis zu 500 m lange Schleppnetz zu Wasser zu lassen und nach 2 Stunden Fahrt wieder an Bord zu ziehen. Auch sie fischen nachts unter dem Lichtschein starker Elektrolampen, die die Schwärme an die Oberfläche locken. Die Ausbeute, die die Männer auf der Rückfahrt mühsam aus dem Netz klauben, ist karg.

Aber für die ökonomisch vorteilhafte Fangtechnik mit der Ringwade fehlen heute die Voraussetzungen. Das waren noch Zeiten, als Flotten zu sieben Ruderbarken und ein Trawler *(gri-gri* genannt) ausfuhren, mit ihren hellen Karbidlampen (Dieselstrom fehlte) ganze Schwärme anlockten und ein großes Netz im Kreis um sie legten. Wenn es unten geschlossen wurde und langsam mit zentnerweise Fisch wieder an Bord gezogen wurde, dann hatte sich die Fahrt gelohnt. Heute sind große Schwärme selten, und da jeder ein Motorboot besitzt, fährt auch jeder allein aufs Meer hinaus. Der übersteigerte Individualismus der griechischen Volksseele ist wieder einmal übermächtig. Das ist wohl auch der Grund, der Yannis nach Kássos verschlagen hat: »Was soll ich in Rhodos den Touristen nachlaufen und vor den Hotelbossen dort buckeln? Hier bin ich mein eigener Herr …«, sagt er, angelt noch einen Happen gegrillten Oktopus vom Teller und lacht.

WIRTSCHAFT & UMWELTSCHUTZ

Erfolg durch Reformen

Die EU-Wirtschaftsprüfer bescheinigten der griechischen Ökonomie 2004 relativ gute Noten: die Wachstumsprognose erreicht über 4 %, die Arbeitslosigkeit liegt unter 10 %. Doch diese Erfolge stehen auf wackligen Füßen, denn die Inflation übersteigt den EU-Durchschnitt, und die Staatsverschuldung liegt über dem Plan. Dazu steckt Griechenland in einem ähnlichen Reformstau wie Deutschland, gegen die geplanten Einschnitte mobilisieren die Gewerkschaften und die linken Parteien (bis hin zum Generalstreik im Juni 2005). Unvermeidlich jedoch muss das Land künftig wohl mit der Hälfte der EU-Gelder auskommen (s. S. 25).

Nicht zuletzt ist das Wirtschaftsleben immer noch geprägt durch jahrzehntelange Misswirtschaft: Staatliche Institutionen wurden zur Versorgung verdienter Parteianhänger missbraucht und haben einen grotesk aufgeblähten Personalbestand, die gewucherte Bürokratie lähmt neue Ansätze, eine verbreitete ›Kultur der Steuerhinterziehung‹ mindert die Staatseinnahmen.

Auch die produzierende Wirtschaft lässt Strukturprobleme erkennen. 90 % der Unternehmen sind Kleinbetriebe mit weniger als 10 Beschäftigten und geringem Technologieeinsatz. Entsprechend niedrig ist die Produktivität. Wichtigster Wirtschaftszweig ist der Dienstleistungssektor (incl. Tourismus), der mit der Hälfte der Erwerbstätigen rund 60 % des Inlandprodukts erzeugt.

Ein besonderes Sorgenkind ist die Landwirtschaft, die durch eine Vielzahl sehr gering mechanisierter Kleinbetriebe, also hauptsächlich selbständige Privatbauern, charakterisiert ist. Ihr Anteil am Inlandsprodukt aller Güter beträgt nur 7 %, sie beschäftigt jedoch rund 18 % der Erwerbstätigen. Auf Rhodos mit seinen fruchtbaren Tal-

Hauptsache modern

... diese Devise scheint unbarmherzig nicht nur durchaus vernünftige, angepasste Wirtschaftsweisen zu zerstören, sondern auch das Flair des alten Griechenland zu überrollen. Auch der gute alte hölzerne Tavernenstuhl, der bastgeflochtene, der in Jahren schief gesessene, der handgezimmerte und immer wieder reparierte Tavernenstuhl, er droht zu verschwinden. Plastikstühle aus der Fabrik sind inzwischen bis nach Kattaviá vorgedrungen, selbst auf Chálki ist man nicht mehr vor ihnen sicher. Dabei war dieser Tavernenstuhl, der Mythos aller Griechenland-Freaks der 70er Jahre, auch ein Symbol für den Kafenion-Hocker schlechthin – ob Grieche, ob Hippie aus dem kalten Europa, hier saßen sie die Zeit ab. Dieser Stuhl samt seiner nicht zu leugnenden Unbequemlichkeit verkörperte eine ganze Einstellung zur Welt.

ebenen spielte die Landwirtschaft eine große Rolle, produziert wurden Zitrusfrüchte, Wein, Getreide, Tomaten und Olivenöl. Symptomatisch aber die Entwicklung: Die bebauten Flächen gehen zurück, die Menschen suchen Beschäftigung im Tourismus. Nur Wein- und Olivenanbau verzeichnet steigende Tendenz.

Tourismus als Standbein

Wesentlicher Wirtschaftsfaktor für Rhodos ist natürlich der Tourismus, denn allein die Insel verzeichnet neben Kreta den größten Anteil an den Besucherzahlen aller Regionen. Da sich auf Rhodos auch viele Hotels der Luxusklasse konzentrieren, verdankt Griechenland der Insel auch überdurchschnittlich hohe Einnahmen. Auf den kleinen Inseln rings um Rhodos ist diese Abhängigkeit geradezu total: Chálki, Sými oder Kastellórizo drohten zu entvölkern, bevor der Tourismus wieder für einen Aufschwung sorgte.

Die starke Saisonabhängigkeit des Tourismus – ab November bis Ostern sind so gut wie keine Gäste da – führt dabei zu kuriosen Effekten. Viele Tavernenwirte und Hotelbesitzer, vor allem aber alle Angestellten, packen ihre Koffer und ziehen nach Athen, wo sie den Winter verbringen. Doch auch Rhodos-Stadt spielt als Winterquartier eine Rolle und kann als Standort der Agäis-Universität selbst im Winter noch nennenswertes Leben aufweisen (in der Neustadt). Überall sonst ähneln die Urlaubsorte Geisterstädten.

Umweltschutz

Mit der Umwelt steht es in Griechenland nach deutschen Maßstäben leider nicht zum Besten. Kläranlagen etwa sind in der gesamten Ägäis Mangelware; die erste auf griechischem Boden wurde Anfang der 90er Jahre in der Millionenmetropole Athen in Betrieb genommen. Auf den Inseln fließen private Abwässer ebenso wie Industrieabwässer ungeklärt ins Meer. Rhodos allerdings soll nun mit EU-Geldern eine Anlage für den Großraum Rhodos-Stadt erhalten, die nahe Agía Marína geplant ist.

Problematisch ist zudem die Abfallentsorgung. Jedes Jahr steigen die Abfallmengen, die die gut 1 Mio. Touristen in Rhodos hinterlassen. Heute wird fast jedes Getränk in der leichten Alu-Dose serviert, die sich dann oft hinter den Tavernen zu Halden türmen. Und auch die Plastikwelle hat Griechenland mittlerweile erreicht. Die alten Mehrweg-Systeme und das Wachspapier, in dem man früher Käse und Oliven erhielt, gehören längst der Vergangenheit an. Doch der Müllberg von heute wird wie früher in abgelegenen Tälern abgelagert und verbrannt. Aber auch hier will die EU helfen und den Aufbau eines Recycling-Systems unterstützen.

Als Tourist sollte man, wo immer möglich, auf Verpackungsmaterial verzichten. Ein besonderes Problem stellen die großen Kunststoff-Wasserflaschen dar, die enorm viel Volumen einnehmen. Bevor es bessere Alternativen gibt, macht man es wie die Einheimischen: Die Flaschen platt treten, bevor man sie in den Müll wirft.

AM FINANZTROPF EUROPAS?

Griechenland und die Brüsseler Politik

Es war eine knappe Angelegenheit. Im Juni 2000 erhielt Griechenland die Eintrittskarte in den Club der neuen Euro-Währung. Ministerpräsident Simitis konnte wahrhaft jubeln: »Es war ein harter Kampf und wir kämpften mit Hartnäckigkeit [...], nicht nur, um die Maastrichtkriterien zu erfüllen, sondern auch, um gegen Mentalitäten und Praktiken anzukämpfen, um die Wirtschaft zu sanieren und eine solide Basis ... usw. usf.« In der Tat hätte mit diesem Erfolg niemand rechnen wollen, denn noch Anfang der 1990er Jahre war Griechenland für die EU Sorgenkind und Prügelknabe zugleich.

Für Brüssel hatte sich das 10-Millionen-Volk seit dem EU-Beitritt als Fass ohne Boden erwiesen. Zwischen 1980 und 1993 kassierte das Land Netto-Einnahmen von 16 Mrd. Euro aus den verschiedenen Strukturhilfefonds, doch das Geld versickerte im Dickicht dunkler Kanäle von Ämterpatronage und bürokratischer Unfähigkeit. Das Land hielt sich als Schlusslicht in Europa und wurde in kurzer Zeit sogar von Portugal überholt. Erst nach 1996 zog Simitis, vom Internationalen Währungsfond unter Druck gesetzt, die Notbremse. Steuererhöhungen, Sparmaßnahmen, Subventionsabbau: Er konnte den Zorn des Volkes aussitzen und in der Tat zu eindrucksvollen Zahlen kommen. Das Handelsdefizit wurde von 9,8 % des BIP auf 1,2 % gedrückt, die Inflation von über 10 % auf 2,0 %, und selbst die Quote der Staatsverschuldung, die bei ungeheuerlichen 110 % des BIP rangierte, wurde um 8 Punkte reduziert. Die Wachstumsrate von fast 4 % stellte dabei die erstaunlichste Entwicklung dar.

Denn letztlich ist die Wirtschaft Griechenlands erst durch den EU- Beitritt ruiniert worden. Das Land erlebte einen fulminanten Modernisierungsschub, durch den seine Märkte für ausländische Produkte geöffnet wurden. Zuerst eroberte ›Westware‹ den Zigarettenmarkt, dann brach der einheimische Biermarkt ein. 1987 meldete Fix, die letzte der traditionsreichen Bierbrauereien, die noch auf die Bayern im Gefolge des ersten Königs Otto zurückgingen, Konkurs an. Die wenigen leistungsfähigen Firmen wurden von ausländischen Investoren aufgekauft (z. B. die Metaxa-Werke, die jetzt in britischer Hand sind).

Zum Schluss blieb nicht einmal der Nahrungsmittelsektor verschont. Unglaublich, aber wahr: das Agrarland Griechenland führt holländische Tomaten, französisches Maisöl und dänischen ›Schafskäse‹ aus Kuhmilch ein. Export statt Selbstversorgung – letztlich hat dieses Standardrezept der EU Hellas an den Tropf der Finanzhilfen gebracht. Und da soll sich keiner wundern, wenn die Griechen nehmen, was sie kriegen können. Nachdem zwischen 2000 und 2006 insgesamt 24,7 Mrd. Euro ausgeschüttet wurden, sind für 2007 bis 2013 erneut 22 bis 14 Mrd. Euro das Verhandlungsziel.

GESCHICHTE IM ÜBERBLICK

Vorgeschichte

Ab 6000 v. Chr. Erstbesiedlung von Kleinasien aus.

um 2000 v. Chr. Auf den Inseln siedeln Karer; Kanaaniter und Phöniker unterhalten Handelsstützpunkte auf Rhodos; ihnen folgen ab 1700 die Minoer aus Kreta (mittelhelladische Kultur).

1450 v. Chr. Die mykenischen Achäer vom Peloponnes, das Volk der homerischen Mythen, verdrängen die Minoer.

1150 v. Chr. Die Dorer wandern über die Peloponnes und Kreta nach Rhodos ein und gründen die Städte Líndos, Ialyssós und Kamíros.

Archaische Periode (1000–500 v. Chr.)

8. Jh. v. Chr. Die drei dorischen Städte von Rhodos schließen sich mit Kós, Knidos und Halikarnassos zum dorischen Sechsstädtebund (Hexapolis) zusammen.

690 v. Chr. Rhodos unterhält Handelsbeziehungen im ganzen Mittelmeerraum und gründet Kolonien in Sizilien und Kleinasien.

550 v. Chr. Der Tyrann Kleoboulos, der zu den Sieben Weisen der Antike gezählt wird, lässt in Líndos den ersten steinernen Athena-Tempel errichten.

Klassische Periode (500–336 v. Chr.)

480 v. Chr. In den Perserkriegen steht Rhodos auf Seiten der Perser, nach deren Niederlage wird es ein Vasall Athens.

430 v. Chr. Beim Ausbruch des Peloponnesischen Kriegs kommt es in Rhodos zum Bürgerkrieg, die Demokraten kämpfen für Athen, die Oligarchen mit den Spartanern.

408 v. Chr. Gründung der neuen Stadt Rhodos, die bald zu einem bedeutenden Handelshafen aufsteigt.

357 v. Chr. Rhodos wird durch den karischen Herrscher Maussolos aus Halikarnassos (heute Bodrum) in ein Bündnis und zum Abfall von Athen gezwungen.

Hellenismus (336–42 v. Chr.)

334 v. Chr. Rhodos unterwirft sich Alexander dem Großen, kann seine Monopolstellung im Handel mit Ägypten jedoch halten.

305 v. Chr. Demetrios, Sohn des kleinasiatischen Alexander-Nachfolgers Anti-

Die ›kauernde Afrodite‹, eine der berühmten Skulpturen der rhodischen Bildhauerschule der hellenistisch-römischen Zeit

	gonos, belagert die Stadt Rhodos acht Monate erfolglos. Als Siegesmal errichten die Rhodier den Koloss von Rhodos.
3. Jh. v. Chr.	Aufgrund des wirtschaftlichen Aufstiegs wird Rhodos ein Zentrum des hellenistischen Kunstschaffens (›Laokoon-Gruppe‹, ›Nike von Samothrake‹).
227 v. Chr.	Ein Erdbeben stürzt den Koloss um; das Orakel zu Delphi bestärkt die Rhodier, die Trümmer einfach liegen zu lassen.
200 v. Chr.	Rhodos ruft die Römer gegen Makedonien zu Hilfe. Nach deren Sieg im 2. Makedonischen Krieg erhält es Gebiete auf dem kleinasiatischen Festland (Karien, Lykien).
167 v. Chr.	Rom erklärt die Insel Delos bei Mykonos zum Freihafen. Rhodos verliert sein Handelsmonopol und auch die Festlandgebiete.

Römische Zeit (42 v. Chr.–395 n. Chr.)

42 v. Chr.	Im Bürgerkrieg nach der Ermordung Caesars plündert Cassius die Stadt Rhodos.
70	Kaiser Vespasian gliedert Rhodos als Teil der Provinz Asia Minor in das römische Reich ein.
155	Große Teile der antiken Stadt fallen einem Erdbeben zum Opfer. In der wirtschaftlichen Krise des Römischen Reichs im 3. Jh. beginnt die Verödung der einstigen Metropole.

Byzantinische Zeit (395–1309)

395	Teilung des römischen Imperiums. Die Dodekanes-Inseln gehören zum Ostreich mit der Hauptstadt Konstantinopel, aus dem sich das Byzantinische Reich entwickelt.
653/4	Während der arabischen Besetzung Kretas wird Rhodos wiederholt von den ›Sarazenen‹ geplündert und schließlich erobert.
1082	Die Republik Venedig erhält von Kaiser Alexios Komnenos Handelsprivilegien auf Rhodos.

Johanniterzeit (1309–1523)

1309	Die Ritter des Ordens des hl. Johannes (die Johanniter) erobern Rhodos.
1444	Erfolglose Belagerung von Rhodos durch die moslemischen Mamlucken aus Ägypten.
1453	Konstantinopel wird durch die türkischen Osmanen erobert, Ende des Byzantinischen Reichs.
1480	Zweite erfolglose Belagerung von Rhodos durch den Osmanen-Sultan Mehmed II. Fatih, den ›Eroberer‹ von Konstantinopel.
1517	Der Osmanen-Sultan Selim I. erobert Ägypten und den arabischen Orient. Sein Sohn Süleyman beginnt den Vorstoß nach Europa.

1522	Dritte Belagerung von Rhodos durch Sultan Süleyman; nach sechs Monaten muss der Orden Rhodos am 1. Januar 1523 verlassen.

Osmanische Zeit (1523–1912)

1523	Direkt nach Übernahme der Stadt Rhodos beginnen die Türken mit dem Bau der Süleyman-Moschee. In den folgenden Jahrhunderten bleibt das mittelalterliche Baubild fast unverändert bestehen, nur viele Moscheen entstehen neu.
1571	Nach der osmanischen Niederlage in der Seeschlacht von Lepanto versuchen die Rhodier den Aufstand. Die Verschwörung scheitert, der orthodoxe Metropolit wird gepfählt.
1646	Die Osmanen beginnen von Rhodos aus mit der Eroberung des bislang noch venezianischen Kreta.
1832	Gründung des neugriechischen Staates unter König Otto I. von Bayern; Rhodos bleibt weiterhin türkisch.

Italienische Zeit (1912–1943)

1912	Die Italiener erobern Rhodos.
1923	Durch den Vertrag von Lausanne, der den griechisch-türkischen Krieg beendet, fällt Rhodos an Italien unter Benito Mussolini.
1943	Nach dem Waffenstillstand der Italiener mit den Alliierten besetzt die deutsche Wehrmacht die Insel; sie kapituliert hier erst nach dem Fall von Berlin am 8. Mai 1945.

Neugriechische Zeit

1947	Rhodos und die Dodekanes-Inseln fallen an Griechenland.
1967–1974	Militärdiktatur in Griechenland; brutale Verfolgung linksgerichteter Oppositioneller. Die Junta stürzt, nachdem sie einen Putsch auf Zypern angezettelt hat und ein Krieg mit der Türkei auszubrechen droht.
1975	Ende der griechischen Monarchie durch Volksabstimmung.
1981	Griechenland wird EG-Mitglied.
1988	EG-Gipfelkonferenz der Regierungschefs in Rhodos.
1999	Das älteste Luxushotel von Rhodos, das Hotel des Roses (Grande Albergo delle Rose), erbaut in den 1930er Jahren unter den Italienern, wird als Casino wiedereröffnet.
2001	Durch rigide Sparpolitik (und Buchungstricks) gelingt Griechenland nachträglich der Beitritt zur Europäischen Währungsunion.
2002	Einführung des Euro.
2004	Griechenland gewinnt die Fußball-EM und richtet die Olympischen Spiele aus. Im Frühjahr gewinnt die konservative ND die Parlamentswahlen, Konstantinos Karamanlis übernimmt die Regierung.
2005	Reformpolitik der ND führt im Juni zum Generalstreik.

DER JOHANNITERORDEN

Der Ritterorden, der das Gesicht und die Geschichte von Rhodos nachhaltig beeinflusste, ging nach dem ersten Kreuzzug aus einer Krankenpflegebruderschaft in Jerusalem hervor. Der ›Orden vom Hospital des hl. Johannes zu Jerusalem‹ herrschte zwar nur zwei Jahrhunderte, von 1309 bis 1523, auf der Insel, doch sind seine Festungsbauten, meist am Ende des 15. Jh. errichtet, die beeindruckendsten Attraktionen von Rhodos.

Die Gründungszeit: Nach der Eroberung Jerusalems während des Ersten Kreuzzugs und der Errichtung eines christlichen Königreichs in Palästina schwoll der Strom der Pilger zu den heiligen Stätten an, die häufig Strapazen und Kosten unterschätzten. Um kranken oder in Not geratenen Pilgern zu helfen, gründete der französische Benediktinermönch Gérard ein Hospiz nahe der Grabeskirche, das Johannes dem Täufer geweiht wurde. Dieses Hospital übernahm rasch auch organisatorische Aufgaben – als eine Art mittelalterliche Touristeninformation.

Erst unter dem zweiten Ordensmeister, dem Franzosen Raymond du Puy (1120–60), engagierten sich die Hospitaller, wie sie damals genannt wurden, auch im militärischen Kampf gegen die ›Ungläubigen‹. Spätestens jetzt wird der Orden auch eigene Schiffe ausgerüstet haben, die Pilger und Nachschub für die Stützpunkte in ›Outremer‹ überschifften. Der Orden baute Dependencen in allen wichtigen Mittelmeerhäfen auf, warb um Kundschaft, stellte Bürgen – und übernahm dann sogar Kreditierfunktionen zur Finanzierung des Aufenthalts der Pilger.

Doch offiziell machte erst eine päpstliche Bulle des Jahres 1154 aus der Bruderschaft einen Ritterorden mit verbindlichem Gelübde. Im Verlauf des 13. Jh. wandelten sich die Hospitaller in einen adeligen Kampforden. Immer mehr verarmte Landadelige, Zweitgeborene oder illegitime Söhne strömten ihm zu, Ritter, die »als Söldner höherer Ordnung eine gesicherte Existenz suchten« (Hans Prutz). Bald besaß der Orden des hl. Johannes mehr Festungen als alle anderen Ritterorden in den Kreuzfahrerstaaten. Politisch hingegen gerieten die Christen gegenüber den islamischen Reichen ins Hintertreffen. Ende des 12. Jh. war Jerusalem beim An-

Großmeisterwappen, von links:
Giovanni Batista degl'Orsini (1467–1476), Pierre d'Aubusson (1476–1503)
Emmery d'Amboise (1503–1512), Guy de de Blanchefort (1512–1513)
Fabrizio del Carretto (1513–1521), Philippe de l'Isle Adam (1521–1534)

griff der Araber unter Saladin gefallen, bis 1275 gingen auch die meisten anderen Festungen in Palästina und Syrien verloren. 1291 eroberten die Mamlucken schließlich Akkon, den letzten Stützpunkt der Christen im Heiligen Land; die Johanniter mussten sich auf ihre Stützpunkte auf Zypern zurückziehen, wo sie unter den fränkischen Königen größere Kommenden (Landwirtschaftsgüter) besaßen.

Unter päpstlicher Protektion schloss Großmeister Fulques de Villaret (1305–1319) mit dem genuesischen Adeligen Vignolo dei Vignoli, der als Pirat und Sklavenhändler in der Ägäis sein Glück suchte, ein Bündnis zur Eroberung der Insel Rhodos. Diese wurde seit dem Jahr 1300 von dem türkischen Stammesführer Mençe Bey beherrscht, stand offiziell aber noch unter der Lehnsherrschaft des byzantinischen Kaisers. Der Kriegszug gegen die ›schismatischen Griechen‹ (so sagte die päpstliche Rechtfertigung, die den Hospitallern bereits die lehensunabhängige Herrschaft über die Insel zusicherte) begann 1306 mit der Eroberung der Burg Feráklos und endete nach dreijähriger Belagerung mit der Einnahme der befestigten Stadt Rhodos. Die Ritter vom Hospital zu Jerusalem konnten auf ihrer eigenen Insel nun einen souveränen Staat aufbauen, zumal da Vignolo ohne Nachkommen starb und der Orden rasch auch alle näheren Inseln des Dodekanes in seinen Besitz bringen konnte.

Die Struktur: Schon auf Zypern hatte sich der Johanniterorden eine Struktur gegeben, die ihn von den anderen Ritterorden unterschied. Um die Ritter aus den unterschiedlichen Herkunftsländern zu organisieren, entwickelte sich die Struktur der ›Zungen‹ (frz. *langue).* Damit sind Sprachgruppen gemeint, die gleichzeitig – zu einer Zeit, als der Begriff Nationalstaat noch nicht existierte – eine Organisationsform darstellten, die die lehnsherrschaftliche Struktur der europäischen Ländereien widerspiegelte. Dieses Prinzip lässt sich an den französischen Rittern gut verdeutlichen. So gab es seit den Anfängen drei französischsprachige Zungen: die älteste und mächtigste war die Zunge der Provence, denn dort besaß der Orden besonders große Ländereien. Diese Zunge war selbständig gegenüber der Zunge von Frankreich, weil die Provence damals unabhängig von der französischen (›fränkischen‹) Krone war. Gleiches gilt für die Zunge der Auvergne, die lehensrechtlich zum selbständigen Fürstentum Aquitanien gehörte. Eine ähnliche Zersplitterung betraf die iberischen Zungen, wo einmal Kastilien und einmal das alte Aragón vertreten war, auch als beide Reiche schon längst vereint waren. Daneben waren Deutsche, Dänen, Böhmen und Polen in der kleinen und wenig bedeutenden Zunge von Deutschland zusammengefasst.

Aber nicht nur politisch, auch militärisch war der Orden streng hierarchisch strukturiert. Oberster Würdenträger war der Magnus Magister (Großmeister), der auf Lebenszeit aus der Kapitelversammlung gewählt wurde. Unter ihm gab es verschiedene Ämter, z. B. den Magnus Comendator (Großkommandant), der für die Finanzen zuständig war. Große Bedeutung hatte auch das Amt des Admiratus, des obersten Flottenkommandanten, das traditionell einem Italiener zustand. Denn besonders seit der Eroberung des Inselstützpunktes Rhodos waren die Ritter auf eine schlagkräftige Galeerenflotte angewiesen, zumal sich der Kampf gegen die ›Ungläubigen‹ mehr und mehr aufs Wasser verlagerte. Oder um es weniger vornehm auszudrücken: Der Orden spezialisierte sich unter dem Deckmantel des Glaubenskrieges auf die Piraterie und lebte nicht schlecht davon.

Im Schutz der mächtigen Johanniter-Festung etablierte sich ein großer Markt – ein Warenumschlagsplatz zwischen Italien und den Orientländern. Genuesische und Florentiner Handelshäuser richteten Niederlassungen ein; im Hafen stapelten sich Holz aus Kleinarmenien, Stoffballen von Seide und Kamelhaar, Zucker aus Zypern, Korallen aus dem Indischen Ozean sowie exotische Gewürze wie Pfeffer und Safran für die Küchen der europäischen Fürsten.

Die Johanniter auf Rhodos: Gleich nach der Eroberung von Rhodos begann der Ausbau der alten byzantinischen Stadt, von der nach 200 Jahren wechselvoller Kämpfe zwischen Sarazenen und Christen wenig mehr als einige Kirchen erhalten geblieben waren. Die Mauern wurden neu errichtet, der Großmeisterpalast ausgebaut, das Hafenbecken befestigt. Aber auch ihre eigentliche Bestimmung, die Pflege der Pilger, vernachlässigten die Ritter nicht. Großmeister Roger de Pins ließ schon um 1350 ein großes Krankenhaus, das heutige Alte Hospital, errichten.

Während die ›Rhodiser‹ im 14. Jh. noch etliche Festungen an der kleinasiatischen Seite erwarben (Bodrum, Smyrna), gerieten sie durch das Erstarken der islamischen Reiche der ägyptischen Mamlucken in Ägypten und der türkischen Osmanen im 15. Jh. wieder unter Druck. 1441 musste eine große Belagerung der Mamlucken abgewehrt werden. Aber erst nach der furchtbaren Belagerung von 1480 begann der fieberhafte Ausbau der Stadt zu dem heutigen Bild. Damals war Sultan Mehmet II., der Eroberer von Konstantinopel, mit 70 000 Männern vergeblich gegen die Mauern angerannt. Aber es war klar, dass sie wiederkommen würden; der Orden rief sofort die besten Architekten nach Rhodos.

Aus den letzten 40 Jahren der Ordensherrschaft stammen daher nahezu alle wichtigen Bauten, die heute erhalten sind. Der tatkräftige Großmeister d'Aubusson organisierte enorme Geldspenden, mit denen nicht nur die Mauern, sondern auch die von der türkischen Artillerie zerschossenen Paläste erneuert wurden.

Dass Rhodos dann doch verloren ging, hing mit den politischen Wirren in Europa zusammen. Als 1520 ein weiterer Angriff drohte, sah Frankreich in den Osmanen bereits einen Verbündeten gegen das Habsburger-Reich Karls V., Italien war durch die Kriegszüge der Franzosen ausgeblutet. Die Ritter standen allein einer türkischen Übermacht gegenüber.

Nach der Belagerung und folgendem Abzug (s. S. 98) erhielt der Orden 1530 die Insel Malta südlich von Sizilien als Lehen. Die Ritter nannten sich fortan auch Malteser – und kämpften weiterhin gegen die Türken und die Korsaren, bis 1798, als Napoleon sie wieder einmal vertrieb. Damals brach der Orden, inzwischen nur noch ein Relikt des Mittelalters, gänzlich zusammen. Erst 1860 kam es auf Ver-

Wappen und spätgotisches Fenster an der Kastellania in Rhodos-Stadt

anlassung des Papstes zu einer Wiederbelebung unter der alten Idee der Krankenpflege.

Heute ist es das pflegerische Wirken, das den altehrwürdigen Orden am Leben hält. Der katholische Malteser-Hilfsdienst und die evangelische Johanniter-Unfallhilfe sind die letzten Sprösslinge dieses Kreuzritter-Ordens, der nicht nur auf Rhodos ein bedeutender historischer Faktor war. Die Malteser beanspruchen sogar noch den Status eines unabhängigen Staates: Sie besitzen ein eigenterritoriales Gebiet beim Heiligen Stuhl (Vatikan-Stadt) und werden auch von etwa 30 Regierungen als souverän anerkannt.

Zum Weiterlesen: Eine gute Veröffentlichung über die Ritterzeit auf Rhodos ist im Archäologischen Museum von Rhodos erhältlich: Elias Kollias, The City of Rhodes, hrsg. vom griechischen Kulturministerium, 1988. Das Buch enthält auch viele historische Stiche, die Rhodos in türkischer Zeit zeigen.

Η ΚΟΙΜΗCΙC ΤΗC

Kultur und Leben

Kirchhof in Ialyssós mit dem typischen, durchbrochenen Glockenturm

GRIECHISCHE LEBENSART

Menschen und Alltag

Die Präfektur Dodekanes hat rund 200 000 Einwohner, davon entfallen auf die Hauptinsel Rhodos allein 120 000 Menschen. Im Gegensatz zu den meisten anderen griechischen Inseln weist das ökonomisch sehr aktive Rhodos ein Bevölkerungswachstum auf (plus 15 000 in 10 Jahren). Aber auch auf der Insel lässt sich ein starkes Gefälle zwischen dem modernen Norden und dem rückständigen Süden beobachten.

Das spiegelt sich auch im Alltagsleben der Menschen. Während Rhodos-Stadt eine dynamische, moderne Stadt mit einer lebenslustigen studentischen Jugend ist, kann man unten im Süden noch Esel und Frauen in den traditionellen schwarzen Kleidern und weißen Kopftüchern sehen.

Für den Außenstehenden kaum zu erkennen, aber doch ein enormes soziales Problem ist die Trennung zwischen den echten Rhodiern und den ›Gastarbeitern‹ des Tourismus, zu denen hier auch die großen Investoren zählen, die an den Stränden ein Großhotel nach dem anderen hochziehen. Sie werden mit Ressentiments gesehen, weil sie den Tourismus kontrollieren, während Einheimische mit ihren kleinen Apartmenthäusern zunehmend Probleme haben, Gäste zu finden.

Die muslimische Minderheit von Rhodos ist relativ gut integriert, obwohl die Mehrheit der einst 2000 Menschen inzwischen ausgewandert ist und ihre Häuser (v. a. in der Altstadt von Rhodos) an Griechen, zumeist von der Nachbarinsel Kárpathos, verkauft hat.

Nationalität: orthodox

In Griechenland verbinden sich Antike und Gegenwart, sagt ein berühmtes Klischee. Doch aus den Namen der heutigen Griechen – Yorgos, Yannis, Dimitri – spricht eher die Ehrfurcht vor einem der zahllosen Heiligen der orthodoxen Kirche als das Bewusstsein der großen antiken Vergangenheit. Denn das Herz der Griechen schlägt für Byzanz. Und das alte Reich von Byzanz, 1453 zerbrochen vor dem Ansturm der Türken, ist verkörpert nicht im neugriechischen Staat, den die meisten Griechen eigentlich nur als lästig empfinden, sondern in der orthodoxen Kirche. Sie garantierte in den über 400 Jahren der türkischen Fremdherrschaft unter den Osmanen-Sultanen den Fortbestand byzantinischer Kultur und griechischer Sprache – und bewies darin ein bemerkenswertes Integrationstalent. Dass das griechische Kernland, das schon vor der Jahrtausendwende von slawischen Völkern überflutet wurde, überhaupt griechisch blieb, ist letztlich den Mönchen, Priestern und Patriarchen zu verdanken. Sie haben von den Klöstern und Städten aus Griechenland wieder hellenisiert.

Heute sind griechische Nationalität und orthodoxer Glaube identisch – 98 % der Bevölkerung sind in diese Kirche hineingeboren. Den meisten allerdings ist jedes klerikale oder bigotte Gehabe fremd, viele gehen sogar nur zu Ostern, dem bedeutendsten Fest der Orthodoxen, in die Kirche – ein letztes Mal, bevor die Touristen kommen und es alle Hände voll zu tun gibt.

Die Politik: leidenschaftlich

Worum geht es, wenn zwei Griechen lautstark, erregt miteinander streiten: um Geld, Frauen oder Recht? Nein, dann bespricht man gerade ein politisches Thema. Griechenlands Probleme mit Europa zum Beispiel. In der Tat gibt es da brisante Konstellationen.

Bei den Wirrnissen auf dem Balkan in den 1990er Jahren (mit den Kriegen im Kosovo und dem Gezerre um die Unabhängigkeit der ex-jugoslawischen Teilrepublik Makedonien) erlebte Griechenland eine ernsthafte Regierungskrise, weil der rechte Flügel der damaligen Regierungspartei, der konservativen Nea Demokratia, den Einmarsch Griechenlands forderte. Und auch die Probleme mit der Türkei haben sich letztlich nur oberflächlich beruhigt. Der alte ›Erbstreit‹ (s. S. 208) schwelt auf EU- und NATO-Ebene weiter.

Seit 1993 regiert in Griechenland aber zumeist die sozialdemokratische PASOK, die auch in der Präfektur Dodekanisos die absolute Mehrheit besitzt. Seit den Zeiten ihres Gründers Andreas Papandreou in den 1970er Jahren bestimmt diese Partei mit dem Prinzip der Wahlgeschenke die Politik. Das hat freilich eine lange Tradition und nennt sich *rousféty:* eine orientalische Mischung aus Klientelismus und Korruption, deren Prinzip ›Gib, damit Dir gegeben wird‹ nicht nur die Politik regiert, sondern die ganze Gesellschaft. Ob es um Wählerstimmen geht oder um einen gut bezahlten Hoteljob, um eine Baugenehmigung in einem kleinen rhodischen Dorf oder um Steuerhinterziehung in Millionenhöhe – nichts geht ohne Beziehungen, ohne Verpflichtung zu späterer Hilfe, ohne kleinere oder auch größere Geldgeschenke.

Dass Papandreous Nachfolger im Amt des PASOK-Chefs, Kostas Simitis, seit 1996 seine harten wirtschaftlichen Einschnitte ungerührt von allen Protesten durchsetzte, hätte niemand für möglich gehalten. Doch hatte der kleine Mann letztlich begriffen, dass man entweder im Euro-Club dabei ist oder ein Abrutschen in Dritte-Welt-Verhältnisse droht.

Für den griechischen Normalbürger, für den es schon vorher üblich war, in zwei oder drei Jobs gleichzeitig zu ar-

Griechische Zeit

Wer erst um 11 Uhr das Hotel verlässt, hat kaum eine Chance, griechisches Alltagsleben mitzubekommen. Das beginnt spätestens um 6 Uhr morgens. In der Morgenkühle werden Besorgungen gemacht und alle schweren Arbeiten erledigt. Um 13 Uhr beginnt die Siesta, dann ist in den Bergdörfern kein Mensch mehr auf den Straßen zu sehen. Erst nach 17 Uhr beginnt das Leben wieder. Dieses Prinzip gilt zum Teil sogar in den Touristenorten, obwohl die Minimärkte natürlich geöffnet haben.

beiten, bedeutete das noch größere Probleme als vorher, vor allem für die kleinen Angestellten, die ihr Festgehalt nicht an der Finanzbehörde vorbeischmuggeln können. Besser dran sind diejenigen, die einen Kiosk, einen Friseursalon oder eine Kfz-Werkstätte führen, wo sie keinen Chef mehr über sich haben. Und so träumen fast alle, die in den Hotels und Restaurants von Rhodos arbeiten, davon, bald einen eigenen Bau hochzuziehen und ein paar kleine Apartments zu vermieten.

Gesellschaft: Von Stolz und Ehre

Das Motto »Ich bin mein eigener Herr, und ich tue, was ich will« ist nämlich das bedeutendste Prinzip der griechischen Volksseele. Dabei wird Stolz schließlich zu reiner Selbststilisierung: Ohne die *philótimo,* was als ›Ehrliebe‹ oder besser ›Ehrsucht‹ zu übersetzen ist, kann man heute Griechenland, seine Politiker, seine Wirtschaftsbosse und seine Männer nicht verstehen. Die laute Diskussion im Kafenió, der überzogene Preis für die Taxifahrt, die Fopperei in der Motorradclique, der trickreich hochgezogene Neubau im Naturschutzgebiet, jedes Mal geht es nicht nur um den eigenen Vorteil, sondern auch darum, zu beweisen, was für ein ›toller Kerl‹ man ist.

Im Kafenió erlebt man solch eine ›Männlichkeit‹ zwischen aufgeblasener Selbstinszenierung und orientalischer Lethargie immer wieder. Die Frauen, so heißt das Klischee, sitzen zu Hause und haben nichts zu sagen. Tatsächlich sind griechische Frauen selbstbewusster, als man vermutet. Gerade die jüngere Generation lässt sich nicht mehr auf die alten Rollenmuster ein. Ihre Position zwischen Tradition und Liberalisierung wird dabei leicht zu einem schwierigen Balanceakt.

Trotz der Familienrechtsreform der PASOK ist es für eine Tochter weiterhin notwendig, ihre *príka* zu bekommen, wenn sie heiraten will: Die Mitgift bestand früher aus einem Haus, für das sich der Vater und die Söhne abschuften mussten; heute reicht auch eine Apartmentwohnung, die, frühzeitig hochgezogen, bis zur Heirat an Touristen vermietet wird. Auf der anderen Seite haben die Abtreibungszahlen in Griechenland Werte wie in den Niederlanden erreicht. Die Frauen von heute machen wie früher einen Bogen um das Kafenió der alten Männer – und fahren lieber auf den Mopeds der Jungen in die Disco.

Alltagsleben

Diese Touren – immer die Hauptstraße rauf und runter – gehören heute zur traditionellen *vólta,* der abendlichen Promenade, dem ›Sehen und gesehen werden‹. Das ist die Zeit, wenn es dunkelt um 19 Uhr, wenn es kühl genug ist, um aus dem Haus zu gehen, aber noch zu heiß, um zu essen. Dann ziehen Alte und Junge, Eltern mit den Kindern, die Mädchen- und Jungencliquen – kurz, alles, was Beine hat, auf die Promenade, man trifft Bekannte, schwatzt hier, tratscht dort…

Erst viel später, so gegen 21 Uhr, pflegen Griechen mit dem Abendessen zu beginnen, das sich leicht bis Mitter-

Dorfszene in Afándou

nacht hinziehen kann. Dafür hat man seine Arbeiten schon früh morgens erledigt – nach der ›Siesta‹, die bis 16 Uhr, im Sommer sogar bis 17 Uhr dauert, arbeitet so richtig keiner mehr: Es ist die Zeit, im Kafenió die Freunde zu treffen.

Als Fremder ist man dort immer willkommen, auch wenn die von der Fremdenverkehrswerbung angepriesene *philoxénia,* die griechische Gastfreundschaft, kaum mehr zu finden ist. Der *xénos* (= Fremde), der früher gleichzeitig auch immer ein Gast war (für beide gibt es im Griechischen nur ein Wort) ist heute – zur Zeit des Massentourismus – ein *pelátos* geworden: ein Kunde. Sehr herzlich sind die Griechen zumeist auch heute noch, erst recht, wenn man sie nicht nur als Servicepersonal behandelt.

Jedes Geschäft ist, wie die Philoxénia, schließlich auch eine Sache der Ehre: In vielen Fällen reagieren Griechen dann sehr schroff, wenn die Urlauber die griechischen Ehrregeln verletzen – während wir nicht einmal wissen, dass wir uns gerade falsch benommen haben. So wäre es nicht schlecht, sich immer vor Augen zu halten, dass vieles ganz anders funktioniert in Griechenland und bei den Griechen – auch wenn es auf den ersten Blick so aussieht wie bei uns.

Grundlagen der orthodoxen Religion

Die Orthodoxie repräsentiert in einer streng konservativen Form das frühe Christentum der ökumenischen Konzilien; die westlichen (lateinischen) Kirchen sind in ihren Augen häretische Abweichler vom wahren Glauben, Ketzer also. Dabei beruft sie sich auf das Zweite Nikäische Konzil 787, als zuletzt die Bischöfe der gesamten Christenheit versammelt waren. Alles, was danach an Glaubensneuerungen verkündet wurde, ist ungültig. Politische Differenzen und der Filioque-Streit (die Frage, ob der Hl. Geist nur von Gott oder auch von Christus ausgeht) führten dann 1054 zur offenen Kirchenspaltung, dem Schisma. Diese ist bis heute nicht überwunden; eine Chance dafür bestünde wohl auch erst, wenn der Unfehlbarkeitsanspruch des lateinischen Papstes revidiert würde.

Orthodoxe Christen erkennen weder die Führungsrolle des Papstes an, noch Absurditäten wie die unbefleckte Empfängnis, die Himmelfahrt, das Priesterzölibat oder das Fegefeuer. Das Abendmahl wird in beiderlei Gestalt (Brot und Wein als Leib und Blut Christi) gespendet, die Taufe durch dreimaliges vollständiges Untertauchen vollzogen. Der wesentlichste Unterschied jedoch ist das Fehlen eschatologischer Vorstellungen: statt eine

Die Taufe wird in der orthodoxen Kirche durch völliges Untertauchen vollzogen, wenn das Kind etwa drei Jahre alt ist

zukünftige Heilserlösung am Ende der Geschichte zu erhoffen, feiert der orthodoxe Christ in der Liturgie die Vergöttlichung der Welt, aufgrund der er dabei in mystischer Weise Gott schauen und erkennen kann.

Die Orthodoxie ist daher nicht rational, aber auch nicht gewalttätig. Kreuzzüge und Mission sind ihr fremd, sie bietet nur eine Chance für das Mysterium der Erlösung.

Das Blumenfest

Sprichwörtlich ist der Blumenreichtum der ›Roseninsel‹ – so hat Rhodos-Stadt ein Blumenfest ins Leben gerufen, das alljährlich mit einer Parade blumengeschmückter Wagen gefeiert wird. Meist findet es sonntags um den 27. Mai statt, man achte auf die Ankündigungsplakate (in Englisch).

Die großen Feste

Ostern

Im Festkalender ist Ostern *(páska)* das bedeutendste Ereignis, nicht Weihnachten wie bei uns. Fast alle Griechen fahren dann in ihre Heimatdörfer, selbst viele Auswanderer kehren heim. Es findet nicht zeitgleich mit unserem Osterfest statt, da die Orthodoxie den Tag nach dem Julianischen Kalender berechnet (Daten s. S. 217).

Am **Karfreitag** *(megáli paraskévi)* wird dem Tod Christi mit teils über fünfstündigen Gottesdiensten am Nachmittag gedacht; abends findet dann der Epitáfios-Umzug mit dem blumengeschmückten symbolischen Grab Christi statt.

Die wichtigste Messe ist der lange **Auferstehungsgottesdienst** von Samstag auf Sonntag. Kurz vor Mitternacht werden alle Lichter gelöscht, der Priester entzündet eine Kerze und bestätigt mit dem Ruf: *»Christós anésti«* (Christus ist auferstanden) das Mysterium dieser Feier. Alle Gläubigen entzünden an diesem einen Licht ihre Kerzen und bestätigen »Wahrhaftig, er ist auferstanden« *(Alithós anésti)*.

Am Sonntag finden prachtvolle Prozessionen der kirchlichen Würdenträger statt. Die Kinder bekommen Spielzeug, man isst rot gefärbte Eier (zur Erinnerung an das Blut Christi) und Mandelgebäck; mittags wird das Osterlamm am Spieß gebraten.

Kímissis

Das Fest zum Todestag Mariens am 15. August nennt man in Griechenland *Kímisis tís Theotókou,* ›Entschlafung der Muttergottes‹. Nach orthodoxer Vorstellung ist Maria nicht leibhaftig ›zum Himmel gefahren‹, sondern wie ein jeder Mensch gestorben: Daher kann man in Griechenland nicht den katholischen Begriff ›Mariä Himmelfahrt‹ verwenden. Kímissis ist das wichtigste Marienfest des Jahres und wird in vielen Orten mit besonders großen *panigíri* (Kirchweihfesten) gefeiert. Früher tanzte und feierte man in der warmen Sommernacht bis in den frühen Morgen, heute hat die Intensität

GRIECHISCHE VOLKSTÄNZE

Die Engländerinnen im Nelli-Dimoglu-Tanztheater in Rhodos-Stadt scheinen amüsiert: »Oh, that's funny – und diese hübschen Röckchen!« Auf der Bühne wird gerade der Tsámikos getanzt, in alten Trachten mit dem kurzen weißen Plisseerock über einer weißen Strumpfhose, weißem Hemd und reich bestickter Weste. Der Tsámikos ist ein Kriegstanz aus den Gebirgsdörfern von Epirus, bei dem die Tänzer sich auf Kopfhöhe an den Händen halten und in langer Reihe von rechts nach links hüpfen. Das war doch etwas anderes, als Alexis Zorbas den Sirtáki tanzte.

Doch der Sirtáki ist nur eine Illusion der Traumfabrik Hollywood, und wahrscheinlich ihre beste: Den Namen ›kleiner Sirtos‹ hat er vom Sírtos, dem nationalgriechischen Reigentanz, die Schritte vom Chassápikos, dem ›Metzgertanz‹ aus Kleinasien, und die Musik entstammt dem Rembétes-Milieu des Athener Subproletariats der 20er Jahre. Dieses Kunstprodukt, für Anthony Quinn zurechtgeschneidert von Mikis Theodorakis, ist seit der Uraufführung des Alexis Zorbas 1964 zum griechischen Tanz schlechthin geworden. Von den Touristen geliebt, hat er die alten griechischen Tänze fast schon verdrängt. Zwar lernen alle griechischen Kinder in der Schule die Volkstänze und tanzen auch später gern in diesem Stil, doch für Originaltreue interessieren sich die wenigsten.

Eines der wenigen Theater, die die Traditionen pflegen, ist das Nelli Dimoglu Theater (s. S. 109) in Rhodos. Dort wird noch die echte Volksmusik der verschiedenen griechischen Regionen geboten, von der Tráta, einem traditionellen Tanz der Fischer, bei dem die Tänzer mit vor der Brust verschränkten Händen eine lange Kette bilden, bis zum Kalamantíanos vom Peloponnes oder der Soústa von Rhodos im 2/4 Takt, die ihren Namen von den hüpfenden Sprüngen der Tänzer hat. Nelli Dimoglu, ausgebildet im berühmten Dora Stratou-Volkstanztheater in Athen, möchte die alten Tänze in ihrer traditionellen Form und mit den historischen Kostümen aufführen und damit für die Zukunft bewahren.

aufgrund des Tourismus aber abgenommen: Viele junge Leute haben keine Zeit, sondern müssen ihren Job machen.

Panigíri (Heiligenfeste)

Eine besondere griechische Form sind die **Panigíri,** die Feste zu Ehren bedeutender Heiliger. Vor allem dörfliche Panigíri werden zu Ehren des örtlichen Kirchenheiligen als fröhliche Volksfeste mit Musik und Tanz begangen. Mit Kind und Kegel, Sack und Pack zieht man zur Kirche, oft auch einer etwas außerhalb im Wald gelegenen Kapelle, dort wird dann gegrillt, getrunken, man singt Volkslieder, oft spielt auch eine kleine Truppe zum Tanz auf.

Beachte aber: In der Regel findet das Hauptfest jeweils am Vorabend des Festtages statt und zieht sich bis spät in die Nacht. Am eigentlichen Festtag findet dann eine Prozession oder auch nur eine Messe statt.

22./23. April: Ágios Geórgios in Malóna
20./21. Mai: großes, sehr religiöses Fest beim Kloster Moní Thárri
14./15. Juni: Profítis Ámos in Faliráki
16./17. Juli: Agía Marína in Koskinoú
19./20. Juli: Profítis Ilías auf dem Ilías-Berg bei Sálakos
26./27. Juli: Ágios Pandélimonos in Siána
29./30. Juli: Ágios Soúlas bei Soroní (an der Straße nach Eleoúsa, großes Volksfest mit Tanz und Eselrennen.
5./6. August: Metamórfosis in Kiotári, das größte Fest des südlichen Rhodos.
14./15. August: Kímissis tís Theotókou u. a. in Afándou, Émbona; das größte in Kremastí
21./22. August: Panagía (›Allheilige‹ Maria) im Kloster Ipsenís bei Lárdos
7./8. September: Geníssi tís Theotókou (Mariä Geburt); große Wallfahrt nach Kýra Tsambíka und Fest im Kloster Tsambíka
13./14. September: Tímios Stávros (Heilig-Kreuz) in Kalythiés und Apóllona
7./8. November: Míchail Archángelos in Archángelos, Rhodos-Neustadt und in Panormítis auf der Insel Sými
14. November: Konstántinos Idréos, der Stadtpatron von Rhodos-Stadt. Zur Prozession erscheinen der Erzbischof und alle Bischöfe des Dodekanes.

Nationalfeiertage

Am **25. März** *(ikóssi pénde martíou)* gedenkt man des Beginns des Freiheitskampfes gegen die Osmanen im Jahr 1821, am Tag Mariä Verkündigung.

Am **28. Oktober** ist der ›Ochi‹-Tag *(méra tu óchi),* der an die Ablehnung eines Ultimatums von Mussolini auf Öffnung von Stützpunkten für die italienische Armee im Jahr 1940 erinnert. Nach diesem ›Nein‹ (gr. *óchi)* marschierten die Italiener in Griechenland ein, das so in den Zweiten Weltkrieg hineingezogen wurde. Diese Nationalfeiertage werden mit Militärparaden und Gottesdiensten begangen. Auf der Platia Eleftherias in Rhodos-Stadt gibt es große Paraden, an denen der Klerus im vollen Ornat, Polizei, Feuerwehr und Kinder in historischen Trachten oder ihren Schuluniformen teilnehmen.

Ähnlich ist das Programm am **Dodekanes-Feiertag** am 7. März, der an die Vereinigung der Inselgruppe mit Griechenland 1947 erinnert.

Musik

Wie die Religion hat auch die griechische Volksmusik eine stark nationalistische Komponente und ist daher in der modernen Kultur überaus stark präsent. Auch bei der Jugend behauptet sie gegenüber US-amerikanischer Popmusik das Feld unangefochten. Die alten Lieder aus der Zeit der Kleften (der Räuber und Freischärler im Freiheitskampf) werden ebenso wie die Volkstänze im Schulunterricht gelernt. Und bei den Festen tanzen Jung und Alt gemeinsam, während die vielen privaten Radiosender hauptsächlich griechische Musik spielen.

Diese Musik hat ihre Wurzeln in der Antike und der byzantinischen Kultur, dazu kommen türkische Einflüsse und die Traditionen der Flüchtlinge aus Kleinasien, die 1923 zu Hunderttausenden ins Land strömten. Man kann sie in drei Bereiche gliedern. Erstens die alten Volksweisen wie die Hirtenlieder oder die Stegreifdichtung der Mantinades, die man nur noch selten, z. B. auf Kárpathos, hören kann.

Zum zweiten die Schlagermusik, die zum Teil auf Elementen des Rebétiko beruht, der Musik der entwurzelten Flüchtlinge und der Hafenarbeiter der 1920er Jahre. Gassenhauer wie ›O Dromos‹ von Manos Loizos, ›Stalia Stalia‹ von Giorgos Zambetas, ›Pou Nai Ta Xronia‹ von Stavros Kougoumtzis oder das unvermeidliche ›Mia Agapi Mou‹ von Yiannis Spanos sind dafür gute Beispiele und in jeder Taverne zu hören. Der dritte Bereich ist die moderne Popmusik von heute, wo griechische Texte und Melodien mit den internationalen Musikstilen gemixt werden. Techno, House, HipHop, das alles können die Griechen auch, und sie machen es auch griechisch.

Die wichtigsten **Instrumente** der Volksmusik sind die *bouzouki* (Busuki), eine Langhalslaute mit drei Doppelsaiten, und die *santouri* (Sanduri), eine Art Hackbrett. In der traditionellen Musik spielen auch noch die *lyra*, die auf den Knien wie eine Geige gestrichen wird, und die *daouli,* eine große Basstrommel, eine Rolle. In moderner Instrumentierung kommen heute natürlich auch Gitarren, Keyboard und Schlagzeug dazu.

CD-Tipps

Traditionelle Musik, teils Rebétiko, teils ein Querschnitt durch die griechische Regionalmusik, präsentiert die CD ›Panorama‹ von Julie & Marios Koptsas-Anastassiou. Einen Überblick über den griechischen Schlager gibt die Doppel-CD ›Apo Kardias, Live at Zygos‹ von George (Yorgos) Dalaras, der seit den 1970er Jahren zu den bekanntesten griechischen Sängern zählt. Da man aber in Deutschland außer Theodorakis kaum griechische Importe bekommt, wird man am besten bei Manuel's Music Center in Rhodos-Stadt (s. S. 108) fündig, wo es auch viele Sampler mit aktuellem Greek Pop gibt.

Mädchen in rhodischer Dorftracht bei der Parade am Ochi-Tag

KUNST & ARCHITEKTUR

Auf Rhodos ist die Kunstgeschichte nicht nur eine Sache verstaubter Museen. Die mittelalterliche Altstadt mit der Ritterstraße ist fast ein Freiluftmuseum, und im Inselinneren lohnen idyllisch gelegene Kirchen mit jahrhundertealten Bildern einen Abstecher. Die wechselvolle Kunstgeschichte soll hier an typischen Beispielen der Epochen verständlich gemacht werden.

Rhodische Keramik

Die rhodische Keramik, heute ein beliebtes, wenn auch nicht immer stilechtes Souvenir, soll schon durch die Phöniker auf die Insel gebracht worden sein. Eine erste Blüte, von der zahlreiche Vasen aus Grabhöhlen bei Triánda und Exóchi (nahe Lárdos) geborgen werden konnten, erlebte die Keramikproduktion in der mykenischen Epoche (1450–1200 v. Chr.). Im Archäologischen Museum sind schöne Beispiele von Henkelkannen zu sehen, teils mit geschwungenen vertikalen Bändern, teils mit stilisierten Meerestieren wie dem Oktopus geschmückt.

Nach den *dark ages,* den dunklen Jahrhunderten nach der mykenischen Kultur, gewann die rhodische Keramik erst wieder in der geometrischen Epoche im 9./8. Jh. v. Chr. an Bedeutung. Es herrschten Verzierungen mit rechtwinkligen Mäanderbändern, Rauten und Strichlinien vor, die jedoch schon früher als im übrigen Hellas von Tier und auch Menschendarstellungen des orientalisierenden Stils aufgelockert wurden.

Im 7. Jh. brachte der Handel mit den orientalischen Hochkulturen auch neue künstlerische Einflüsse nach Rhodos. Hier entwickelte sich eine völlig eigenständige Form des orientalisierenden Stils, der durch die Motivfülle der phönikischen und ägyptischen Kunst beeinflusst ist. Vom 7. bis 6. Jh. v. Chr. schufen die Rhodier Vasen mit fantastischen Tiermotiven, häufig Steinböcke und Damhirsche.

Nachdem der orientalisierende Stil in der Fikellura-Phase mit vorherrschenden Palmetten- und Lotusmotiven ausklang, büßte Rhodos seine künstlerische Sonderstellung ein. Schwarz- und rotfigurige Keramik aus Attika wurden seit dem 5. Jh. nach Rhodos exportiert und kopiert. Die Kunstproduktion erreichte erst mit der Bildhauerschule des Hellenismus wieder überregionale Bedeutung.

Die Laokoon-Gruppe und die rhodische Bildhauerschule

Während der hellenistischen Epoche, als der künstlerische Horizont der Griechen sich durch die Eroberungen Alexanders des Großen erweiterte und das erbliche Königstum der Diadochen die griechische Polis, die Stadtstaaterei, ablöste, blieb Rhodos der einzige griechische Freistaat. Im 3. Jh. v. Chr. beherrschten Rhodier den gesamten

Handel im östlichen Mittelmeer. Rhodos brachte nicht nur eine eigene Bildhauerschule hervor, sondern auch führende Wissenschaftler und Philosophen. Der Rhodier Deinokrates wurde Architekt Alexanders (sein Plan, den Athos-Berg als gigantische Alexanderbüste zu modellieren, scheiterte jedoch). Der Rhodier Chares, ein Schüler des Lysippos, des Michelangelo dieser Zeit, entwarf die riesige Helios-Statue, den ›Koloss‹ (s. S. 114). Rhodische Bildhauer schufen monumentale Statuengruppen, in denen die realistische Darstellung zu einer geradezu fiktionalen Abbildungsschärfe übersteigert wird: Die Nike von Samothrake (heute im Louvre), der Farnesische Stier (Neapel) und die Laokoon-Gruppe (Vatikan) überschreiten in ihrer fantasmagorischen Dramatik jede Realität.

Die Laokoon-Gruppe, deren Original 1506 im Palast Neros in Rom wiederentdeckt wurde, ist im Großmeisterpalast von Rhodos-Stadt als Kopie zu sehen. Ihre Schöpfer waren die Rhodier Hagesandros, Polydoros, Athanodoros. Dargestellt wird der Tod des Laokoon und seiner Söhne. Laokoon, Apollonpriester in Troja, warnt die Trojaner davor, das hölzerne Pferd des Odysseus in die Stadt zu holen. Athena, die auf Seiten der Griechen steht, lässt ihn daraufhin durch Schlangen töten: eine Szene menschlicher Ohnmacht, die hier in fast voyeuristischer Art präsentiert wird.

Das 1. Jh. v. Chr., in dem diese Statue entstand, kann auch als das ›römische‹ der rhodischen Geschichte gelten. Cicero, Pompeius, Caesar und der spätere Kaiser Tiberius wählen Rhodos wie viele andere vornehme Römer als Urlaubsziel und besuchen die rhetorische Universität. 3000 Statuen sollen die Stadt damals verschönert haben. Geblieben ist von dieser Pracht nichts; Cassius (s. S. 112) und nach ihm viele andere schafften die schönsten Stücke nach Rom oder Konstantinopel.

Kouros-Statue aus dem Archäologischen Museum Rhodos. Diese strengen Jünglingsfiguren sind typisch für die archaische Epoche

Byzanz und das Katholikon von Afándou

Während das weströmische Reich im 5. Jh. unter dem Ansturm der Germanenstämme zerbrach, konnte das oströmische oder Byzantinische Reich seine staatliche Einheit bewahren. Der Fernhandel florierte, die Währung war stabil, die politischen Institutionen blieben intakt. Rhodos war wieder ein wichtiger Handelshafen, berühmt für seine Seidenmanufaktur und besaß eine produktive Landwirtschaft.

Die Insel war dicht besiedelt, große Städte reihten sich entlang der Küsten bis hinunter in den äußersten Süden: Mesanagrós, Plimmýri, Gennádi, Psínthos, Arnítha und andere, deren Namen untergegangen sind, waren große Städte mit prächtigen dreischiffigen Basiliken, in denen die neue Staatsreligion, das Frühchristentum, seine neue Bedeutung zur Schau stellte. Dann kam die Katastrophe: 654 griffen die Araber unter Muawija Rhodos an und verheerten die meist unbefestigten Städte an den Küsten. Der Arabersturm dauerte bis 808, als Harun ar-Raschid einen letzten Eroberungszug unternahm. In dieser Zeit sank die Bevölkerungszahl rapide, die Überlebenden zogen sich in die Berge zurück oder bauten neue Siedlungen, die man vom Meer aus nicht sehen konnte.

So wie Afándou, das hinter einem Hügelrücken liegt und dessen Name schon ›versteckt‹ bedeutet. Von der alten Stadt am Meer zeugt heute nur noch das Katholikon, eine kleine Kirche kurz vor dem Strand (s. Abb. S. 133). Sie wurde im 12. Jh. in die Ruine der Basilika aus dem 5. Jh. hineingebaut. Wie bei vielen anderen Kapellen war es eine fromme Stiftung, und da das Geld nur für einen kleinen Bau reichte, umfasste die neue Kirche nur die alte Apsis mit dem Altar. Die Seitenschiffe und der Mittelbau blieben unbebaut, wurden aber durch eine Mauer eingefriedet.

Von der alten Kirche sind noch die Apsiswölbung und der alte Mosaikfußboden erhalten. Außen an der linken Seitenwand erkennt man zwei Säulen, die früher das Mittelschiff vom Seitenschiff abtrennten, auch ein Teil des Arkadenbogens ragt aus dem Mauerwerk heraus. In die Mauern sind mehrere Spolien, Bauteile der alten Kirche mit dem frühchristlichen Kreuz, eingelassen.

Die Fresken stammen aus dem 16. Jh., sind aber nur von mäßiger Qualität. In der Apsiswölbung befinden sich eine Deesis (s. S. 171) und die Apostelkommunion, an der gemauerten Ikonostase ist rechts Johannes der Täufer, links der hl. Nikolaus, in der linken Seitenapsis die Panagía (Maria), ihr gegenüber der hl. Georg auf einem weißen Pferd zu sehen, und neben ihm stützt sich der hl. Antonius auf seinen Eremitenstab. Über den Umgang der Griechen mit ›heiligen‹ Orten geben auch die Ritzzeichnungen von Schiffen an den Seitenwänden Auskunft. Sie stammen vermutlich von Fischern, die ihr Boot unter den Schutz der Heiligen stellen wollten. Wie für den unbekannten Stifter des 12. Jh. lebte auch für sie in der Kathóliki-Kapelle eine uralte Tradition des Göttlichen fort, unbeschadet der Zeitläufte, die die Landschaft ringsum gänzlich verändert haben.

Die Ritterzeit und das Koskinoú-Tor von Rhodos

Als die Ritter des hl. Johannes 1309 Rhodos eroberten, begann für die Insel, die für kurze Zeit von Türken besetzt war, eine neue Aufbauphase. Als vorgeschobener Posten in türkisch-islamischem Feindesland bauten die Ritter Rhodos zur Festung aus und erneuerten mehrmals die Wallanlagen (s. S. 95). Am Koskinoú-Tor kann man die einzelnen ›Ausbaustufen‹ am besten unterscheiden.

Das Tor wird nach der kleinen Kapelle des Ágios Ioánnis Pródomos (›der Vorläufer‹ = Täufer) auch Johannes-Tor genannt. Die einzelnen Bauphasen lassen die fortlaufende Verstärkung der Bastionen gegen die zunehmende Bedrohung durch die türkische Kanonentechnik, damals die fortschrittlichste in Europa, erkennen. Vom Stadtinneren sieht man zuerst rechts den ältesten Teil, einen Turm aus dem Jahre 1425. Dieser noch ganz mittelalterliche Bau wird umgürtet von einer spitzwinkligen Bastion mit Tor, die aus dem Jahr 1465 stammt und das Wappen des Großmeisters Raymond Zacosta über dem Außenportal trägt. Die Mauern sind zwar schon zum Graben hin geböscht, aber verglichen mit den folgenden noch relativ schwach.

Der Weg verläuft jetzt mehrfach abknickend, zuerst über den ersten Graben, dann durch einen gedeckten Gang durch die gut 10 m messende zweite Bastion. Diese Verteidigungsanlage stammt aus dem Jahr 1482 und zeigt über dem Außenportal das Wappen des Großmeisters Pierre d'Aubusson und ein Relief des Johannes im spätgotischen Flamboyant-Stil. Von der Brücke, die nun den Hauptgraben überquert, erkennt man, dass die Mauern durch eine ausgeprägte Böschung nach unten verstärkt sind. Auch die Rundung dieser Bastion, im Gegensatz zur eckigen Form der ersteren, entsprach der neusten Technik, denn sie bot Kanonenkugeln weniger Angriffsfläche. Das Konzept war recht erfolgreich, denn militärisch hat diese Mauern schließlich niemand überwunden.

Die Türken auf Rhodos und die Süleyman-Moschee

Nach der Eroberung von Rhodos durch die Türken (s. S. 98) wandelte sich die Stadt vollständig. Am ersten Tag des Jahres 1523 verließen die Ritter die Insel, ihnen folgten 4000 ›Franken‹ (Genueser und Florentiner, die auf Rhodos Handelskontore besaßen) und Griechen (vor allem Söldner und Ordensbedienstete). Rhodos wurde eine türkische Festung. Sämtliche orthodoxen Kirchen wurden nach und nach in Moscheen umgewandelt.

Das auffälligste islamische Gebetshaus von Rhodos ist die rosa getünchte Süleyman-Moschee am höchsten Punkt der Odos Sokratous. Sie ist ein beherrschender Blickfang, erbaut gleich nach der Einnahme zu Ehren von

Sultan Süleyman, dem Eroberer von Rhodos. Der heutige Bau stammt jedoch aus dem Jahr 1808, ist aber wiederum unter Verwendung ›christlicher‹ Bauteile errichtet worden, die teils aus einer byzantinischen Kirche (die Säulen des Vorhofs), teils aus Renaissancepalästen der Ritter (das Eingangsportal) stammen.

Die Moschee wird von den Türken, die hier muslimische Griechen genannt werden müssen, noch genutzt, ist aber meist verschlossen. Das Innere präsentiert sich wie bei den meisten islamischen Gebetshäusern eher schlicht. Wer die Moschee betritt, sollte, wie in allen Moscheen üblich, die Schuhe ausziehen und sich der Würde des Orts angemessen verhalten. Lediglich Teppiche, die meisten sehr alt, bedecken den Boden, gegenüber dem Eingang liegt die nach Mekka ausgerichtete Gebetswand (Kibla), daneben steht als einziges Möbel die hölzerne Treppe, die zur Predigtkanzel (Minbar) hinaufführt. Schmuckverzierungen zeigen nur die Trompen, die zur Kuppel überleiten: die stalaktitenartige Stuckatur ist ein in der islamischen Kunst häufig verwendetes Motiv (Mukarnas).

Die ehrwürdige Süleyman-Moschee erstrahlt in neuem Glanz

Lange Zeit machte abblätternde Farbe den Niedergang der türkischstämmigen Gemeinde von Rhodos deutlich (s. S. 208). Inzwischen wurde die Moschee aber restauriert, und selbst das mächtige Minarett, das bis 1987 die Altstadt beherrschte, aber wegen Einsturzgefahr abgetragen wurde, ist 2004 wieder aufgebaut worden.

Wohnarchitektur

In der griechischen Architektur lassen sich zwei Hauptströmungen unterscheiden: einmal die traditionelle bäuerliche Bauweise, die bis ins 17. Jh. zurückreicht, und zum zweiten die neoklassizistische Architektur, die seit der Gründung des neugriechischen Staats 1832 entwickelt wurde.

Traditionelle Architektur

Das traditionelle Haus ist eingeschossig, hat ein Flachdach und besteht nur aus einem Raum, der einen gedrungenen, aber recht hohen Kubus oder Quader bildet. Die Mauern sind sehr dick, um die Hitze abzuweisen; nur die Eingangswand besitzt schmale Fenster. Dieser Raum, die *sála,* bildete den Mittelpunkt des Hauses: Dort empfingen die Männer Gäste, dort verbrachten die Frauen den Abend, dort schlief die Familie. Als Hauptmöbel war ein etwa brusthohes Podest eingebaut, das eine ganze Schmalseite einnahm und *soúfa* genannt wurde. Es war mit einem Geländer abgetrennt, unter dem Zwischenboden konnten Vorräte verstaut werden, abends wurde es mit Seegrasmatratzen als Schlafstätte gepolstert. Das Bett der Eheleute war durch den *spervéri* abgetrennt, einen prachtvollen bestickten Vorhang, an dem die jungen Mädchen jahrelang arbeiteten – er war das Kernstück ihrer Aussteuer, das dem Brautzug vorangetragen wurde.

Dieses für vielfältige Funktionen nutzbare Raumprinzip von Sála und Soúfa ist typisch für die traditionelle Architektur des gesamten Dodekanes,

Traditionelle Häuser

Viele gibt es nicht mehr, doch in Inlandsdörfern wie Apóllona, Kritinía oder Asklipío kann man in kleinen ›Folklore-Museen‹ nicht nur de Ausstattung und alte Handwerksgeräte sehen, sondern auch die traditionelle Architektur studieren.

auch wenn es je nach lokalen Traditionen variierte. So ruhen die Deckenbalken der Häuser auf Rhodos meist auf einer weiten Spitzbogenwand, der *kamára,* die die Sála in der Mitte teilt, auf Kárpathos erfüllt diesen Zweck dagegen ein starker Mittelpfeiler, der *stýlos* genannt wurde.

Über das ›Einbaumöbel‹ Soúfa hinaus war das Einraumhaus eher spärlich möbliert. Meist war nur noch ein *piatóthiki,* ein Wandschrank für das Geschirr, vorhanden. Auf einem langen offenen Bord aus geschnitztem Holz präsentierte man eine bunt zusammengewürfelte Sammlung von Keramik-Tellern, die von Seefahrten aus Italien, der Türkei oder Ägypten mitgebracht worden war. An den Wänden hingen Stickereien, alte Familienbilder und natürlich eine Ikone, ein Bild des Familienheiligen.

Die Küche *(kéllos)* war in einem kleinen Anbau zum Hof hin untergebracht, um den sich weitere Wirtschaftsräume sowie der einfache, steinerne Backofen, das Klosett und die Ställe gruppierten. Eine mannshohe Mauer umschloss das abgetrennte Refugium der Familie. Was die Menschen in der griechischen Landschaft missen mussten, schattiges Grün und blühende Pflanzen, zogen sie in diesen Höfen in den *pithári,* großen Terrakotta-Töpfen, oder in einfachen Blechkanistern und verwandelten diese Plätze so in kleine üppige Oasen.

Der Neoklassizismus

Ganz anders als das traditionelle Bauen, das mit einfachen Mitteln zweckmäßige Lösungen erreichte, spiegelte die neoklassizistische Architektur den Willen zur Repräsentation. Nicht von ungefähr kam dieser Stil, der den Formenkanon des antiken Tempels aufgriff, erst nach der Gründung des neugriechischen Staats auf. Mit König Otto, Sohn des Philhellenen Ludwig von Bayern, kamen Architekten ins Land, die in Athen die ersten klassizistischen Gebäude errichteten. Als Griechen dann in den 1850er und 1860er Jahren im Gefolge der ökonomischen Durchdringung des Osmanischen Reiches durch Engländer und Franzosen als Händler, Agenten und Reeder zu Wohlstand kamen, griffen sie diesen Stil auf.

So entstand die neoklassizistische Stadtarchitektur der großen Handelsstädte von Sými, Chálki und Kastellórizo. Auf Rhodos selbst gibt es solche Bauten seltener – zu stark war hier der Einfluss der türkischen Besiedlung, und auch die Blütezeit von Líndos war am Ende des 19. Jahrhunderts schon Geschichte.

Charakteristische Elemente der neoklassizistischen Inselarchitektur sind der dreieckige Tempelgiebel, die Gliederung der Fassade durch Fenster, Traufbänder und Pilaster. Die Pilaster ahmten als vorgesetzte Scheinsäulen die Form der antiken ionischen, dorischen oder korinthischen Säule nach, die regelmäßig angeordneten sehr hohen Fenster und Traufbänder gaben der Fassade eine harmonische, ausgewogene Gestalt. Verstärkt wurde dieser Eindruck noch durch die auf den Dachkanten aufgestellten Kolonáki, muschelförmige Terrakottaembleme, wie sie auch die Dächer der antiken Tempel geschmückt hatten.

Je nach Inseltradition wurden die Herrensitze *(archóntika)* in bestimmten Farben gestrichen. Auf Sými waren es helle Gelbtöne kombiniert mit Rostrot, auf Chálki Dunkelblau mit kräftigem Rot, auf Kastellórizo ein dunkleres Gelb mit Weiß. So wie in den Farben entwickelte jede Insel auch eine unterschiedliche bauliche Umsetzung der Grundmuster. Mal wurde das Giebelfeld mit einem runden Fenster versehen wie auf Sými, mal schlicht frei gelassen oder mit Reliefs verziert.

Solche speziellen Ausprägungen zu entdecken macht den besonderen Reiz eines Spaziergangs durch die leider allzu oft dem Verfall preisgegebenen histtorischen Viertel aus. Auch wenn es wehmütig stimmt angesichts der stupiden Einfallslosigkeit der heutigen Betonkästen, mit der die Griechen ihre Landschaft verschandeln.

Die Klöster, hier Moní Roukouniótis auf Sými, bewahren das Idealbild der griechischen Architektur

MYSTISCHE BILDERSPRACHE

Die orthodoxen Ikonen

Die typische Kirche in Griechenland ist innen vollständig mit Wandmalereien bedeckt und reich an Ikonen. Wenn der orthodoxe Christ eine solche Kirche betritt, begibt er sich in eine Art ›Konsulat‹ des Himmels auf Erden. Hier gelten andere, geheimnisvoll-mystische Gesetze. Die irdische Realität von Raum und Zeit ist aufgehoben. In der Liturgie ist der dreifältige Gott selbst präsent: in der Person des Priesters, im verkündeten Wort und im Altarsakrament, dem geweihten Brot und Wein. Christus selbst hat es gesagt: »Wo zwei oder drei in meinem Namen versammelt sind, da bin ich mitten unter ihnen« (Matth. 18,20).

Wer einen Gottesdienst besucht, bemerkt den ständigen Wechselgesang zwischen Priester, Diakon und Lektoren. Die Liturgie gleicht einem dramatischen Spiel, in dem für den Gläubigen vergangene heilsgeschichtliche Ereignisse und ewig Wahres zur Gegenwart werden. Ikonen und Wandmalereien wiederum sind dauerhaft gewordene Liturgie. Im Gegensatz zum westlichen Sakralbild ist ihr Thema nicht die Darstellung oder Interpretation von biblischen Ereignissen. Sie schaffen eine außerirdische, nur mystisch erfahrbare Dimension: In ihnen wird das einmalige biblische Ereignis zur ewigen Gegenwart.

Um das malerisch zu erfassen, sind die künstlerischen Ausdrucksformen der sicher weiter entwickelten westlichen Sakralmalerei völlig unzureichend. Wer natürliche Landschaften malt, Elemente aus seinem Alltag, seiner Zeit und Umgebung einfließen lässt, wer sich durch perspektivische Vollkommenheit um die Erfassung irdischer Gesetzmäßigkeiten bemüht, macht das Ewig-Allumfassende zum singulären Ereignis, raubt ihm sein Wesen.

Orthodoxe Sakralmalerei geht anders, geht typologisch vor. Ein paar kahle, immer wieder gleiche Felsschollen stehen für den Berg, ein paar Bäume machen ihn zum Ölberg (linke Abb.). Dass der ganze Berg nur wenig größer ist als ein aufgerichteter Mensch, spielt keine Rolle. Der Tempel wird durch Altar, Baldachin und Vorhang skizziert; dass es der Tempel in Jerusalem ist, wird durch die stilisierte Stadtmauer mit Türmen deutlich (rechte Abb.). Auge und Geist können sich nun getrost dem Wesentlichen zuwenden.

In der ›Darstellung Jesu im Tempel‹ hat Maria das Jesuskind dem Simeon übergeben, der in ihm den Heiland erkennt. Hinter Maria steht Joseph mit zwei Tauben in einem Korb. Wie das jüdische Gesetz es verlangt, sind sie als Auslösung für den erstgeborenen Sohn bestimmt. Hinter Joseph weist die Prophetin Hanna mit dem Finger auf Jesus. Sie hält eine Schriftrolle, auf der geschrieben steht: »Siehe, dieses Kind hat Himmel und Erde erschaffen.« In der Ölbergszene ist der kniende Christus bereit, den Kelch zu empfangen, den ihm Gottvater zugedacht hat. Wie bei Lukas geschrieben, schlafen derweil die Jünger vor Traurigkeit.

Beide Darstellungen wirken wie ein Konzentrat des Wesentlichen, machen das geistige Wesen erlebbar und erfahrbar. Maria trägt als Einzige all dieser Personen ein Gewand, das in einem Stück Haare, Nacken, Schultern, Arme und den gesamten Oberkörper verhüllt. Es bezeugt die Jungfräulichkeit Mariens und die Gottessohnschaft Jesu ebenso wie das Diadem, das Maria auf der Stirn trägt: Es wird als Spica verstanden, ein Stern aus dem Sternbild der Jungfrau. Der Nimbus Christi ist anders als der aller Übrigen. In ihm stehen die drei Buchstaben ΟΩΝ – Der ewig Seiende. Der Vorhang im Tempel wirkt wie von einem Windhauch bewegt: So deutet sich die Gegenwart des Heiligen Geistes an. Simeon trägt das Kind, Joseph die Tauben nicht auf nackten Händen: Das Heilige wird nicht durch Berührung mit dem Fleisch entweiht.

In der abendländischen Kunst wird meist das genial Neue gepriesen. Der Maler und seine Kreativität zählen, seine Werke sind signiert. Ein Ikonenmaler käme nie auf die Idee, die Darstellung im Tempel oder die Ölbergszene anders zu malen – schließlich sind ewige Wahrheiten unumstößlich. Der Name des Malers ist unbedeutend. Orthodoxe Kunst gleicht sich durch die Jahrhunderte hinweg so sehr, weil sie nicht auf der Suche ist, sondern schon früh das Ziel gefunden hat. Deswegen werden auch heute viele Kirchen im alten Stil ausgemalt. Die alte Tradition in neuer Form kann man auf Rhodos gut in der Bischofskirche am Mandráki-Hafen bewundern, aber auch in der Kirche Ágios Nektários bei Archípoli.

von Klaus Bötig

ESSEN & TRINKEN

Griechische Küche

Die griechische Küche kann ihre bäuerliche Tradition nicht leugnen. Es sind deftige Speisen, zusammengestellt aus dem, was die Natur dem Menschen gab: Tomaten, Zucchini, Auberginen vom Feld, Fisch aus dem Meer, Milch, Joghurt, Käse von den Tieren. Fleisch kam relativ selten auf den Tisch, schließlich konnte man die Tiere, die Milch und Wolle lieferten, nicht aufessen. Verschwenderisch hingegen ging und geht man mit Olivenöl *(eleólado)* um, das flüssige Gold der griechischen Bauern, ohne dessen Aroma der typische Geschmack vieler Speisen sich nicht entfalten könnte.

Heute hat sich die griechische Küche allerdings auch im touristischen Griechenland und besonders auf Rhodos den internationalen Standards angepasst: Angebot und Service sind wie beim ›Griechen‹ zu Hause, zu allen Gerichten gibt es Reis, Pommes und Gemüsebeilage. Doch mit der echten griechischen Tavernenkultur hat das wenig zu tun. Will man sie kennenlernen, muss man sich auch mal auf ein Experiment abseits der Touristenpfade einlassen.

Mezedáki

Das fängt schon mit den Vorspeisen an: *mezedáki* heißen die kleinen Häppchen, die es in schier unglaublicher Variationsbreite gibt. Eingelegtes wie Oliven oder Kapern, Gebratenes wie Fischchen und Oktopus-Stücke oder Gemüse wie *dolmadákia* und *gigántes* natürlich. Besonders viel Fantasie haben die Griechen aber auf die kalten cremigen Pasten verwendet, von denen der altbekannte Tsatsiki nur eine ist. Neben der Joghurt-Gurke-Paste mit viel Knoblauch, die mit dem vollfetten griechischen ›Superjoghurt‹ (10 % Fett i.d.Tr.) gemacht wird, harren Köstlichkeiten wie das mildwürzige Auberginenpüree *melitsánes* oder das leicht knofelig schmeckende *skordaliá,* eine Art Kartoffelpüree mit Knoblauch, auf entdeckungsfreudige Gaumen.

Estiatório & Kafenió

Für griechische Restaurants gibt es verschiedene Bezeichnungen, wobei Namen wie *estiatório* (Restaurant), *tavérna* (Taverne, einfacher) oder *ouzerí* (Ouzo-Kneipe) heute auf Rhodos kaum noch einen Unterschied machen.

Das *kafenió* (Kaffeehaus) ist der traditionelle Treffpunkt der Männer, dort gibt es nur etwas zu trinken, aber nichts zu essen. Allerdings sind viele *kafeniá* auf Rhodos mittlerweile entweder zu Cafe-Bars oder zu Internet-Cafes mutiert – die Globalisierung ist eben nicht zu stoppen. Eine lohnende Adresse ist aber immer ein *zacharoplastío* (Konditorei), wo es das köstliche griechische Süßgebäck gibt.

Die Griechen lieben es, in größerer Runde zu essen

Und wer Fisch mag, der kann auch gut das *taramás* vertragen, eine Paste aus Kartoffeln, verrührt mit dem roten Rogen der *barboúnia,* der Meerbarbe.

Mit all diesen feinen Sachen wird die griechische Tafel beim ersten Gang voll geladen, immer jeweils kleine Schälchen, dazu kommen *patátas,* fritierte Kartoffeln (nicht zu verwechseln mit unseren matschigen ›Pommes‹), oder Salate. Bis schließlich ein richtiges kaltes Büfett zusammengekommen ist. Wie bei diesem ist freie Selbstbedienung erwünscht: Man angelt mit der Gabel mal hier, mal dort, nascht, probiert – alles aber nur ganz beiläufig.

Typische Gerichte

Und auch bei den Hauptgerichten gibt es einiges zu entdecken, das man beim Griechen zu Hause nicht oder nur selten bekommt. Wie etwa das *giouvétsi* (Juvetsi gesprochen), mit Tomatensauce und Reisnudeln *(kritharáki)* im Ofen gebackenes Lamm- oder Kalbfleisch, das durch eine Prise Nelken seine leicht orientalische Note bekommt. Oder das *stifadó,* ein deftiges Kalbsgulasch mit ganzen Zwiebeln geschmort. Auch was die Hauptspeise betrifft, kann man sich ohne Bedenken mit bewährten Gerichten wie *moussá-*

ka (der Auberginenauflauf, der überall je nach Hausrezept unterschiedlich schmeckt) oder Kurzgebratenem vom Grill ein individuelles Menü für eine ganze Gruppe zusammenstellen.

Getränke

Traditionell bekommt man in der Taverne oder zum Kaffee stets gekühltes **Wasser** *(néro)* aus der Leitung auf den Tisch gestellt. Heute ist es üblich, Flaschenwasser zu bestellen, doch wenn man darum bittet, wird noch heute kostenlos Leitungswasser in der Karaffe gebracht. Wünscht man Sprudelwasser, bestellt man nicht ›mineral water‹, das wäre stilles Wasser, sondern *sóda*.

Eine besondere Spezialität ist der **griechische Kaffee** *(kafés ellinikós)*, der als starker Mokka mitsamt dem Kaffeesatz serviert wird. Schon bei der Bestellung muss man angeben, ob man ihn *glikó* (süß), *métrio* (mittel) oder *skétto* (ohne Zucker) will. **Filterkaffee** *(kafés fíltro)* gibt es nur in den besseren Hotels und manchen Touristenbars, meist bekommt man löslichen Kaffee, der hier einfach *nes* genannt wird, wahlweise mit Milch *(me gála)* oder ohne Milch *(chóris gála)*. Ein sehr verbreitetes Modegetränk der griechischen Jugend ist der **Frappé:** schaumig geschlagener Neskaffee, der kalt mit Eiswürfeln serviert wird.

Es gibt zwar auch wieder griechisches **Bier,** das Mythos und das Alpha, sehr verbreitet auf Rhodos sind aber Biere deutscher Brauereien. Aus Flaschen und sogar vom Fass wird fast alles zwischen Jever und Franziskaner kredenzt.

Anders als früher sind die griechischen **Weine** heute in der Regel nicht mehr übermäßig süß, sondern geschmacklich den italienischen zu vergleichen. Rhodos ist eine durchaus bekannte griechische Weinregion mit den beiden Kellereien CAIR (einem Großbetrieb bei Rhodos-Stadt) und Emery (einem Betrieb beim Bergdorf Émbona, s. S. 166). Diese beiden Kellereien haben sogar einen ordentlichen Sekt im Programm. In den Tavernen ist das Angebot jedoch in der Regel begrenzt (und auch recht teuer), in den Supermärkten findet man aber eine große Auswahl zu guten Preisen.

Der am meisten getrunkene Wein ist aber immer noch der **Retsína,** der typische geharzte Weißwein. Neulinge können sich an den Geschmack oft nur schwer gewöhnen, doch mit Wasser verdünnt ist er ein sehr bekömmliches Getränk zur traditionellen Küche.

Auch den bekannten Anisschnaps **Ouzo** trinkt man traditionell mit Wasser versetzt, er wird dann milchig und schön sanft, doch in Touristenlokalen ist das fast ganz in Vergessenheit geraten. Daneben ist der **Soúma,** ein klarer Tresterschnaps, eine rhodische Spezialität, die jedoch nur in den Weindörfern rund um Émbona hergestellt und verkauft wird.

Griechische Restaurantkultur

Was die Griechen zu einem guten Essen brauchen, ist eine nette **Paréa** und viel Zeit. Eine Paréa ist leicht erklärt: Das ist die Gruppe, mit der man loszieht – gleichgültig, ob es die Großfamilie ist, die Freunde von der PASOK (oder der Nea Demokratia) oder die Clique der Gleichaltrigen – nur mehr als drei müssen es sein. Was die Griechen unter viel Zeit verstehen, ist schon schwieriger zu erklären. Wenn am Nebentisch die dritte Touristengruppe gesättigt wieder gegangen ist und die griechische Paréa nebenan immer noch bei den Vorspeisen sitzt, dann kann man es vielleicht erahnen.

In der Taverne

Während die Einrichtung traditioneller Tavernen meist ausgesprochen einfach ist, haben sich die modernen touristischen Lokale den international üblichen Standards weitgehend angepasst. Sogar die traditionellen Speisen werden nicht mehr wie früher üblich vom großen Warmhalteblech, sondern im Portionsschälchen brühheiß aus der Mikrowelle auf den Tisch gebracht. Und die Speisekarten sind nicht nur in allen europäischen Sprachen geschrieben, sondern auch mit Fotos der Gerichte versehen, damit man sich vorstellen kann, was geboten wird.

Soúma aus Siána

Im Bergdorf Siána an der südlichen Westküste wird ein besonders aromatischer Trester gebrannt. Man kann ihn in den Souvenirläden an der Kirche oder in der Taverne ›Village Place‹ kaufen, die Halbliterflasche für etwa 4 €.

Wer die einstmals so gerühmte freundliche Herzlichkeit kennen lernen will, sollte eher die einfacheren Tavernen besuchen. Und nur dort kann man die ›echte‹ griechische Küche bekommen. Die Portionen sind eher klein, passend also, um verschiedene Speisen kombinieren zu können. Vielleicht werden die Gerichte aus dem Backofen nur lauwarm serviert. Dies ist eine alte Sitte aus der Zeit, als das ganze Dorf seine Speisen vom Bäcker garen ließ. Die Griechen legen auf heißes Essen keinen Wert, sie halten es sogar für ungesund. Nur frisch Gegrilltes wird heiß serviert. Da aber viel Olivenöl verwendet wird, das nicht wie tierisches Fett aushärtet, bleiben die Speisen auch weniger heiß schmackhaft.

Die **Rechnung** macht der Kellner meist für die Paréa, die ganze Tischgemeinschaft. Unter Griechen wird um die Ehre, für alle zahlen zu dürfen, oft laut und hitzig gestritten; getrennt abzurechnen heißt hier die ›deutsche Art‹. In touristischen Zentren macht dies heute zwar kaum noch Probleme, man sollte es dem Kellner aber vor der Bestellung sagen. Sonst kann man es halten wie die jüngeren Griechen: zusammenlegen, ohne auf den Euro zu schauen.

Ein **Trinkgeld** wird natürlich gern gesehen, doch muss man immer den griechischen Stolz berücksichtigen. Ein Trinkgeld unter 1 Euro wird eher als Beleidigung verstanden, da wäre es besser, wenn man gar keines gäbe. Auch die Besitzer kleiner Tavernen fühlen sich leicht beleidigt, wenn man Trinkgeld gibt und sie so als ›Kellner‹ behandelt.

SPEISELEXIKON

Frühstück
kafés me gála *(kafäs mä rala):* Kaffee mit Milch
tsái *(tjai):* Tee
chimó portokaláda: Orangensaft
psomí: Brot
psomáki: Brötchen
boútiro *(vutiro):* Butter
marmeláda *(marmälasa):* Konfitüre
méli: Honig
giaoúrti *(ja'urti):* Joghurt
tirí: Käse
louchániko: Wurst
sambón: Schinken
avgá mátia *(avra matja):* Spiegeleier
froúta *(fruta):* Obst

Vorspeisen
achinós saláda: Seeigelsalat, selten zu finden, für Kenner eine Delikatesse wie Austern
chtipití: pürierter Schafs- oder Ziegenkäse mit Knoblauch und Chili
dolmadákia *(dolmadakja):* mit Reis und Kräutern gefüllte Weinblätter
eliés *(äljäs):* Oliven, beliebt als Mezé zum Ouzo
féta *(fäta):* Schafskäse
gígantes *(jigandäs):* in Tomatensauce eingelegte große Bohnen
kolokithokeftédes: Zucchinipuffer, kalt serviert
melintzáno saláda *(mälidsano ssalada):* Auberginenpüree
oktapódi saláda: Oktopus (Krake) gekocht und in Öl eingelegt
saganáki: gebackener Feta-Käse
skordaliá *(skordalja):* mit viel Knoblauch gewürzte Kartoffelpaste
táramas (auch *táramo saláda):* ein rötliches Püree aus Kartoffeln und dem Rogen der Meerbarbe
tzatzíki *(dsadsiki):* Joghurt mit geraspelter Gurke und Knoblauch

Salate
angoúri saláda: Gurkensalat
choriátiki saláda: wörtl. ›Dorfsalat‹, im Touristenjargon als ›Greek Salad‹ populär. Zumeist mit Tomaten, Gurke, Paprika, Oliven und Féta; man isst ihn ohne Essig und mit viel Öl, das mit Weißbrot getunkt wird
domáto saláda: Tomatensalat
... me kremídia: mit Zwiebeln
... chorís kremídia: ohne Zwiebeln
láchano saláda: Krautsalat

Suppen
domatósoupa: Tomatensuppe
fasoláda *(fassolada):* Bohnensuppe
kakaviá (auch **psarósoupa):** Fischsuppe, wobei der Fisch nach Wahl auf einem Extra-Teller serviert wird
kreatósoupa: trübe Fleischbrühe
patsá: deftige Kuttelsuppe mit Innereien, besonders beliebt nach kräftigen Zechgelagen

Fleischsorten
arní oder **arnáki:** Lamm
biftéki: Frikadelle
bon filé: echtes Filet
brizóla: Kotelett
gída: Ziege
gourounópoulo: Spanferkel
katzíki: Zicklein
kefaláki: gegrillter Lammkopf

keftédes: Hackfleischbällchen
kirinó: Schweinefleisch
kokorétzi: Grillwürstchen aus Innereien, stark gewürzt
kotópoulo: Huhn
kounéli *(kunälli):* Kaninchen
moskári: Rindfleisch
paidákia *(pädakja):* Lammkoteletts
sikóti: Leber
souvláki: Fleischspieß (vom Rind oder Schwein); am besten schmecken die kleinen *souvlákia* auf Holzspießen

Typische Gerichte
békri: eine Art Gulasch mit Kartoffeln, scharf gewürzt
dolmádes: warm in einer Ei-Zitronen-Sauce servierte, mit Reis und Hackfleisch gefüllte Weinblätter
gemistés *(jemistés):* mit Reis gefüllte Tomaten oder Paprikaschoten
giouvétsi *(juvétsi):* Kalbfleisch mit *kritharáki* (reisförmigen Nudeln) und Tomaten-Kreuzkümmel-Sauce
keftédes: Hackfleischbällchen mit Kartoffeln in Tomatensauce
kokkinistó: Rindfleisch, geschmort in Tomatensauce
makarónia me kimá: Spaghetti mit Hackfleischsauce
moussaká: Auflauf aus Auberginen, Kartoffeln und Hackfleisch
pastítzio: Nudelauflauf mit Käse und Hackfleisch
papoutsákia *(babudsakja):* Auberginen, mit Hack und *feta* überbacken
soutzoukákia *(sudsukakja):* Hackfleischrollen in Tomatensauce mit Kreuzkümmel
stifadó: eine Art Gulasch zu gleichen Teilen aus Kalbfleisch und ganzen Zwiebeln, mit Zimt gewürzt
tourloú: Gemüseeintopf, traditionell zu Reis serviert

Fisch und Meeresfrüchte
astakós: Languste, Mittelmeerhummer
barboúnia *(barbunja):* Rotbarbe, ein grätenreicher, aber feiner Seefisch
fángri: Zahnbrasse
garídes: Scampi
glóssa: Scholle, Seezunge
kalamáres: Tintenfisch (Calamares)
ksifías: Schwertfisch
lavráki: Barsch
mídia *(midja):* Muscheln
oktapódi: Krake (als Salat, gegrillt oder mit Gemüse gekocht)
soupiés: den Kalamáres ähnlicher Tintenfisch, der meist im Ganzen oder auch gefüllt serviert wird
tónos: Tunfisch
tzipoúra: Dorade (Goldbrasse)

Teigwaren
baklavás: Blätterteig mit Nussfüllung, getränkt in Zuckersirup
galaktoboúreko: Blätterteig mit Grießpudding gefüllt
lukumádes: in Fett ausgebackene Teigbällchen mit Honig
revaní: Grießkuchen
risógalo: Pudding aus Reismehl
tirópitta: Blätterteigtasche mit Käsefüllung

Obst
karpoúsi: Wassermelone
mílo: Apfel
pepóni: Honigmelone
portokáli: Orange
rodákina: Pfirsich
síka: Feige
stafília: Trauben

Tipps für den Urlaub

Badebucht an der Ostküste
zwischen Kallithéa und Faliráki

RHODOS ALS REISEZIEL

Jedes Jahr besuchen rund 1 Mio. ausländische Feriengäste Rhodos, der überwiegende Teil in festen Arrangements. Bei einer Insel, die selbst gerade 120 000 Einwohner zählt, ist der Tourismus nicht nur ein wirtschaftlicher Faktor von überragender Bedeutung. Durch diesen Ansturm haben sich in den letzten 20 Jahren auch die Landschaft und die Orte völlig verändert. Aus manchen Fischerdörfern sind Ferienorte mit einer ähnlich hohen Kneipendichte wie auf der Reeperbahn geworden, manch einsame Strandebene ist heute mit Betonkästen voll gestellt.

Dabei blickt die Sonneninsel Rhodos auf eine weit über 2000-jährige Geschichte als Urlaubsziel zurück. Zu Zeiten von Caesar und Kaiser Augustus trafen sich hier die einflussreichsten Senatoren zur Kur oder um die berühmte Rhetorikschule zu besuchen. Tiberius, des Kaisers Stiefsohn und sein Nachfolger, wählte Rhodos gar für mehrere Jahre als ständigen Aufenthaltsort, nachdem ihn Augustus zur Heirat mit seiner Tochter Julia gezwungen hatte, deren Lebenswandel selbst den nicht gerade kleinlichen Römern die Schamröte ins Gesicht trieb.

In den 1920er Jahren begann auf Rhodos dann der moderne Tourismus. Die Italiener waren die ersten, die eine Fluglinie Rom–Rhodos einrichteten, sie bauten das erste Großhotel auf dem Gebiet des heutigen Griechenlands (das Hôtel des Roses am Elli Beach) und fuhren nach Rhodos zur Sommerfrische, wie man damals sagte.

Heute besitzt Rhodos die meisten Hotelbetten Griechenlands; allein seit 1982 hat sich ihre Zahl von etwa 32 000 auf rund 75 000 erhöht. Noch hat man keine der älteren Bauten wieder abgerissen, doch langsam dürften solche Maßnahmen nicht mehr zu vermeiden sein. Vor allem in Rhodos-Neustadt stehen inzwischen eine Reihe von Hotels fast leer. Wie es weitergehen soll, wissen auch die Leute von der EOT nicht. Unten im Süden bei Kiotári wachsen weiter die Hotelburgen aus dem Dünensand, ähnlich wie bei Theológos liegen diese Anlagen kilometerweit von jeder größeren gewachsenen Ansiedlung entfernt.

Pauschal oder individuell?

Wer auf komfortable Unterbringung Wert legt, fährt mit einem Pauschalarrangement am besten. Individuell zu reisen lohnt nur für den Low-Budget-Sektor bzw. für das ›Insel-Hopping‹. Über das Internet sind teils recht günstige Last Minute-Angebote zu bekommen, auch viele Apartmentbesitzer offerieren dort ihre Häuser (oft aber teurer als bei Vor-Ort-Buchung).

Pensionen (›Rooms to let‹), die bei wenig Komfort viel landestypisches Flair bieten, findet man vor allem in Rhodos-Altstadt (derzeit allerdings zu eher überteuerten Preisen), aber auch in Koskinoú und in Líndos. In vielen Strandorten hingegen werden privat oder über die Reiseagenturen einfache Studios (2 Pers.) oder Apartments (4–6 Pers.) vermietet. Individualreisende versuchen es am Afándou Beach, in Charáki, Gennádi oder in Kremastí.

Auch wenn man Schlangestehen und Kantinenabspeisung wie früher in der Jugendherberge vermeiden will, sollte man auf Pauschalbuchung verzichten, denn die meisten besseren Hotels kann man inzwischen nur ›all-inclusive‹ buchen. Man bekommt ein Armband umgelegt und kann sämtliche Mahlzeiten und Getränke umsonst bestellen. Doch es mehren sich Klagen über schlechtes Essen und gepanschte Alkoholika.

Wer dennoch pauschal bucht, sollte bei der Entscheidung den Charakter der Orte berücksichtigen:

Rhodos-Neustadt ist geprägt von lautem städtischem Leben mit vielen Discos, Bars und lautem Autoverkehr. Hier machen vor allem junge Leute Urlaub. Der Strand ist nah – doch bei Nordwind muss man hinter den flachgelegten Sonnenschirmen Schutz suchen.

Ialyssós & Ixiá (Triánda): Hauptsächlich moderne Hotels verstreut in der Strandebene. Am Strand weht eine meist steife Brise, so dass der Ort bei Surfern beliebt ist und die Brandung Nordseeflair verspricht.

Hotel-Check

Ein unabhängiges Forum, wo man die Hotel-Beurteilungen früherer Gäste lesen kann, bietet z. B. www.rhodos-info.de.

Theológos: In der Strandsiedlung unterhalb des Ortes im Inland stehen locker einige Pauschalhotels; an der Durchgangsstraße gibt es kleine Tavernen und Bars. Der Strand ist sandig mit groben Kieseln und schmal. Größter Nachteil: Bei Westwind ziehen die Abgase des Kraftwerks herüber.

Kallithéa: Am eigentlichen Strand von Kallithéa stehen die Großhotels Eden Roc und Paradise, alle anderen drängeln sich im Rückraum. Recht eng ist es dementsprechend heute auch am Strand. Vorteilhaft ist der kurze Weg nach Rhodos-Stadt und ins schöne Inlanddorf Koskinoú.

Faliráki: Der Ort ist jung, genau wie seine meisten Gäste, die in Music Bars bis zum frühen Morgen feiern können. Die großen Hotels der Kataloge liegen aber alle weit weg am nördlichen Ende der langen Strandsichel, deren feiner Sandstrand so beliebt ist.

Kolýmbia: Neue Hotelsiedlung ohne echten Ortskern. Um gute Restaurants zu erreichen, muss man schon eine Spritztour nach Faliráki oder Archángelos planen, der Strand ist aber schön und sauber und nicht überlaufen. Ideale Bademöglichkeiten für kleine Kinder.

Lárdos: Ein Bauernort mit kleinen Apartmenthäusern am Ortsrand. Das Dorfleben ist eher behäbig; wer Ruhe sucht, ist hier gut aufgehoben. Zum Strand geht man etwa 3 km; dort stehen auch die großen Kataloghotels.

Kiotári: Der Name dieses kleinen Fischerweilers dient heute als Aushängeschild für einige Großhotels am Strand. Sie liegen sehr in der Einsamkeit, das Wassersportangebot ist jedoch gut. Im alten Kiotári können Indi-

So kann man es auch in der größten Hitze aushalten: am Chraráki-Strand

vidualisten immer noch in Studio-Häusern unterkommen.

Kultur und Natur – was ist sehenswert

Rhodos ist durchaus keine profane Sonnenbadeinsel, sondern gehört zu den bedeutendsten Kunstreisezielen Griechenlands. Dabei liegen die **kulturellen Schwerpunkte** auf der mittelalterlichen Ritterzeit und der hellenistischen Antike. Keinesfalls verpassen sollte man die Ritterstraße in der Altstadt von Rhodos mit dem Palast der Großmeister, den Apollon-Tempel von Rhodos und die Akropolis von Líndos. Historisch und archäologisch Interessierte besuchen auch das Archäologische Museum, die Rodiní-Nekropole, die Ruinen von Kamíros und die Baudenkmäler von Filérimos auf der Akropolis des antiken Ialyssós.

Als **›Gesamtkunstwerk‹** lohnend sind die fast komplett im mittelalterlichen Zustand erhaltene Altstadt von Rhodos, die weißen Dörfer Koskinoú und Líndos, die romantische italienische Kuranlage Thérmes Kallitheá sowie die Gipfelkapelle der Muttergottes von Tsambíka. Und nicht zuletzt die wunderschöne Ägäisstadt Sými, die man unproblematisch auf einer Tagesausflugsfahrt erreicht.

Als schöne **Naturstätten** sind zu nennen das Schmetterlingstal Petaloúdes, die Quellteiche der Épta Pigés, der Agía Agáthi Beach, die bewaldeten Höhen des Profítis Ilías, das dramatisch auf dem Fels schwebende Kastell von Monólithos … und viele andere.

Die schönsten Strände

Auf Rhodos, nur knapp 80 km lang, kann man selbst die einsame Südspitze Prasonísi mit einem Tagesausflug besuchen. Die folgende ›Strand-Hitparade‹ nennt die schönsten Strände, für die sich auch eine längere Fahrt lohnt. Grundsätzlich ist zu beachten, dass die

Strände an der Ostküste an der windabgewandten Seite liegen (und leicht glühendheiß werden), während an den Badeplätzen an der Westküste eine meist recht steife Brise herrscht (und einem schon mal das Badelaken davonflattern kann ...).

Quallen oder Seeigel sind eigentlich nirgendwo ein Problem, auch nicht die Versorgung mit Speis' und Trank. Fast überall werden Sonnenliegen vermietet (ca. 7 €/Tag für zwei Liegen plus Schirm). Nacktbaden ist nur am FKK-Strand zwischen Faliráki und Ládiko Bay gestattet. Frauen, die ›oben ohne‹ baden wollen, sollten bedenken, dass die meisten Griechen das strikt ablehnen.

Tsambíka (Ostküste, zwischen Kolýmbia und Archángelos): So idyllisch gibt sich Rhodos selten: langer feiner Sandstrand, klares hellgrünes Wasser, fantastisches Panorama, keine Hotelbauten. Ein Glück, dass der Küstenstreifen auf dem Gelände des Klosters Tsambíka liegt, das bislang kein Interesse zeigt, das Hinterland zu bebauen. Dafür warten auf die Ausflügler nur einige einfache Tavernen, sogar Duschen sind installiert.

Líndos Beach (Ostküste; gute Busverbindung): Wenn auch völlig überlaufen, ist der Strand doch der schönste von Rhodos. Oben thront die Akropolis, und in dem kreisrunden Naturhafen hat man eine tolle, flache, sandige Badebucht. Auch an Tavernen herrscht kein Mangel; es werden Pedalos vermietet und Wasserski angeboten. Die meisten Besucher halten es hier unten weitaus länger aus als oben auf der Akropolis.

Thérmes Kallitheá (Ostküste nördlich von Faliráki): Direkt bei den Thermen, aber auch an der Felsküste weiter südlich gibt es die besten Schnorchelreviere von Rhodos. Beach Bars vermieten Sonnenliegen auf den Felsen, Leitern führen ins kühle Nass: sehr idyllisch und noch ganz ruhig.

Faliráki (Ostküste, 14 km von Rhodos; gute Busverbindungen): Blaue Bretterstege erschließen den flachen Sandstrand. Es gibt viele Aktivsportangebote (sogar einen Bungee-Kran) und Surfschulen.

Rhodos-Stadt: Zuerst in Geschichte eintauchen und dann baden gehen – wer den Rummel nicht scheut, ist am Elli Beach gut aufgehoben. Seit über 60 Jahren tummeln sich hier die Badegäste, und zwischen dem alten Sprungturm und den jungen *kamáki,* den griechischen Papagalli, fühlt man sich wie am Strand von St. Tropez.

Stegná (Ostküste, unterhalb von Archángelos): Trotz Neubauten wie dem luxuriösen Hotel Porto Agneli spürt man noch ein wenig vom Inselflair der 1970er Jahre. Wer die Gluthitze am windgeschützten Feinkiesstrand nicht mehr aushält, kann in einfache Tavernen flüchten.

Foúrni (Westküste, 8 km von Monólithos): ›Ganz versteckt hinter den sieben Bergen‹ liegt dieser noch kaum bekannte Kieselstrand. Die Robinsonaden-Idylle wird durch die dramatische Klippenlandschaft noch unterstrichen, und so lohnt sich auch die lange Anfahrt (83 km von Rhodos). Man muss aber Wasser mitnehmen, denn die nächste Taverne liegt in Monólithos.

Ausgehen

Wenn man nicht in reinen Hotelstandorten wie Kolýmbia, Kiotári oder Vlicha wohnt, hat man auf Rhodos sehr viel Gelegenheit, das Nachtleben zu genießen. Absolutes Zentrum des ›Clubbing‹ ist Faliráki, obwohl dort (um es ehrlich zu sagen) Twens der britischen Arbeiterschicht den Ton angeben. Etwas schicker und internationaler geht es abends in Líndos zu, wo ebenfalls eher jüngere Leute zu finden sind. Die Neustadt von Rhodos hat zwar einen schlechten Ruf, doch gibt es hier neben den Touristen-Bars zahlreiche nette Lokale der Studenten der Ägäis-Universität. Echte Discos sind aber auch dort selten, verbreiteter sind kleinere Music Bars, wo ein DJ das Musikprogramm macht, wo aber nur selten getanzt wird.

Ansonsten bewegt sich das Nachtleben eher in bescheidenem Rahmen, man findet aber immer eine Bar, die bis Mitternacht geöffnet hat. Nicht verpassen sollte man die Altstadt von Rhodos, wo man bis spät abends zwischen

Griechische Nächte

Ein Eckpfeiler des rhodischen Nachtlebens sind die so genannten ›Griechischen Nächte‹, die fast alle größeren Hotels mindestens einmal wöchentlich veranstalten. Da werden Folklore-Tänze, Sketche und allerhand Akrobatik präsentiert, zum Schluss kann man meist beim Sirtáki mittanzen. Da dies leider meist rund um den Pool stattfindet, ist an eine Nachtruhe vor 1 Uhr nicht zu denken. Als nützlich kann sich da die Mitnahme von Ohropax erweisen.

guten Restaurants, lauschigen Bars und zahlreichen Boutiquen bummeln kann.

Reisen mit Kindern

Die Griechen sind sprichwörtlich kinderfreundlich und sehr tolerant. Griechische Kinder pflegen im Sommer bis spät in die Nacht auf Straßen und Plätzen herumzutollen – dafür müssen sie zwischen 13 und 16 Uhr ins Bett. Angesichts der Gefahren durch die intensive Sonneneinstrahlung (selbst durch T-Shirts hindurch kann Kinderhaut geschädigt werden), ist das ein durchaus nachahmenswertes Beispiel.

Die großen Luxusanlagen sind sehr auf Kinder eingestellt und bieten für die Kleinsten in der Regel viel Unterhaltung und Aktionen im Kinderclub. Die hektische Hauptstadt mit ihrem Großstadtverkehr ist für Kinder natürlich nichts – besser wählt man z. B. Kolýmbia. Aber auch die privat vermieteten Apartments sind für Familien eine gute Wahl (s. S. 222).

Windeln und Kleinkindnahrung sind in allen Supermärkten erhältlich. Zwischen Mai und September sollte man Moskito-Netze mitnehmen, denn die Mücken von Rhodos hinterlassen Beulen so groß wie ein Fingernagel. Stets sollte man auch an Sonnenschutzcreme mit hohem Schutzfaktor denken; Badeschuhe sind für Kinder auch an Sandstränden vorteilhaft.

Für Kinder ab fünf Jahren bietet Rhodos viele Ausflugsziele, die eine abwechslungsreiche Natur und historische Entdeckungen verbinden: von den Pfauen von Épta Pigés (s. S. 135) bis zu Ritterburgen wie Monólithos (s. S. 169), von der neuen Straußenfarm beim Schmetterlingstal Petaloúdes (s. S. 157) bis zu den geheimnisvollen antiken Gräbern im Rodiní-Tal bei Rhodos-Stadt (s. S. 113).

Einen ganzen Tag kann man allein am Strand von Líndos verbringen, dem kinderfreundlichsten und schönsten Badeplatz der Insel (s. S. 143). Auch der Eselritt hinauf zur Akropolis wird bestimmt zu einer bleibenden Erinnerung werden.

Etwas größere Kinder finden aber sicherlich auch die Felsstrände rund um Thérmes Kallithéa (s. S. 128) spannend, wo man schnorcheln und viele Unterwasserentdeckungen machen kann. Die Tiere im Meer präsentiert auch das Aquarium in Rhodos-Stadt (s. S. 105), auch wenn es nicht gerade modernen Museumskonzeptionen entspricht.

Sportlich & Aktiv

Badesport

An allen Stränden mit ausgedehnter Hotelbebauung kann man verschiedene Boote leihen: **Pedalos** (Tretboote), **Jet-Skis** (eine Art Wasser-Vespas) und auch richtige **Motorboote.** Größere Wassersportstationen bieten auch **Wasserski** (1 Start ca. 30 €) oder **Parasailing** (Fallschirmfliegen, pro Start ca. 50 €) an. Beim **Banana Riding** sitzt man zu mehreren auf einer gelben Gummiwurst, auf dem **Ringo,** einem großen Gummireifen, allein. Beide werden von einem Speedboot in Schleifen übers Wasser gezogen. Sieger ist, wer nicht Baden geht!

Golf

Der Golfplatz in Afándou liegt direkt vor dem langen Kieselstrand. Er hat 18 Löcher, Par 73, und ist 6600 m lang. Green Fee für den ersten Tag liegt um ca. 35 €, dann zurückgehend bis auf 20 € vom sechsten Spieltag an. Das Lippia Golf Resort und das Hotel Oasis (s. S. 133) bieten Pauschalarrangements. Es gibt zwar lockeren Randbewuchs mit Oleander und Feigen, jedoch kaum Schatten, so dass ein Besuch eher im Frühjahr zu empfehlen ist.
Afandou Golf Course, Tel. 22410-51 451, Fax 22410-51 122, www.afandougolfcourse.com

Radtouren

Das einsame Hinterland eignet sich gut für Touren mit dem Mountainbike – freilich nur im Frühjahr (März/April/Anfang Mai), danach ist es bis zum Ende der Saison viel zu heiß, um Touren zu fahren. Das hügelreiche Gelände stellt gewisse Anforderungen an die Kondition (s. auch Wandern!). MTB-Räder kann man z. B. leihen bei:
Faliraki Bike Center, Faliráki, an der Kalythiés-Ampel, Tel. 22410-86 875
Hellas Bike Travel, Ialyssós, Lirakleidon 3, Tel./Fax 22410-92 872, Mob. 944-51 95 56 ixi@hellasbike.gr

Surfen

Für Anfänger ist die windstille Ostküste geeignet, etwa Faliráki, Lárdos Beach oder Kiotári, wo Grundkurse angeboten werden. Stärkere Winde verzeichnet die Westküste, dort gibt es vor allem in **Ialyssós** beim Hotel Blue Horizon und beim Hotel Blue Bay gute Surfstationen (s. S. 119).

Ein international bekanntes Starkwindrevier ist der **Prasonísi Beach** ganz im Süden der Insel, wo das Hotel Light House als ein Treffpunkt der wahren Könner gilt (s. S. 156).

Ein dritter beliebter Spot ist **Fánes** (s. S. 123) südlich von Kremastí, der auch viel Wind bietet, aber noch nicht überlaufen ist.

Tauchen

Schnorcheln ist überall erlaubt, Scuba Diving (Tauchen mit Pressluftflasche) jedoch nur in Begleitung autorisierter Lehrer. Auf dem Meeresboden liegen nämlich noch viele antike Reste, und die Behörden nehmen das Bergungs- und Ausfuhrverbot sehr genau. Der be-

An der Westküste freuen sich die Surfer über konstante, schräg auflandige Winde

liebteste Tauchspot sind die Felsküste bei Kallithés. Anfänger-Kurse (PADI oder CMSA) kann man am Mandráki-Hafen buchen und über einige große Hotels in Faliráki, Kiotári und Ialyssós. Renommierte Tauchschulen sind:

DiveMed, 33 Lisavonas, Rhodos-Stadt, Tel. 22410-61 115, Fax 22410-66 584, Mob. 932-31 90 40, www.divemedcollege.com

Waterhoppers, 29 Perikleous, Rhodos-Stadt, Tel./Fax 22410-38 146, Mob. 697-25 00 971, www.waterhoppers.com

Wandern

Geführte Wanderreisen mit der Alpin-Schule Innsbruck kann man z. B. bei Jahn und TUI buchen. Für Wanderungen sind eigentlich nur die Frühjahrsmonate April und Mai geeignet, doch auch dann sollte man an Sonnenhut, Schutzcreme und ausreichende Wasservorräte denken. Selbst in dichter bewaldeten Regionen geht man auf auf den modernen Forstwegen oft in praller Sonne. Spuren haben auch die großen Waldbrände der 1990er Jahre hinterlassen. Feste Schuhe und lange Hosen schützen vor den vielen Disteln und auch vor Schlangen.

Regelrechte Wanderkarten gibt es leider nicht, die üblichen Rhodos-Karten geben die alten Eselpfade und auch die Forstwege nur sehr ungenau wieder. Nur wenige Wege sind regelgerecht markiert, auch wenn das in letzter Zeit verbessert worden ist. Nicht wenige Forstwege enden urplötzlich im Nichts oder vor schroffen Felshängen. Vorsicht auch bei den trockenen Flussbetten im Landesinneren: Bei Regen können sie sich in Minuten mit reißenden Wassermassen füllen.

Ein beliebter Pfad führt durch das üppig bewaldete Profítis Ilías-Massiv: vom Ort Sálakos führt ein markierter Weg (zunächst ein teils recht steiler Pfad, dann eher einfache Forststraße) hoch zum Gipfel.

Hanspeter Weiß aus 47661 Issum verdanke ich folgende Wandertipps:

Ein gut markierter Weg führt vom Ort Ágios Isídoros auf den Gipfel des vollkommen kahlen Attávyros (1216 m). Der Pfad beginnt an der Straße von Laérma kommend unmittelbar am Ortseingangsschild rechter Hand und führt in großem Bogen über niedrigere Nebengipfel in rund 3 Std. zum Gipfel. Gekennzeichnet ist der 9 km lange Weg durch rote und blaue Ziffern als auch durch rote Pfeile. Auf dem Gipfel finden sich antike Ruinen, wohl Reste eines Apollon-Tempels. Für den Rückweg muss man ebenfalls 3 Std. rechnen; erforderlich sind also entsprechende Ausdauer und gutes Schuhwerk.

Ein Pfad nach Épta Pigés (den Sieben Quellen) beginnt auf Höhe des Ortes Archángelos rechts an der Hauptstraße Richtung Líndos. Auf den Beginn weist ein blaues Schild an einem Straßenabzweig hin; der Pfad selbst ist mit roten Punkten und Pfeilen markiert. Man geht meist durch lichte Ölbaumhaine, teils auch ein Stück Trampelpfad, und erreicht in 90 Min. den lauschigen Quellteich im Wald.

Organisierte Touren

Am Mandráki-Hafen von Rhodos-Stadt ankern Dutzende von Ausflugsbooten zu Stränden auf Rhodos und zu den umliegenden Inseln. Sogar Scuba-Tauchen vom Boot aus (nur Anfängerkurse) oder Hochseeangeln wird als Tagesausflug angeboten. Bootstouren nach Líndos lohnen jedoch nur, wenn

Ausflüge nach Marmaris

Je nach politischer Wetterlage werden auch Ausflüge ins türkische **Marmaris** (s. S. 206) angeboten. Die Preise sind jedoch durch die griechischen Hafengebühren stark überteuert (dagegen läuft eine Klage vor dem EUHG). Wer auf die Idee kommt, in der Türkei auch zu übernachten, muss bedenken, dass die griechischen Behörden dann nach dem internationalen Charter-Abkommen die Ausreise per Charter verweigern können, so dass man einen Linienflug zurück buchen muss.

man gern auf dem Schiff fährt. Das Boot ist in der Regel zu voll, die Fahrt zu lang, die Aufenthaltsdauer zu kurz, der Preis zu hoch.

Auch Reiseagenturen in den Urlaubsorten und Reiseveranstalter in den Hotels bieten solche Ausflüge an. Dabei wird man für einen kleinen Aufpreis vom Hotel abgeholt und zurückgebracht. Angeboten werden auch **Inselrundfahrten** und Besichtigungstouren. Das lohnt nicht immer, denn oft ist der Zeitrahmen sehr eng, und die versprochene Dorftaverne entpuppt sich als Großkantine, wo ganze Busladungen mit dem Einheitsgericht abgefüttert werden. Für den gleichen Preis kann man sich auch ein Auto mieten und auf eigene Faust die Insel erkunden.

Ausflüge nach **Sými** sind sehr beliebt, die Insel gilt als schönste des Dodekanes. Man kann auch das bedeutende Kloster Panormítis sehen und hat noch genügend Zeit für einen ausgiebigen Besuch der schönen Hafentavernen (s. S. 176). Ebenso interessant sind die Tagesausflüge mit Schnellbooten zur Vulkaninsel **Níssyros** (s. S. 194) oder nach **Kós** mit seinen bedeutenden antiken Ausgrabungen (s. S. 201). Ausflüge nach **Chálki** (s. S. 184) und **Kastellórizo** (s. S. 189) sind eher etwas für eingefleischte ›Inselsammler‹.

Reisezeit & Kleidung

Über 300 Sonnentage pro Jahr werden Rhodos nachgesagt, doch ist eine Fahrt im Winter kaum empfehlenswert. Das Klima ist regnerisch und windig, daher auch recht kühl, zudem sind von November bis in den März die meisten Tavernen und Hotels geschlossen; selbst in Rhodos-Stadt ist kaum noch etwas los.

März–Ende Mai: Die Saison beginnt mit dem Osterfest, das oft später als bei uns gefeiert wird. Landschaftlich ist der Frühling die schönste Zeit. Alles grünt, der rote Mohn und der gelbe Ginster setzen Akzente. Tagsüber ist es meist recht warm, kühlt aber zum Abend stark ab. Kurze Regenschauer sind keine Seltenheit.

Auf Pullover und Jacke sollte man nicht verzichten, denn sie schützen gegen den abends mitunter recht kühlen Wind. Zum Wandern feste, knöchelhohe Schuhe (mindestens Turnschuhe), einen Tagesrucksack, Wasserflasche und einen Sonnenhut mitnehmen.

Juni–August: Hochsaison auf Rhodos. Die Lufttemperaturen können mittags bis zu 40 °C im Schatten erreichen, Regen fällt keiner mehr. Angenehmer sind jetzt die windigen Strände der Westküste. Im Juni blühen noch Hibiskus, Oleander und die scharlachroten Bougainvilleen, gleichzeitig sind die Orangen reif und werden an den Straßen kiloweise verkauft.

Mehr als Shorts und T-Shirts braucht man jetzt nicht, doch sollte man Badeschuhe nicht vergessen, die sich gegen Seeigel und bei steinigen, kieseligen Stränden als nützlich erweisen.

September–Oktober: Es wird kühler, und das Klima gestattet wieder Wanderungen. Das Meer ist noch sommerlich warm, wärmer jedenfalls als im Frühling. Zahlreiche Früchte werden reif zur Ernte: Weintrauben, Feigen, Mandeln, Aprikosen.

UNTERWEGS AUF RHODOS

Ein Leitfaden für die Reise und viele Tipps für unterwegs.

Genaue Beschreibung von Orten und Dörfern, Sehenswürdigkeiten und Stränden, Ausflugszielen und den kleinen Nachbarinseln.

Rhodos erleben: Ausgesuchte Unterkünfte, Restaurants, Sportadressen, Einkaufstipps.

Von violett blühender Bougainvillea überranktes traditionelles Haus in Kalavárda an der Westküste

Rhodos-Stadt und die Triánda-Bucht

Néa Agorá am Mandráki-Hafen vor dem Großmeisterpalast

Reiseatlas S. 235

Reiseatlas: S. 235

RHODOS-STADT

Die mittelalterliche Festung Rhodos, militärisch nie eingenommen und immer noch nahezu unversehrt erhalten, lässt sich heute leicht erobern. Hier verschmelzen die Gotik der Ritterzeit, das orientalische Flair der türkischen Moscheen und die Weltoffenheit der Griechen, und jeder Spaziergang durch die engen Gassen wird zu einem Streifzug durch 2400 Jahre Geschichte.

Reiseatlas: S. 235, F1

Halbkreisförmig umschließt die 4 km lange Stadtmauer die Altstadt von Rhodos, die sich selbst schützend um den Embórikos-Hafen legt. Ganz dem Meer zugewandt, präsentiert sich das mittelalterliche Rhodos an den Landseiten wehrhaft abweisend. Die moderne Bebauung, im Norden das Hotel- und Einkaufsviertel, im Westen und Süden die Wohnviertel der Griechen, hält achtungsvoll Abstand, getrennt von der Ritterstadt durch den lichten Grüngürtel auf den alten Schanzenanlagen.

Mit dem antiken Rhodos, das einst bis zu 80 000 Menschen beherbergte, hat die heutige Stadtstruktur nur noch wenig gemein. Im Mittelalter war die Einwohnerzahl auf etwa 10 000 gesunken. Selbst heute leben hier nur rund 60 000 Griechen – und das auch nur im Sommer. Doch während die Neustadt von der Urlaubskultur aller Mittelmeerküsten geprägt ist, hat sich die Altstadt seit Jahrhunderten kaum verändert. Im alten türkischen Viertel mit seinen schmalen Gassen widersetzen sich die Traditionen hartnäckig jeder Bauwut. Wie seit Generationen backt der Bäcker in der Ippodamou sein Brot im holzbefeuerten Ofen, fertigen die Schneider an der Pythagoras-Straße Hemden und Jacken nach Maß, treffen sich die Alten in dem Kafenió, das es schon in ihrer Jugend gab.

Durch die Altstadt kann man sich treiben lassen, es gibt an jeder Ecke etwas zu entdecken. Und auch wenn die

Die Altstadt am Abend

Am schönsten ist die Altstadt am Abend, wenn die Sonne schräg durch die Gassen fällt und das typische Kieselsteinpflaster zum Glitzern bringt. Dann geben sich hier die Nachtbummler ein Stelldichein, die das großartige Restaurantangebot nutzen. Auch zum Shopping ist dies die beste Zeit.

Orientierung schwer fällt und man sich mehr als einmal verirrt glaubt, unerwartet führt die nächste Gasse doch wieder auf die Hauptachsen: die Sokrates-Straße (Odós Sokratoús), die Orfeus-Straße (Odós Orféos) oder den Hippokrates-Platz (Platía Ippokratoús).

Spaziergang durch die Altstadt

Einen Spaziergang durch die mittelalterliche Altstadt von Rhodos mit ihren verwinkelten, romantischen Gassen darf man nicht verpassen. Man beginnt am besten bei der **Néa Agorá,** wo alle Inselbusse halten. Bis vor 100 Jahren noch war das ganze Gebiet vor der Altstadt unbebaut, bis die Italiener in den 20er Jahren diesen großen Marktkomplex in ihrem typischen orientalisierenden Kolonialstil errichteten.

Eleftherias-Tor und Platia Symis

Von hier geht es am Mandráki-Hafen entlang zum **Eleftherias-Tor,** das ebenfalls erst zu dieser Zeit in die Stadtmauer gebrochen wurde. Das Paulus-Tor links hingegen ist ein Original und stammt vom Ende des 15. Jh. Dahinter liegen die Ágios Pávlos-Bastion und die kleine Halbinsel, auf der früher der 1863 durch ein Erdbeben eingestürzte Naillac-Turm stand.

Durch das Eleftherias-Tor gelangt man auf die **Platia Symis;** gegenüber liegen die eingezäunten Überreste eines **Afrodite-Tempels.** Der Bau war im gedrungenen dorischen Stil gehalten, heute sind aber nur Fundamente, Säulentrommeln und Gebälkstücke zu erkennen. Dieser Tempel gehört zu den wenigen Bauresten aus der Antike, die in der Altstadt noch zu sehen sind. Dokumentiert, aber nicht zugänglich ist auch noch ein Dionysos-Tempel im Garten der Städtischen Gemäldegalerie auf der rechten Straßenseite. Die beiden Tempel geben Anlass zur Vermutung, dass hier einst die antike Staatsagora lag; erhöht Richtung Großmeisterpalast dürfte auch der Helios-Tempel situiert gewesen sein, wo vermutlich die hochberühmte Statue des Gottes, der Koloss von Rhodos, gestanden hatte (s. S. 114).

Am anderen Ende des Platzes liegt die kleine **Platia Argyrokastrou** mit dem Alten Ordenshospital, das um 1350 erbaut wurde. In einem Seitentrakt ist heute das **Volkskunstmuseum** (s. S. 94) untergebracht. Am Brunnen vor dem Hospital, der aus einem Taufbecken und einer Säule aus einer frühchristlichen Kirche bei Arnítha zusammengesetzt wurde, erkennt man das achtspitzige Kreuz der Ritter des hl. Johannes, des späteren Malteserordens. Das große Gebäude gegenüber dem Alten Hospital mit einer schönen Säulenloggia war die Herberge der Ritter der Auvergne, deren Haupteingang auf die folgende Platia Moussiou weist.

Ritterviertel

Jetzt ist man schon mitten im Collachio, dem alten **Ritterviertel,** das früher durch Mauern vom Rest der Stadt abgetrennt war. Griechen und Juden konnten diese ›Stadt in der Stadt‹ nur ausnahmsweise betreten,

Die Platia Ippokratous ist der zentrale Treffpunkt in der Altstadt von Rhodos

die Ritter hingegen durften sie nur zu zweit und hoch zu Ross verlassen – anscheinend wollte man einem allzu engen Kontakt zu den Griechenmädchen vorbeugen. Rings um den Platz stehen ehrwürdige Paläste: Rechts das Neue Ordenshospital mit dem sehenswerten **Archäologischen Museum** (s. S. 87), gegenüber die gotische Kirche **Panagía tou Kastroú** (oder Virgin of the Castle, S. 92), daneben die Herberge der Engländer. Mit den Spirituosenhändlern in den Handelskontoren des Hospitals beginnt schon das geschäftige Rhodos der Souvenirhändler, die sich geradeaus entlang der Odos Apelou aneinander reihen.

Ganz anders die Odos Ippoton, die **Ritterstraße,** die von der Marienkirche hinauf zum Großmeisterpalast führt. Seit 400 Jahren scheint sich hier nichts verändert zu haben, nicht eine einzige Reklametafel verschandelt die ockerfarbenen Bruchsteinmauern – und man mag kaum glauben, dass dies alles das Werk der Italiener ist: Sie ließen die türkischen Holzanbauten wieder entfernen und die historischen Paläste in alter Form renovieren. Da eine Besichtigung der ›Herbergen‹ des Ordens nicht möglich ist, bleibt nur, die Fassaden zu betrachten und ein wenig in die Wappenkunde der Ritter von Rhodos einzusteigen (s. S. 30).

Zugänglich ist lediglich das **›Villaragut House‹,** ein Haus des 15. Jh., das später von einer wohlhabenden türkischen Familie bewohnt war (Di–So 11–14.30). Besonders schön der Innenhof mit einem Brunnen im Palmenschatten und einigen osmanischen Grabstelen. Vom unmöblierten Obergeschoss hat man einen schönen Blick über das Ritterviertel.

Die Ritterstraße mündet auf den Kleovoulou-Platz, der vom **Großmeisterpalast** (s. S. 91) begrenzt wird. Die Residenz des Großmeisters (Magnus Magister), des obersten Würdenträgers des Ritterordens, ist aber kein Original, sondern wurde erst im Zuge der großen Restaurierungsarbeiten der Italiener gebaut.

Orfeos-Straße

Am Palast vorbei kommt man dann auf die Orfeos, die nach rechts erst zum Antonius-Tor, dann zum **Amboise-Tor** führt, einem der mächtigsten Tore der Altstadt. Es entstand um 1512 unter Großmeister Emery d'Amboise und ist außen mit einem prächtigen Relief im französischen Flamboyant-Stil der Hochgotik versehen.

Nach links gelangt man zum **Uhrturm** *(Roloj)*, der auf Fundamenten eines byzantinischen Festungsturms steht. Nach privater Restaurierung dient er heute als Café-Bar und Museum, wer hochsteigt (Eintritt), kann einen prachtvollen Altstadtblick genießen.

Die rosa getünchte **Süleyman-Moschee** (s. S. 49) hat ein schönes Eingangsportal, das aus verschiedenen Reliefplatten im frühen Renaissancestil zusammengesetzt ist. Ab 2002 wurde der Bau restauriert, auch das Minarett ist wieder aufgebaut worden. Gegenüber, schon an der Sokratous, liegt die 1793 erbaute **Osmanische Bibliothek**

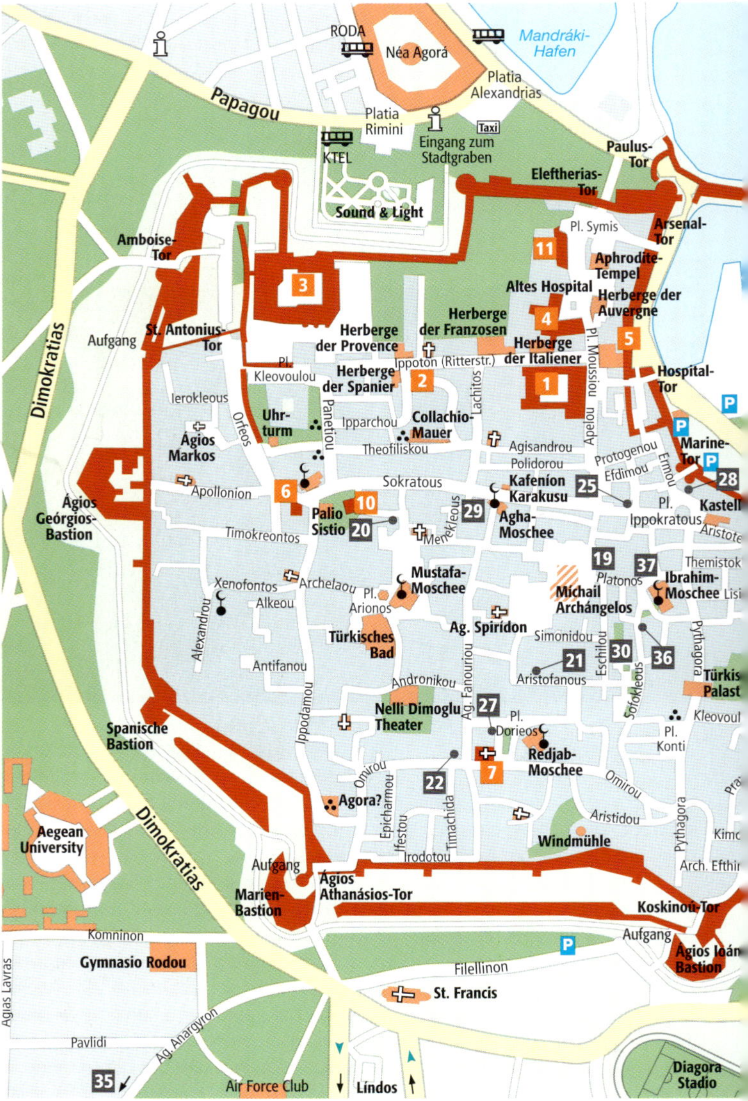
RODA
Néa Agorá
Mandráki-Hafen
Platia Alexandrias
Papagou
Platia Rimini
Taxi
Eingang zum Stadtgraben
KTEL
Paulus-Tor
Eleftherias-Tor
Sound & Light
Amboise-Tor
Pl. Symis
Arsenal-Tor
11
Aphrodite-Tempel
3
Altes Hospital
Herberge der Auvergne
Herberge der Franzosen
4
Herberge der Provence
Dimokratias
Aufgang
St. Antonius-Tor
Herberge der Italiener
5
Pl. Mousiou
Pl. Kleovoulou
Ippoton (Ritterstr.)
Herberge der Spanier
2
1
Hospital-Tor
Lachitos
Ierokleous
Uhr-turm
Panetiou
Ipparchou
Collachio-Mauer
Orfeos
Ágios Markos
Theofiliskou
Agisandrou
Apelou
Polidorou
Protogenou
Efdimou
Ermou
Marine-Tor
28
Apollonion
6
Sokratous
Kafeníon Karakusu
25
Ágios Geórgios-Bastion
10
Palio Sistio
20
29
Menekleous
Agha-Moschee
Pl. Ippokratous
Kastell
Aristoteli
Timokreontos
19
37
Themistok
Xenofontos
Archelaou
Pl. Arionos
Mustafa-Moschee
Platonos
Michail Archángelos
Ibrahim-Moschee
Lisi
Alkeou
Alexandrou
Ag. Spirídon
Simonidou
Türkisches Bad
Eschilou
30
36
Pythagora
21
Antifanou
Aristofanous
Sofokleous
Türkis Palast
Andronikou
Ag. Fanouriou
27
Ippodamou
Nelli Dimoglu Theater
Pl. Dorieos
Kleovoul
Pl. Konti
Spanische Bastion
Redjab-Moschee
7
Omirou
22
Pra
Agora?
Epicharmou
Aristidou
Ifestou
Timachida
Windmühle
Pythagora
Kimo
Irodotou
Aegean University
Dimokratias
Aufgang
Ágios Athanásios-Tor
Arch. Efthi
Marien-Bastion
Koskinoú-Tor
Komninon
Aufgang
Ágios Ioán Bastion
Gymnasio Rodou
Filellinon
Agias Lavras
St. Francis
Pavlidi
Ag. Anargyron
Diagora Stadio
35
Air Force Club
Líndos

Sehenswürdigkeiten

1 Archäologisches Museum
2 Ritterstraße
3 Großmeisterpalast
4 Decorative Art Museum (Volkskunstmuseum)
5 Gotische Kathedrale Panagía tou Kastroú
6 Süleyman-Moschee & Osmanische Bibliothek
7 Kirche Ágios Fanoúrios
8 Synagoge Kahal Shalom
9 Katharinen-Hospiz
10 Center of Contemporary Art
11 Municipal Art Gallery

Unterkunft

19 Hotel Domus
20 Maria's Rooms
21 Pension Sophia

Essen & Trinken

25 Restaurant Alexis
26 Restaurant Ippotikon
27 Taverne Oasis
28 Restaurant Plaka
29 Restaurant Romeo
30 Taverne Sea Star

Nachtleben

36 Besara Bar
37 Resalto Club

Restliche Nummern s. Cityplan Neustadt, S. 102

(s. S. 92), die einige alte Koran-Handschriften verwahrt. Die kostbarsten Exemplare liegen heute jedoch im Banktresor. Sie waren Ende der 90er Jahre gestohlen und nur mit Glück wieder aufgefunden worden.

Odos Sokratous

Die Sokrates-Straße, die hinunter zur Platia Ippokratous und zum Marine-Tor am Hafen führt, war schon in der Ritterzeit die Haupthandelsstraße und vermutlich bereits in der Antike. Heute noch ist sie die umsatzstärkste Einkaufsmeile der Stadt. Man kann sich treiben lassen und über das Angebot staunen: Pelze, Ledermäntel, Goldschmuck, Parfüm, all das ist (jedenfalls bislang noch) aufgrund der Steuervergünstigungen für die Präfektur Dodekanes billiger als auf dem Festland.

Aber auch hier gibt es noch etwas zu sehen. Etwa das alte **Kafeníon Karakusu,** das noch so aussieht wie vor 80 Jahren und den Touristenansturm stoisch ertragen hat. Oder die **Agha-Moschee** aus dem Jahr 1820, die man nur daran erkennt, dass sie so unvermittelt in die Straße hineinragt. Wie alle Moscheen, die ja nach Südosten, zur heiligen Stadt Mekka, hin erbaut wurden, stört sie den abendländisch geradlinigen Stadtplan.

Von der Platia Ippokratous zur Platia Martyron Evreon

Die **Platia Ippokratous,** wo die Sokratous endet, ist der beliebteste Treffpunkt der Altstadt. Rund um den Brunnen liegen Terrassencafés und Restaurants, die große Freitreppe der Kastellania lädt all die ein, die die nicht gerade günstigen Getränkepreise scheuen. Nur wenige Schritte sind es bis zum **Marine-Tor,** in seiner strengen Harmonie das schönste Tor von Rhodos. Dahinter liegt der Embórikos-Hafen, wo die Fähren anlegen.

Von der Platia Ippokratous verläuft die Aristotelous entlang der **Kastellania,** dem Handelsgericht und Sitz der Marktverwaltung in der Ritterzeit, heute ist hier eine öffentliche Bibliothek untergebracht. Der nächste große Platz, akzentuiert von einem Brunnen mit drei bronzenen Seepferdchen, ist die **Platia Martyron Evreon,** der ›Platz der hebräischen Märtyrer‹. Benannt ist er nach den Juden von Rhodos, die noch kurz vor Kriegsende in die Konzentrationslager deportiert wurden. Ein schwarzer Monolith mit den Namen aller Opfer erinnert seit 2001 daran. Der Stadtteil hier ist auch als jüdisches Viertel bekannt, obwohl kaum noch Juden in Rhodos leben. Es gibt aber noch eine **Synagoge,** die man über die Dosiadou-Straße erreicht (s. S. 93).

Am Ende des lang gestreckten Platzes bietet die malerische Ruine der Kirche **Panagía tou Bourgoú** aus dem 14. Jh., einst die größte Kirche der Stadt, ein romantisches Bild. Früher wurde sie von der Odos Alchadeff zerschnitten, heute ist sie teilrenoviert und Spielstätte für Klassikkonzerte zwischen Juni und August.

Weiter geradeaus kommt man in der Pindarou zum schön renovierten **Katharinen-Hospiz** (s. S. 93), das zu Ritterzeiten als Herberge der europäischen Pilger nach Jerusalem diente.

Spätgotische Häuser säumen den Platz mit dem Seepferdchenbrunnen

Türkisches Viertel

Nun ins türkische Viertel: Man beginnt an der Platia Ippokratous und geht die Pythagora hoch. Hier ist vom Tourismus kaum etwas zu spüren, doch in türkischer Zeit, vor dem Bau der Neustadt, war dies eine der Hauptstraßen der Stadt. Bald sieht man rechts das schlanke Minarett der **Ibrahim-Moschee**. Das Bethaus wurde 1531 vom Großwesir des Sultans Süleyman gestiftet und wird von der islamischen Minderheit von Rhodos bis heute genutzt, ist aber meist verschlossen.

Dann unterquert man den klassizistischen, über die Straße gebauten Palast des osmanischen Statthalters (19. Jh.) und erreicht die **Platia Konti,** wo ein Stück der byzantinischen Befestigung freigelegt wurde. Die Mauer, in der antike Säulentrommeln verbaut wurden, liegt jetzt tief unter dem heutigen Straßenniveau. Sie stammt aus dem Jahrhundert des Arabersturms, als Rhodos mehrfach überfallen wurde und den größten Teil seiner Bevölkerung verlor. Am Ende der Pythagora lohnt ein Abstecher zur Ágios Ioánnis- oder **Koskinoú-Bastion** (s. S. 49).

Omirou und Platia Dorieos

Von der Pythagora biegt die von zahlreichen Schwippbögen überspannte Odos Omirou ab. Sie führt zur hübschen Platia Dorieos mit der **Redjab-Moschee.** Die 1588 erbaute Moschee ist arg vernachlässigt, soll aber mit farbenprächtigen Iznik-Fliesen die schönste von Rhodos gewesen sein. Sie entstand 1588 als Stiftung eines osmanischen Statthalters, dessen Sarkophag in einer Türbe im Moscheegarten steht. Gut erhalten ist der überdachte Reinigungsbrunnen, der der von ausladenden Baumkronen beschatteten Platia Dorieos ein romantisches Flair verleiht.

Schräg gegenüber der Moschee duckt sich unauffällig, kaum kopfhoch die rot-weiß gestrichene Kirche **Ágios Fanoúrios,** die wahrscheinlich älteste der Stadt (s. S. 92, Eingang von der Agiou Fanouriou).

Platia Arionos

Durch die Agiou Fanouriou geht es dann bis zur Andronikou, die zum Gelände des **Nelli Dimoglu Theater** (s. S. 109) führt.

Die mächtigen Kuppeln auf der rechten Seite gehören zum **Türkischen Bad** (Hamam), das als eines der größten im gesamten Osmanischen Reich gilt. In dem unter Sultan Selim II. (1566–74) erbauten Bad mit jeweils eigenem Männer- und Frauentrakt konnte man noch bis vor kurzem ganz stilecht auf orientalische Sitte baden. 2003 wurde die Anlage restauriert und kann jetzt besichtigt werden (Di–Sa 11–19 Uhr).

Die **Mustafa-Moschee** gegenüber entstand während des Sultanats Mustafas III. (1754–74), ihr Portal zeigt eine arabische Inschrift mit einer Lobpreisung Allahs. Auch hier sind byzantinische Bauteile zu erkennen, etwa am Reinigungsbrunnen, der aus reliefierten Marmorplatten zusammengesetzt ist.

Durch eine Gasse rechts hinter der Moschee erreicht man dann wieder die Agiou Fanouriou, an der einige einfache Tavernen liegen. An dem kleinen Straßenknick führt ein dunkler Durchgang zu einem großen unbebauten Gelände mit den Ruinen der spätbyzantinischen **Kirche Míchail Archángelos,** die im Zweiten Weltkrieg einem Bombenangriff zum Opfer fiel.

Hinter der Kirchenruine erstreckt sich eine Ausgrabung des antiken Rhodos, dessen Fundamente gut 3 m unterhalb des heutigen Straßenniveaus lagen. Wenn Sie sich nun links halten, stehen Sie urplötzlich wieder auf der Sokratous, mitten im hektischen Trubel dieser an unterschiedlichen Eindrücken so reichen Stadt.

Bars auf dem Hamam Place

Die Platia Arionos, im Jargon meist nach dem türkischen Bad ›Hamam Place‹ genannt, war immer sehr still und abgelegen. Jetzt aber haben hier mehrere top-moderne (und nicht ganz leise) Music Bars das Regiment übernommen und nachts ist hier inzwischen der Hot Spot der Jugendszene.

Museen und Besichtigungen

Archäologisches Museum

Das **Antiken-Museum** [1] ist im Neuen Hospital des Ordens am Beginn der Ritterstraße untergebracht (Di–So 8–15, Juli/Aug. Di–So 8–19, letzter Einlass 30 Min. vor Ende; Eintritt 3 €).

Der mächtige Bau mit seinem 51 m langen, über 5 m hohen Krankensaal löste 1489 das alte Hospital an der Platia Argyrokastrou ab. Das Relief über dem Eingang zeigt das Wappen des Großmeisters Fluvian, unter dem der Bau begonnen wurde. Dieses Hospital war damals eines der modernsten des Abendlandes. Der Orden des hl. Johannes war ja als Krankenpflegebruderschaft gegründet worden und beschäftigte sich Zeit seines Bestehens intensiv mit medizinischer Forschung (s. S. 30f). Im Innenhof mit einem zweistöckigen, Schatten spendenden Kolonnadengang sieht man ein Mosaik aus der frühchristlichen Kirche von Arkássa auf Kárpathos und die spätarchaische Figur eines Löwen, der an einem Stierkopf nagt.

Im zweiten Stock erstreckt sich der große Krankensaal über die ganze Breite der Hauptfassade. Aufgrund seiner Höhe war er auch im Sommer kühl, in den kleinen Verliesen an seinen Seiten lagen die Aborte. Heute werden hier Grabsteine und Wappen aus der Ritterzeit gezeigt. Besonders aufschlussreich ist eine Grabplatte, die einen Ritter in der Mönchstracht des frühen 15. Jh. zeigt. Eine zweite Grabplatte, die des Pierre de la Pymorage, stammt von 1402 und zeigt einen Ritter in voller Rüstung.

In den Räumen, die sich an den Saal anschließen, sind römische und hellenistische Skulpturen ausgestellt, die alle von den Dodekanes-Inseln stammen, sowie Statuen und Vasen aus der geometrischen und klassischen Epoche (s. S. 46). Besonders sehenswert:

Kauernde Afrodite
Die kleine Figur aus parischem Marmor ist eine Kopie einer lebensgroßen Bronze des 3. Jh., die im 1. Jh. v. Chr. entstand. Der unbekannte Künstler, wahrscheinlich ein Rhodier, zeigt die Göttin, wie sie dem Bad entsteigt und überrascht die Haare emporhebt, um sich nach einem Betrachter umzuschauen.

Große Afrodite
Die lebensgroße Figur der Liebesgöttin wurde 1929 aus dem Meer beim Hotel des Roses geborgen. Die ›Schaumgeborene‹ inspirierte Lawrence Durrell zu seinem Rhodos-Buch ›Reflections on a Marine Venus‹ (deutsch: ›Leuchtende Orangen‹): »Jahrhundertelang hatte das Seewasser an ihr gerieben, bis (…) keine Falte mehr so scharf war, wie der Meißel des Bildhauers sie ursprünglich gelassen haben musste. Aber derart war die Schönheit ihrer Komposition – der schlanke Nacken und die kleinen Brüste an diesem reich modellierten Torso, die sanfte Linie der Arme und Schenkel –, dass der Mangel eines festen Umrisses ihr eine sanfte und verführerische Grazie verlieh.«

Helios-Kopf
Der Kopf des Sonnengottes, des

Grabstele der Timarista und Krito

obersten Gottes von Rhodos, stammt aus der 1. Hälfte des 2. Jh. v. Chr. und gehörte wahrscheinlich zu einem Fries am Haupttempel der Stadt. Am Hinterkopf scheint ein vergoldeter Strahlenkranz aus Metall befestigt gewesen zu sein. Man hat vermutet, dass es sich um die Kopie des Kopfes des Kolosses handelte; gute Gründe sprechen dafür, dass er einem Alexander-Porträt von Lysipp nachgebildet war: der typische Haarwirbel in der Kopfmitte, die leichte Linksneigung des Kopfes und die (nach Plutarch) »sehnsuchtsvolle Schwermut« des Blicks (s. S. 141).

Grabstele der Timarista und Krito

Ein sehr eindrucksvolles Grabrelief, geschaffen in der Mitte des 5. Jh. v. Chr. in Kamíros. Mutter und Tochter nehmen Abschied voneinander: Links Krito, die zur Mutter die rechte Hand hebt, als wollte sie sie festhalten, der Kopf ist in Trauer gesenkt. Rechts Timarista, die Verstorbene, sie hat wie tröstend den Arm auf die Schulter der Tochter gelegt, doch der Fuß ist schon auswärts gestellt – sie muss gehen. Dieses Relief ist sehr ungewöhnlich. Zum einen wurden auf antiken Gräbern eher Totenbett-Szenen dargestellt, die die Toten beim letzten Mahl zeigen, zum anderen waren es fast immer Männer, ergraute Patriarchen oder junge Krieger, die so aufwendig geehrt wurden. Bemerkenswert ist auch, dass die Gewänder der Frauen nicht dorisch sind, sondern dem ionischen Kulturkreis entstammen. So könnte es sich hier um eine bewusste Anlehnung an die Tradition der Sappho von Lesbos handeln, die nicht nur die erste Dichterin der Griechen war, sondern auch Schulen für Mädchen führte, in denen die empfindsame Dichtung gelehrt wurde.

Archaische Kouros-Statuen

Die strengen Jünglingsstatuen aus dem 6. Jh. v. Chr. wurden ebenfalls in Kamíros gefunden. Sie sind typisch für die noch sehr statische Kunst der archaischen Epoche, die noch nicht zu den lebendigen Bewegungsformen der Klassik gefunden hatte. Ihre Haartracht ähnelte ägyptischen Vorbildern und weist noch einmal auf die Kontakte zwischen Griechenland und dem Pharaonen-Reich in dieser Zeit hin.

Ritterstraße

Die **Ritterstraße** [2], griech. Odos Ippoton, ist ein einzigartiges Ensemble gotischer Mittelmeerarchitektur. Fast alle Gebäude, darunter die meisten ›Herbergen‹ des multinationalen Ordens des hl. Johannes, stammen aus den letzten 50 Jahren vor seiner Vertreibung.

Die Herbergen *(Auberges)* waren die Hauptgebäude der einzelnen Landsmannschaften der Ritter, die aus allen europäischen Regionen stammten und ›Zungen‹ *(Langues)* genannt wurden. Die Funktion der Herbergen wird aus einer Ordensregel deutlich: *Frates nostri per nationes una comediunt et congregantur*, heißt es da (»Unsere Brüder speisen versammeln sich nach Nationen getrennt«). Die Herbergen dienten zugleich als Quartiere für die Pilger nach Jerusalem, die hier auf Rhodos häufig Station machten.

Die Ritterstraße beginnt am **Neuen Ordenshospital** mit dem Archäologischen Museum (s. S. 89). Die erste Herberge ist die der Italiener, über deren winziger Hauptpforte das Wappen des Großmeisters del Carretto zu sehen ist. Direkt daneben steht der **Palast der französischen Großmeister;** man erkennt das Wappen von d'Amboise und von de l'Isle Adam, jenes unglücklichen Ritters, der Rhodos den Türken übergeben musste (s. S. 98).

Daran schließt sich die **Herberge der Zunge von Frankreich** an, deren mächtige Gewölberäume mit Bogenportalen als Kontore dienten. Über dem Eingang das Wappen des Großmeisters d'Amboise, im zweiten Stock folgt das Lilienwappen der französischen Könige und das mit einem Kardinalshut geschmückte Wappen von Pierre d'Aubusson, unter dem der Bau fertiggestellt wurde.

Hinter der Herberge biegt eine kleine Gasse ab, die meist verschlossen ist. Sie führt zum **Haus des Djem,** das ein sehr schönes Portal im – auf Rhodos seltenen – Stil der Renaissance besitzt und wohl erst nach 1511 erbaut wurde. Djem war ein türkischer Prinz, Bruder des Sultans Beyazıd, der diesem in den Nachfolgekämpfen unterlag und 1481 nach Rhodos flüchtete. Die Ritter empfingen ihn mit offenen Armen – und benutzten ihn als Geisel gegen die Türken. Schon 1489 wurde er an den Papst ausgeliefert, dann fiel er als Kriegsbeute an Karl VIII. von Frankreich, in dessen Feldlager er um 1504 starb. Ob Djem jemals dieses Haus betrat, ist also mehr als fraglich.

Gegenüber der Herberge der Franzosen liegt ein Palast im Stil der katalanischen Gotik mit einem hübschen türkischen Brunnen im Hof. Kurz vor dem ersten Gewölbe, das die Ippoton überspannt, folgt die Kirche **Agía Triáda** mit einem gotischen Baldachinerker. Sie stammt aus der Zeit um 1370, an der Fassade sind u. a. die Wappen der Großmeister de Villeneuve und de Gozon (des Drachentöters, s. S. 120) zu erkennen. Der Gewölbetrakt über der Straße gehört schon zur Herberge der Spanier, die auf der linken Seite anschließt und mit dem Wappen des Großmeisters Fluvian zwischen 1421 und 1437 datiert.

Gegenüber steht dann als letzte die **Herberge der Zunge der Provence,**

die zuletzt 1518, vier Jahre vor dem Fall der Stadt, erneuert wurde. Über dem Eingang erkennt man die Wappen des französischen Königs, das Ordenswappen, das des Großmeisters del Carretto und des Provenzalen de Flota, der die Erneuerung wahrscheinlich bezahlt hat.

Die Ritterstraße mündet dann in eine hohe gotische Wandelhalle. Diesen Gang, der vom Großmeisterpalast rechts (s. unten) zur heute zerstörten **Johannes-Kirche** führte, haben die Italiener ebenfalls gänzlich neu gebaut. Seine kühlen Kreuzrippen passen so gar nicht zu der Formenvielfalt der anderen gotischen Paläste, in denen die unterschiedlichen regionalen Ausprägungen dieser Epoche zu einer reizvollen Synthese verschmolzen.

Großmeisterpalast

Der **Großmeisterpalast** 3 (Palace of the Knights) war das Machtzentrum des Johanniterordens (Di–So 8–15, Juli/Aug. 8–19 und Mo 12.30–19 Uhr, letzter Einlass 30 Min. vor Ende, Eintritt 6 €, Kinder frei). Eine erste Festung wurde schon im 8. Jh. während des Arabersturms errichtet, im 14. Jh. bauten die Kreuzritter sie dann als Zitadelle aus. Doch das originale Gebäude wurde 1856 bei der Explosion des türkischen Pulvermagazins in der Johannes-Kirche stark beschädigt. Die Kirche lag auf der anderen Seite des Platzes, dort, wo heute das klassizistische Schulgebäude steht. Der italienische Gouverneur de Vecchi begann 1937 mit dem Wiederaufbau. Um historische Treue ging es aber nicht; schließlich sollte der Palast der Repräsentation des faschistischen Italien dienen. Mussolini plante sogar, hier seine Sommerresidenz einzurichten. 1940 waren die Arbeiten beendet, aber wenig später mussten die Italiener ihre Großmachtträume schon begraben.

Eingang zum Großmeisterpalast

Der Haupteingang mit seinen mächtigen gebauchten Türmen gehört zu den wenigen erhaltenen Originalteilen des von den Italienern neugebauten Palastes. Im weiten Innenhof stehen römische Statuen aus dem 2. und 1. Jh. v. Chr., die von der Insel Kós hierher gebracht wurden.

Im Erdgeschoss wird eine Mittelalter-Ausstellung zur Wirtschaftsgeschichte unter dem Orden gezeigt. Hier sind auch die bedeutendsten Ikonen der Insel zu sehen, etwa doppelseitige Prozessions-Ikonen aus dem 14. Jh., die u. a. eine Kreuzigung und eine sehr seltene Darstellung des Säulenheiligen Simon Stylites zeigen. Eine Antiken-Ausstellung dokumentiert die Stadtanlage im Altertum.

Die oberen Räume sind mit antiken Marmorteilen und Bodenmosaiken von der Insel Kós ausgestattet. Der zweite Saal wird von einer Kopie der Laokoon-Gruppe beherrscht, die rhodische Bildhauer im 1. Jh. v. Chr. schufen (s. S. 46). Die Mosaiken in den folgenden Räumen zeigen mythologische Gestalten, darunter den Kampf des Poseidon mit dem Giganten Polybotes (s. S. 196). Besonders schön das Mosaik mit den Porträts der neun Musen am Ende des Rundgangs, denen jeweils ein typischer Gegenstand beigefügt ist. Gut zu erkennen sind Thalia (komische Dichtung) mit einer lachenden Fratze, Polyhymnia (Mimik) mit einem Spiegel und Erato (lyrische Dichtung) mit einer Leier.

Decorative Art Museum

In dem hübschen **Volkskunstmuseum** 4 an der Platia Argyrokastrou werden volkstümliche Möbel, Hausrat und Trachten aus rhodischen Dörfern und einigen umliegenden Inseln gezeigt (8.30–15 Uhr, Mo geschlossen). Neben geschnitzten Schränken, Soúfa-Podesten (s. S. 51) und der typisch kräftigfarbigen Webware von Rhodos ist vor allem die große Keramiksammlung interessant. Es sind nicht nur rhodische Eigenproduktionen, sondern Stücke, die von weither zusammengetragen wurden: türkische Ware aus Iznik, venezianische Stücke, spanische Fayencen und italienische Majolika.

Kathedrale Panagía tou Kastroú

Die **Panagía tou Kastroú** 5 gegenüber dem Archäologischen Museum, die ›Allheilige Maria in der Burg‹ wurde im 11. Jh. begründet und im 14. Jh. unter dem Johanniterorden im gotischen Stil zur Kathedrale umgebaut (Di–So 8.30–14.30, Eintritt 2 €). Von der Ausmalung des 14. Jh. ist eine Darstellung der hl. Lucia mit Krone und Heiligenkranz an der Westwand erhalten, die einem toskanischen Meister zugeschrieben wird. Aus früherer Zeit stammen zwei weibliche Heiligenfiguren sowie eine Muttergottes mit dem Kind an den nordwestlichen Pfeilern, die der sog. kreto-venezianischen Schule zugerechnet werden. Diese Stilrichtung entstand aus der Verschmelzung abendländischer und byzantinischer Traditionen vor allem unter dem Einfluss der Venezianer, die damals Kreta beherrschten.

Osmanische Bibliothek und Süleyman-Moschee

Die **Osmanische Bibliothek** 6 von 1793, an der Sokratous gleich gegenüber der Süleyman-Moschee, wurde sehr schön restauriert (Mo–Sa 9–16 Uhr, So geschl.). Im Vorsaal sind Faksimiles einiger alter Handschriften ausgestellt. Der hintere Saal mit dem originalen Bücherschrank und uralten Koran-Ausgaben ist durch zwei Gitterfenster einzusehen. Ursprünglich diente sie als Medrese (Koranschule) für die Süleyman-Moschee, die größte Moschee von Rhodos (s. S. 49).

Kirche Ágios Fanoúrios

Das kleine Kirchlein **Ágios Fanoúrios** 7 ist vermutlich die älteste noch bestehende Kirche von Rhodos-Stadt, die ebenso wie die sehr ähnliche Kirche Chostós in Líndos (s. S. 147) aus dem 9. Jh. stammen könnte (tgl. 9–12, 16–19 Uhr, Spende erwünscht). Bis auf den modernen Eingangstrakt an der Agiou Fanouriou liegt sie tief unter dem heutigen Bodenniveau, tiefer auch als die Fundamente aus der Ritterzeit. Uralte Fresken, gedunkelt vom Kerzenruß der Jahrhunderte, bedecken die Innenwände. Die älteste der drei erhaltenen Freskenschichten wird in die letzten Jahre des 13. Jh. zurückdatiert. Die besterhaltene Darstellung ist ein Stifterbildnis mit zwei Erwachsenen, von denen einer das Modell der Kirche hält, und zwei Kindern. Es stammt aus dem Jahr 1335/36 und ist in der rechten Nische des tonnengewölbten Westarms zu sehen, der zu dieser Zeit verlängert wurde. Erst damals muss die Kirche auch dem hl. Phanourios geweiht worden sein, der nur auf Rhodos und Kreta verehrt wird (seit Mitte des 14. Jh.).

In schlechterem Zustand sind die anderen Fresken. An den Tambourwänden des Kuppelraums sieht man die 16 Propheten, im Scheitel Christus als Pantókrator (Allesbeherrscher) mit dem Buch des Weltgerichts, darunter Engelsgestalten einer Auferstehungsszene. Das Tonnengewölbe und Wände waren mit dem 12-Feste-Zyklus (Dodekaortón) sowie Szenen vom Jüngsten Gericht und aus dem Leben Johannes des Täufers verziert.

Synagoge Kahal Shalom

Die **Synagoge Kahal Shalom** 8 an der Straße Dosiadou (tgl. außer So 10–17 Uhr), war das Zentrum der großen jüdischen Gemeinde von Rhodos, die im Zweiten Weltkrieg fast vollständig vernichtet wurde (s. auch S. 94). Angeschlossen ist seit 2001 ein kleines Museum, das Dokumente zum Leben der Juden und ihrer Vernichtung durch die Nazis zeigt (www.rhodesjewishmuseum.org). Die Kustodin, eine Auschwitz-Überlebende, bestreitet ihren Lebensunterhalt von den Spenden der Besucher.

Katharinen-Hospiz

Das **Katharinen-Hospiz** 9, eine aufwendig restaurierte Pilgerherberge aus der Ritterzeit, ist erst seit einigen Jahren wieder geöffnet (Di–So 8.30–14 Uhr, Mo geschl., Eintritt frei).

Rhodos war im Mittelalter eine beliebte Station der Pilger ins Heilige Land (zum Teil lebte der Orden auch davon, diese Fahrten zu organisieren, als ein mittelalterlicher Reiseveranstalter quasi). Besonders schön sind die Chochláki-Böden (Kieselmosaiken) im den Höfen und Sälen. Im Obergeschoss ist eine Dokumentation zur Grabung im antiken Hafen zu sehen, dessen Kai hinter dem Hospiz lag. Besonders spannend: die Funde aus der antiken Müllkippe, die bei den Arbeiten entdeckt wurde. Zahlreiche Kleinfunde, darunter auch erotische Darstellungen, geben Auskunft über das Alltagsleben der Antike.

Die Befestigungsanlagen

Den eigentlichen Charme der Altstadt von Rhodos machen die nahezu vollständig im Zustand von 1522 erhaltenen Mauern aus. Woher man auch kommt, immer muss man durch eines der mittelalterlichen Tore, beim Stadtbummel stößt man in jeder Richtung auf hochragende Wälle, und die Zinnenkränze sind von jedem Punkt aus sichtbar.

Diese Anlagen entstanden nach der ersten Belagerung von 1480 unter Sultan Mehmet, deren Zerstörungswerk ein Erdbeben im folgenden Jahr vollendete. Danach begannen die Ritter in

DIE JUDEN VON RHODOS

Man findet sie nur schlecht. Fensterlos stehen die weiß getünchten Mauern abweisend-grell in der Sonne, dicke Farbschichten verbergen den Davidstern auf den Flügeltüren. Die Kahal Shalom-Synagoge nahe der Platia Martyron Evreon wird aber auch selten gesucht. Die meisten Touristen kehren schnell wieder auf die Souvenir-Meile beim Märtyrer-Platz zurück, wenn sie sich in die Gassen des alten jüdischen Viertels verirren. Bis heute stehen hier noch Ruinen, viele Häuser sind baufällig, lange Zeit haben die Stadtväter diesen Teil von Rhodos vernachlässigt.

Dabei stellten die Juden unter osmanischer Herrschaft fast ein Viertel der Bevölkerung in der Altstadt. Anders als die Griechen durften sie innerhalb der Stadtmauern wohnen. Obwohl es schon in der Antike und in byzantinischer Zeit Juden in Rhodos gab, siedelte sich hier vor allem nach dem Abzug der Ritter 1522 eine große Gemeinde an. Es waren vornehmlich spaniolische Juden des sephardischen Ritus, die 1492 von den Katholischen Königen Isabella und Ferdinand aus Spanien vertrieben worden waren und im Reich der türkischen Sultane Asyl fanden. Im 17./18. Jh. beherrschten sie den Weinhandel und die Seidenmanufakturen, die den Hof in Istanbul belieferten; 1819 gründete ein rhodischer Jude namens Bohor Alchadeff sogar das später bedeutendste Bankhaus des östlichen Mittelmeeres mit Hauptsitz auf Rhodos.

Auf 4000 Mitglieder schätzte man die jüdische Gemeinde im Jahr 1938. Unter italienischer Verwaltung lebten sie zwischen Türken und Griechen nahe dem Handelshafen und arbeiteten dort zumeist als Bootsleute und Lastenträger. Nachdem Hitler seinem Verbündeten Mussolini die Rassegesetze vom 17. November 1938 aufgezwungen hatte und sich die politische Tonart nach einem Besuch von Goebbels (1940) verschärfte, emigrierte etwas mehr als die Hälfte der Juden nach Palästina oder nach Afrika, ins damalige Belgisch-Kongo.

Der Rest blieb. Die Menschen fühlten sich in Sicherheit, sie waren ja schließlich italienische Staatsbürger, die jungen Männer hatten in der Armee gedient. Und tatsächlich konnten die Italiener ›ihre‹ Juden vor der Deportation bewahren, obwohl die Deutschen mehr als einmal wutentbrannte Anfragen an die italienischen Regierungsstellen richteten. Nachdem Griechenland während des Balkanfeldzugs im April 1941 besetzt und in eine deutsche und eine italienische Zone geteilt worden war, begann die Wehrmacht im März 1943 mit den Transporten nach Auschwitz. Die 50 000 Mitglieder zählende jüdische Gemeinde von Thessaloníki, ein Viertel der damaligen Bevölkerung der zweitgrößten Stadt Griechenlands, wurde vollständig vernichtet. Die Italiener hingegen meldeten immer wieder lakonisch, sie hätten keine Juden.

Doch im September 1943, nach der Kapitulation Italiens unter Marschall Badoglio, landeten deutsche Truppen auch auf Rhodos und zwangen die italienische Garnison zur Kapitulation. Bald darauf lief die deutsche Vernichtungsmaschinerie an. Im Juli 1944 trafen zwei SS-Führer auf Rhodos ein und befahlen dem Kommandanten der Insel, alle Juden zu versammeln. Am Hafen kamen 1716 Menschen zusammen, darunter Frauen, Kinder, Greise. Fast niemand schöpfte Verdacht, hieß es doch, sie sollten auf eine andere Insel gebracht werden, wo sie unbehelligt leben könnten. Auf Intervention des türkischen Konsuls jedoch mussten 46 Personen, alle Inhaber eines Passes der neutralen Türkei, wieder freigelassen werden. Alle Übrigen wurden auf Frachtern ins KZ Chaidari bei Athen und dann in Viehwagen nach Auschwitz transportiert. Nur 151 Überlebende kehrten zurück. In diesem verhängnisvollen Juli 1944 waren die Alliierten bereits in Frankreich gelandet und hatten Rom besetzt, die Rote Armee überschritt gerade die ostpreußische Grenze. Gänzlich ›judenrein‹ machten die Deutschen Rhodos dann im Januar 1945, als sie alle restlichen Juden, die türkischen Staatsangehörigen, in einem winzigen Kaik aufs Meer zum Festland schickten. Das völlig überfüllte Gefährt wurde von einem britischen Spähboot entdeckt und gerettet.

Heute zählt die jüdische Gemeinde von Rhodos etwas mehr als zwei Dutzend Mitglieder, es gibt noch eine Synagoge, aber keinen Rabbiner mehr. Besuchern öffnet Frau Lucia Modiano das Gotteshaus. Sie ist inzwischen über 80 Jahre alt; sie hat Auschwitz überlebt. Ihre Familie, Brüder, Schwestern, Eltern, die Verwandten, nicht. Frau Modiano erhält keine Rente und lebt von den Spenden der wenigen Besucher, zumeist Juden aus Israel oder Amerika. Sie pflegt die Synagoge, diesen großen Bau aus dem 16. Jh. mit prächtigen Leuchtern und Kultgerät aus Messing, ausgelegt mit rotem Samt, den Überlebende aus Amerika stifteten. Aber es ist die Leere dieses Saals, die im Gedächtnis bleibt.

Auf der Mauer

Die imposanten Verteidigungsanlagen der Ritterzeit kann man auf mehreren Wegen entdecken. Zweimal wöchentlich wird das Kanonentor im Hof des Großmeisterpalastes geöffnet, so dass man die Mauerkrone bis zum Koskinoú-Tor (s. S. 49) abgehen kann (Di und Sa 14.45 Uhr, Eintritt 6 €). Ebenso eindrucksvoll ist der Weg durch den Graben, den man am Taxistand beim Sound & Light-Areal betreten kann, und der bis zum Akándia-Tor an der Alchadeff-Straße verläuft. Auch ein Spaziergang durch die Schanzenwäldchen auf der äußeren Seite des Grabens bietet schöne Blicke auf die Mauern und Tore von Rhodos.

fieberhafter Eile, die Mauern zu modernisieren, wobei ihnen Architekten aus Italien und Frankreich zu Hilfe kamen. Um der Zerstörungskraft der neuen Kanonen zu trotzen, wurden die Wälle auf bis zu 12 m verbreitert und mit geböschten Fundamenten sowie Rundtürmen versehen, an denen die Kugeln abprallen konnten. Auf den Mauerkronen standen nun nicht mehr Ritter mit Pecheimern und Bogen, sondern Geschützbatterien, die die Schanzen und das von jeder Bebauung freigehaltene Gelände rund um die Stadt bestreichen konnten. In den verbreiterten Gräben wurden Terrepleins angelegt, Vorwerke, die mit einer eigenen Besatzung versehen waren.

In der Ritterzeit waren die Stadtmauern in acht Abschnitte aufgeteilt, die jeweils von einer ›Zunge‹ des Ordens (s. S. 30f) verteidigt und instand gehalten wurden. Auf dem Abschnitt vom Naillac-Turm am Hafen bis zum Großmeisterpalast kämpften die Franzosen, vom Amboise-Tor bis zur Ágios Geórgios-Bastion die Deutschen.

Die Bastionen beim Amboise-Tor mit den beiden charakteristischen Rundtürmen sind die aufwendigsten von Rhodos: Der Torweg knickt mehrfach ab und ist teilweise überdeckt, über 20 m ist allein die vordere Bastion stark. Zwischen dieser und dem Großmeisterpalast erstreckt sich ein zweiter Graben, der allerdings nur mit schwächeren Mauern gesichert ist. Die Georgsbastion, die jüngste und stärkste Anlage, wurde erst kurz vor der Belagerung von 1522 fertig gestellt.

Der Abschnitt von hier bis zur Bastion von Spanien wurde von der Zunge der Auvergne verteidigt, ihnen folgten die Spanier bis zur Marienbastion (beim Ágios Athanásios-Tor). Durch dieses Tor soll der siegreiche Sultan Süleyman am 1. 1. 1523 in die Stadt geritten sein, danach wurde es zugemauert und erst 1922 von den Italienern wieder geöffnet.

Auf dem nächsten Abschnitt bis zum Koskinoú- (oder Ág. Ioánnis-) Tor, bis zum Bau der Neustadt das Haupttor der Stadt, standen die englischen Ritter, dann kamen die Provenzalen bis zur Carretto-Bastion. Die italienische Zunge übernahm die Mauern bis zum Katharinen-Tor, und die inneren Hafenmauern mit dem mächtigen Marine-Tor verteidigten die Kastilier.

DIE BELAGERUNG VON RHODOS 1522

Als am 13. Juni 1522 ein türkisches Schiff in den Hafen von Rhodos segelte, da wusste jeder in der Stadt, jeder Ritter, jeder Bürger, jedes Kind, dass es nun auf Leben und Tod ging. Das Schiff trug die Flagge des Sultans Süleyman, des gerade 28 Jahre alten Osmanen, der seit zwei Jahren über das größte Reich der alten Welt herrschte. Die Botschaft, die es überbrachte, lautete kurz und bündig, der Großmeister möge Rhodos dem Sultan übergeben, andernfalls würde die gesamte Einwohnerschaft, ›ob Groß, ob Klein, über die Klinge springen‹.

Natürlich schickte Großmeister Philippe Villiers de l'Isle Adam den Emissär mit einer kühlen Antwort wieder zurück, doch realistisch betrachtet war seine Position aussichtslos. Süleymans Vater, Selim der Grausame, hatte Syrien, Arabien und Ägypten erobert; ihm selbst war ein Jahr zuvor die Einnahme von Belgrad gelungen. Sein Herrschaftsgebiet reichte jetzt rund um das östliche Mittelmeer – und da störte ihn der Johanniterstaat, der die Schifffahrtslinie zwischen Istanbul und Alexandria gefährdete. Der Angriff auf Rhodos war eine wichtige Etappe seiner Eroberungspläne, die ihn 1529 bis vor Wien und 1534 bis nach Algier führten.

Der Orden konnte zur Verteidigung nur etwa 600 Ritter und 4500 griechische und genuesische Söldner aufbringen. Am 24. Juni kreuzte die türkische Armada von etwa 300 Schiffen vor Rhodos auf. Mehr als zwei Wochen brauchte der Oberbefehlshaber Mustafa Pascha, um seine 140 000 Mann starke Truppe mitsamt der schweren Artillerie auszuladen und in Stellung gehen zu lassen. »Die hand ghan 3 gwaltigy leger und das gschütz an 4 orten«, berichtet der Chronist. Am 12. Juli begann dann die Kanonade, wobei vor allem die schweren Basilisken mit ihren mehr als 100 Pfund schweren Steinkugeln die erst vor einigen Jahren fertig gestellten Bastionen furchtbar erschütterten.

Das Feuer traf die Stadt von allen Seiten. Erstes Ziel der türkischen Schützen war der Turm der Johannes-Kirche, der höchste Beobachtungsposten der Stadt, der am 10. August zusammenstürzte. Als nächstes ließ der Sultan Kanonen gegen das Nikolaus-Fort auf der Mühlenmole richten. Nach Schätzungen haben die Türken allein bis Ende August etwa 3000 Steinkugeln und über 7000 eiserne Kugeln verschossen. Doch der Sturm auf das strategisch wichtige Hafen-Fort schlug fehl – so konnten später immer wieder Schiffe den Hafen erreichen.

Am 4. September begannen die Janitscharen einen großen Angriff gegen die englische Bastion. Die Mauern dort waren durch unterirdisch vorgetriebene Stollen schon zur Hälfte eingestürzt. So wäre der Einbruch in die Stadt fast gelungen, doch das Deckungsfeuer von der Koskinoú-Bastion konnte diesen Angriff zurückschlagen. Auch ein Sturm am 9. September scheiterte – insgesamt verloren die Türken dabei etwa 12 000 Mann, der Orden lediglich 250, darunter 8 Ritter. Nach diesen Misserfolgen änderte Mustafa Pascha, der um seinen Kopf zu fürchten begann, die Taktik und befahl für den 24. September einen Sturm auf alle Bastionen zur gleichen Zeit. Im türkischen Heer wurde die Parole ausgegeben, »Stein und Grund dem Padischa, Blut und Gut den Siegern zur Beute«. Fünf Stunden dauerte das Gemetzel, und an den Bastionen der Engländer und der Spanier standen die Türken schon auf den Mauern. Doch mit dem Mut der Verzweiflung konnten die Ritter und 500 kampferprobte Kreter sie wieder abwehren. Diesmal belief sich der Blutzoll der Türken auf 15 000 Mann – und Mustafa Pascha soll sogar überlegt haben, sich vor dem Zorn seines Sultans ins Lager der Feinde zu retten.

Den ganzen Oktober ging der Artilleriebeschuss weiter, doch konnten die Ritter einen Angriff nach dem nächsten erfolgreich abwehren. Aber auch aus den eigenen Reihen drohte Gefahr. Am 28. Oktober wurde ein Diener gefasst, als er mit einem Pfeil einen Brief zu den Türken schießen wollte. Die Nachricht trug die Handschrift des Ordenskanzlers Andrea d'Amaral, der den Türken gegen Zahlung von 6000 Goldstücken eine Pforte in der Mauer öffnen wollte. Trotz der bedrängten Lage fanden die Ritter Zeit genug, den kastilischen Pilier noch feierlich all seiner Ämter zu entheben, ehe er am 5. November enthauptet, sein Leib gevierteilt und die Stücke in jeder Himmelsrichtung auf die Mauer gespießt wurden.

Als aber am 30. November ein Schiff die Nachricht brachte, vom venezianischen Kreta sei keine weitere Hilfe zu erwarten, verließ die Verteidiger jeder Mut. Wahrscheinlich hat der Sultan von der schlechten Stimmung erfahren, jedenfalls schickte er am 7. Dezember einen Griechen mit einem Friedensangebot vor die Mauern. »Da ward er mit einer kartanen zu stucken geschossen, das man weder brief noch ihn gantz fand«, heißt es lakonisch in den Chroniken. Doch am 9. Dezember verfassten die rhodischen Bürger eine Bittschrift an den Großmeister, die Lage sei aussichtslos, er möge Verhandlungen aufnehmen. Schon einen Tag später wurde eine Waffenruhe vereinbart. Die Ritter nutzten sie zur Ausbesserung der Wälle, der Sultan aber dazu, sein Angebot zur ehrenvollen Übergabe der Festung mit Pfeilen in die Stadt zu schießen. Andernfalls, drohte er, würde ›alles, bis zu den Katzen, in Stücke gehauen‹. Doch der Großmeister willigte erst in die Übergabe ein, als deutlich wurde, dass die Pulvervorräte fast aufgebraucht waren und die Stadt einen weiteren Sturm nicht überstehen könnte.

Am 20. Dezember unterzeichnete de l'Isle Adam die Kapitulation, allerdings zu wirklich guten Bedingungen: freier Abzug, Schutz der Kirchen, keine Plünderung. Zum Abschluss des Kampfes um Rhodos, der mindestens 50 000 Tote gekostet hatte, empfing der Sultan den Großmeister zum Abendessen und tröstete ihn mit dem Satz, es sei das Schicksal der Mächtigen, Völker und Reiche zu gewinnen – und zu verlieren. Am 1. Januar 1523 verließen die 180 überlebenden Ritter mit etwa 4000 Italienern und Griechen die Stadt.

Von einer 215 Jahre währenden Epoche waren nur rauchende Trümmer geblieben. Doch die Geschichte ging weiter: Unter den Ordensbrüdern, die mit dem Leben davonkamen, war auch ein junger Novize namens Jean de la Valette. Er wurde später Großmeister des Ordens und verteidigte 1565 die Insel Malta erfolgreich gegen denselben Mann, der ihm nun großmütig freien Abzug gewährte.

Museen für Malerei

Andreas Ioannou, später Direktor der Nationalen Pinakothek in Athen, gründete 1959 in Rhodos eine Gemäldegalerie, die heute zur zweitwichtigsten Griechenlands zählt. Die Sammlung ist inzwischen an drei Orten ausgestellt.

Hauptmuseum ist die 2002 eröffnete **Nestoridion Art Gallery** (100 Palms Sq., Neustadt-Plan Nr. 17, Mo–Fr 9–14 Uhr, Sa, So 11–14 Uhr, Mi auch 17.30–20.30 Uhr, Eintritt 3 €, am selben Tag auch für die Dependencen gültig). Sie bietet einen repräsentativen Überblick über die neugriechische Malerei seit Mitte des 19. Jh. und zeigt die wichtigsten Werke der Rhodischen Pinakothek, verbunden mit Namen wie Parthenis, Tsarouchis, Moralis etc. In der modernen griechischen Malerei erkennt man alle Stilrichtungen des 20. Jh. wieder, vom Expressionismus bis hin zur Pop Art. Besondere Beachtung verdient der naive Maler Theophilos (1868–1934), der als Autodidakt volkstümliche Szenen in einem eigenständigen Stil aufzeichnete.

Das **Center of Contemporary Art** 10 in der Altstadt (179 Sokratous, beim Café Palio Sistio, tgl. 8–14, 18–21 Uhr) zeigt wechselnde Ausstellungen zeitgenössischer Künstler in einer alten Kirche; jährlich im Oktober findet die Mo.Te.R statt, eine große Ausstellung von Künstlern aus ganz Griechenland.

Die alte **Municipal Art Galery** 11 an der Platia Symis (Mo–Sa 8–14, 17–20 Uhr, Juli/Aug. Mo–Sa nur 8–14 Uhr) zeigt Werkschauen und Bilder aus den 1950er/60er Jahren mit idyllischen Motiven der Vor-Tourismus-Zeit.

Die Neustadt

Die Neustadt von Rhodos auf der Nordspitze der Insel setzt den Kontrapunkt zur mittelalterlichen Stadt. Sie war einst ein Vorzeigeprojekt des italienischen Tourismus, heute stellt sie eines der wichtigsten Ferienzentren Griechenlands dar. Doch das bringt auch Nachteile: den täglichen Verkehrsinfarkt und Auswüchse des Massentourismus. Dabei zeigt diese Hotelstadt durchaus nicht die uniforme Gesichtslosigkeit wie etwa Faliráki, sondern gewinnt durch die vielen Bauten aus der Italienerzeit besonderen Charme. Probleme machen der Stadtverwaltung dagegen vor allem die Hotelbauten der 60er Jahre: Keiner will dort mehr wohnen, abreißen ist zu teuer, und so stehen sie einfach leer und verfallen. Auf der anderen Seite gewinnt Rhodos auch ein besonderes Flair als Sitz der großen Ägäis-Universität; so leben hier für Griechenland überdurchschnittlich viele junge Leute. Wer nicht in die Touristenlokale gehen will, kann daher auch zahlreiche Internet-Cafés, Bars und Lokale besuchen, die von griechischer Jugendszene geprägt sind.

Aber auch touristisch wird viel geboten. Die Strände liegen direkt vor den Hotels, am Mandráki gibt es ein enormes Angebot an Bootsausflügen, Neu- und Altstadt haben viele erstklassige Restaurants und sogar ein Casino, in zahlreichen Bars und Discos wird bis frühmorgens gefeiert. Wer will, kann also ungehindert über die Stränge schlagen, und viele skandinavische Urlauber nützen die günstigen Alkoholpreise auch weidlich aus.

Die Neustadt von Rhodos gewinnt ihren Charme durch die Bauten der Italienerzeit: Replik der geflügelten Nike vor der Fassade des Bischofspalastes

Néa Agorá

Der schönste Platz der Neustadt ist der Kai am Mandráki-Hafen, wo die Italiener ihrer Fantasie vom Orient freien Lauf ließen und die **Néa Agorá** 12**,** ein Marktgebäude im Stil einer Hofmoschee bauten (s. Abb. S. 76). Innen pulsiert echt griechisches Leben: Metzger, die ihre Waren offen ausgehängt haben, Gemüsehändler, die nur kiloweise verkaufen, Kafénia, in denen die Männerwelt stundenlang über Politik räsonniert, einfache Tavernen mit Drehspießen vor glühender Holzkohle. In der Fischhalle in der Mitte wird morgens in aller Frühe der nächtliche Fang angeboten, Oktopus, Rockfische und

NEUSTADT &
AKROPOLIS
Kastell
Ágios Nekólaos
Mandráki-
Hafen
Mühlen
Élli Club
Murad-Reis-
Moschee
Siravast
Cactus
Ibiscus
Mediterranean
Kos
Kalimnou
100 Palms
Sq.
Durrell-
Haus
National-
theater
Pl. Eleftherias
Rathaus
G. Papanikolaou
Gran
Bazaar
Kathopouli
Iroon Politechniou
Kazouli
Eftstathiou
Amerikis
Ierou Lochou
Ethel. Dodekanission
Makariou
N. Plastira
Stadtbusse
Dragoumi
G. Griva
Grand Hotel
Palace
Olympic
Airways
OTE
Pappou
RODA
Taxi
KTEL
Nikif. Mandilara
Alexis
Akti Miaouli
25 Martiou
Gr. Lambraki
National
Bank
Sound &
Light
Kritis
G. Leontos
Dilberaki
28 Oktovriou
Ammochostou
Vas. Sofias
S. Venizelou
Papagou
Orfanidou
Alex. Diakou
Großmeister-
Palast
Ippoton
Rodiaki
Epavli
Amboise-Tor
Erithrou Stavrou
El. Venizelou
Süleyman-
Moschee
Orfeos
Ágios
Geórgios-
Bastion
Ioannou Metaxa
Apol. Amerikis
Akti Kanari
Papalouka
Riga Ferreou
Hotel
Rodos Park
Trizinas
Dimokratias
Voriou Ipirou
Pavlou Mela
Navarinou
Spanische
Bastion
Belvedere
Them. Sofouli
Kennedy
Pindou
Agiou Ioannou
Aegean
University
Hellenistische
Häuser
Himaras
Pavlou Mela
Antikes
Pflaster
Enoplon Dinameon
Hellenistischer
Palastbau
Komninon
Diagoridon
Athena-
Tempel
Nymphen-
Heiligtümer
N. Volonaki
Akropoleos
Ixiá,
Flughafen
Pavlidi
Ag. Ioannou
Them. Sofouli
Gramou
Monte
Smith
Kennedy
Odeion
Apollon-
Tempel
Stadion
0
300 m
N
18
16
17
15
14
13
32
33
34
39
22
24
43
41
38
12
40
31
42
23
35

oft sogar ein ganzer Schwertfisch. An der Schauseite zum Hafen hin liegen eher mondäne Cafés für die Touristen, wo man selbst Sachertorte erhält.

Platia Eleftherias

Die pompöse Avenue, die von der Néa Agorá hoch zum Stadtstrand verläuft, wird dagegen ganz von den italienischen Bauten der 30er Jahre geprägt.

Sehenswürdigkeiten
- 12 Néa Agorá
- 13 Evangelísmos-Kirche
- 14 Bischofspalast
- 15 Osmanischer Friedhof
- 16 Casino (Hotel des Roses)
- 17 Nestoridion Art Gallery
- 18 Aquarium

Unterkunft
- 22 Studios Casa Antika
- 23 Rodos Park
- 24 Tsampika rooms to let

Essen & Trinken
- 31 Restaurant Capricci
- 32 Restaurant Ellinikon
- 33 Taverne Olive (Elia)
- 34 Taverne To Niochóri
- 35 Taverne To Steno

Cafés & Nachtleben
- 38 Demetriades
- 39 Galileo Internet Cafe
- 40 Koukos
- 41 Blue Lagoon Bar
- 42 Barstraße Orfanidou
- 43 Studio 54

Die schlichten Formen von Bauten wie dem Rathaus und dem Theater entsprechen dem Internationalen Stil der späten 1920er Jahre (einer vom Bauhaus beeinflussten Spielart des Funktionalismus) und wirken denn auch kein bisschen griechisch. Wie zum Trotz steht hinter dem Bushalt die Statue von Alexandros Diakos, eines ›Helden‹ der Befreiung des Dodekanes (s. S. 185).

Die **Evangelísmos-Kirche** 13, die heutige Bischofskirche von Rhodos, errichteten die Italiener nach alten Stichen als Kopie der durch eine Explosion der türkischen Pulvervorräte zerstörten Johannes-Konventskirche. Die zunächst katholische Kirche wurde nach 1948 dem orthodoxen Ritus geweiht und ganz mit Fresken in der alten byzantinischen Tradition ausgemalt (s. auch S. 54).

Der **Bischofspalast** 14 dahinter, erbaut als Verwaltungssitz des italienischen Gouverneurs, ist in jeder Hinsicht typisch für die anspielungsreiche italienische Architektur während der Mussolini-Ära. Von der Landseite ist er gestaltet wie ein gotischer Palast, von der Seeseite ähnelt er in der Bauform dem Dogenpalast in Venedig, erinnert mit seinem geometrischen Fassadenschmuck aber zugleich an einen maurischen Kalifenpalast.

Das venezianische Motiv kehrt in den zwei berühmten **Hirsch-Säulen** an der Hafeneinfahrt wieder. Unter italienischer Besatzung hatte dieses heute so beliebte Fotomotiv mit dem Hirsch und der Hirschkuh eine etwas andere Bedeutung: Neben dem Hirsch als Wappentier von Rhodos stand da die römische Wölfin …

Osmanischer Friedhof bei der Murad Reis-Moschee

Das **Ágios Nikóloas-Kastell,** die Seefestung auf der Mühlenmole gegenüber, wurde 1467 erbaut. Während der Belagerung von 1480 war sie Schauplatz der blutigsten Gefechte, konnte von den Türken aber nicht eingenommen werden. Hier vermuten viele Reiseführer weiterhin den Standort des Koloss' von Rhodos (s. S. 114), obwohl das erwiesenermaßen ins Reich der Legenden gehört.

Osmanischer Friedhof

Am Ende der großen Avenue scheint sich die **Murad Reis-Moschee** in einem verwunschenen Garten verstecken zu wollen. Eine türkische Familie hütet das Areal des **osmanischen Friedhofs** 16 und den mit der grünen Fahne des Islams bedeckten Sarkophag von Murad Reis, der die Moschee Ende des 16. Jh. stiftete (Sa–Do 10–19 Uhr, Eingang gegenüber Elli Club, bitte geben Sie eine Spende!).

Murad Reis war ein osmanischer Admiral, der im Indischen Ozean gegen die Portugiesen kämpfte, 1565 an der Schlacht um Malta (wieder gegen die Ritter des hl. Johannes) teilnahm und auf Kreta gegen die Venezianer zu Felde zog. Er starb 1609 auf Rhodos und liegt am Beginn des Friedhofs in einer *Türbe,* einem überkuppelten Rundpavillon, begraben.

In dem kleinen Haus ganz am Ende des Friedhofs, heute renoviert und Sitz einer Literaturinstitution, schrieb Lawrence G. Durrell sein Buch »Leuchtende Orangen«. Durrell hat die romantische Stimmung auf diesem Platz eindrucksvoll festgehalten – man sollte vielleicht einmal zum Sonnenuntergang hierher kommen. Die Grabsteine zeigen Koranverse in arabischer Kalligraphie, manche sind mit Turbanen gekrönt und weisen den Toten so als Würdenträger aus. Rhodos war seit dem 17. Jh. ein Verbannungsort, wohin all die Höflinge abgeschoben wurden, die an der Hohen Pforte in Istanbul in Ungnade gefallen waren.

Casino (Hotel des Roses)

Der riesige Bau des **Hotel des Roses** 16 (oder Grande Albergo delle Rose) direkt vor dem Stadtstrand von Rhodos war das erste Urlaubshotel Griechenlands. Die Italiener bauten es Ende der 20er Jahre im gleichen Stil wie die Néa Agorá. Die orientalischen Verzierungen ließ Gouverneur Vecchi später entfernen. Heute ist das einst mondänste Hotel östlich von Rom renoviert und dient als Casino.

Aquarium

Das 1924 von den Italienern erbaute **Aquarium** 18 auf der nördlichsten Spitze von Rhodos war vermutlich die erste Präsentation mediterraner Fauna überhaupt; heute wirkt das einstige Prestigeobjekt allerdings etwas verstaubt (9–20.30 Uhr, Eintritt 3 €). In dem Pavillon mit der typischen italienerzeitlichen Architektur kann man heute einige präparierten Großfische (Delfine, Haie) bestaunen; in recht kleinen Aquarien werden Kleinfische und Mollusken gezeigt. Die Stars sind zwei Meeresschildkröten, deren Alter man auf über 100 Jahre schätzt.

Praktische Tipps

Tourist Information der Stadt: an der Platia Rimini vor der Néa Agorá, in der Saison Mo–Sa 8–20, So 9–12 Uhr. **Büro der staatlichen EOT:** Papagou/ Ecke Makariou, Mo–Fr 8–14 Uhr, Tel. 22410-23255, Fax 22410-75861, Prospekte, Fahrpläne von Fähren u. Bussen. **Hafenamt:** auf dem Kai des Embórikos-Hafens, Tel. 22410-28888

Im Internet: www.rhodes.gr, Website der Stadt Rhodos.

In der Altstadt (Plan S. 82)
Domus 19: Platonos, Tel. 22410-25 965, Fax 22410-24 766, www.domusro

doshotel.gr. Kleines Hotel mit 19 Zi an einem ruhigen Platz, nur 20 m von der Sokratous entfernt. Rustikale Zimmer mit Du/WC, kürzlich renoviert. DZ 40–60 €, alle Kreditkarten.

Maria's Rooms 20: Menekleous 147 Z, Tel. 22410-22 169. Traditionspension mitten in der Altstadt, ruhig, aber nur 20 m von der Sokratous-Straße. Sehr gut geführt von einem netten älteren Wirtsehepaar, Zi mit WC/Dusche auf der Etage an einem hübschen Innenhof. DZ ab 25 €.

Pension Sophia 21: 27, Aristofanous, Tel. 22410-30 990 und 22410-36 181. Zimmer jeweils mit Duschbad, TV, Kühlschrank und Ventilator. Modern renoviertes Haus nahe der Archangelos Michael Kirche., sehr ruhig gelegen. DZ ab 35 €.

In der Neustadt (Plan S. 102)

Casa Antika 22: 8 Amarandou, Tel. 22410-26 206, Fax 22410-77 662. Von älteren Wirtsleuten geführtes Althaus mit Studios für 2–4 Pers. Ruhig gelegen, traditionelle Atmosphäre. DZ 35–50 €.

Rodos Park 23: 12 Riga Fereou, Tel. 22410-89 700, Fax 22410-24 613. Das schönste Luxushotel der Insel – ganz ohne Pauschaltouristen. Super geschmackvoll eingerichtet, tolle Büffets, Wellnessangebote. DZ ca. 290, Suite 450 €, Frühstücksbüffet 22 €/Pers.

Tsampika rooms to let 24: Nikif. Mandilara, Kathopouli, Tel. 22410-26 840. Einfache Pension mit Familienanschluss, versteckt in der Neustadt. DZ um 25 €.

In der Altstadt (Plan S. 82)

Alexis 25: Sokratous 18, Tel. 22410-29 347. Berühmteste Fischtaverne der Altstadt, gegründet 1957 (selbst Onassis war hier schon zu Gast). Qualität, die freilich einen ordentlichen Preis hat. Unbedingt reservieren, es gibt nur exklusiv wenige Tische!

Taverne Alexis, hier sitzt man sehr romantisch direkt an der belebten Sokratous-Straße

Ippotikon [26]: 5 Pl. Martiron Evreon, Tel. 22410-25 293. Sehr schön in einem alten Stadtpalast aus der Zeit der Ritter. Am besten sitzt man auf der Dachterrasse, innen mit romantischer historischer Einrichtung. Die Küche klassisch mit internationalem Standard: Vorspeisen 5–10 €, Stifado 9 €, Salate um 8 €.

Oasis [27]: Platia Dorieos. Urige Familientaverne unter den riesigen Ficus-Bäumen vor der arg vernachlässigten Redjab-Moschee. Günstige Hausmannskost nach alter Sitte, doch da die Backpacker-Kundschaft ausbleibt, ist es wohl fraglich, ob es das Oasis noch lange gibt.

Plaka [28]: Platia Ippokratous, Tel. 22410-35 695. Die Lage mit Blick über den Ippokratous-Platz ist nicht zu toppen. Wer abends an der Balustrade sitzt (reservieren!), hat den romantischsten Blick auf den Zentralplatz der Altstadt. Fisch, Steak, Pizza; oberes Preissegment.

Romeo [29]: 7 Menekleous, Tel. 22410-25 186. Ein Klassiker, etwas versteckt ganz lauschig in einer Seitengasse der Sokratous gelegen. Der Service ist aufmerksam, das Essen gut: z. B. ein schön scharfes Bekri, leckere Soutzoukakia und gute Pizzen! Ab 20 Uhr spielt eine Drei-Mann-Band (sehr leise) Bouzouki-Schlager. Vorspeisenplatte 8 €, Hauptgerichte ab 9,40 €, Menüs für 2 ab 42 €.

Sea Star [30]: 24 Sofokleous, Tel. 22410-22 117. Schlichte Familientaverne, spezialisiert auf Fisch, beliebt bei griechischem Publikum. Wirt Pizanias grillt den Fisch quälend langsam, dafür schmilzt er aber auch auf der Zunge. Dorade z. B. 12 €, Vorspeisen (z.B. selbstgemachtes Tarama) um 4 €.

In der Neustadt (Plan S. 102)

Capricci [31]: 17 Amerikis, tgl. ab 11 Uhr, Di geschl. Erstklassige italienische Küche in modern designtem Ambiente.

Ellinikon [32]: Papanikolaou/Ecke Kos. Sicher ein Touristenlokal, aber doch hübsch in einem Gebäude aus der Italienerzeit. Ordentliche Küche nach internationalem Standard, gehobene Preise.

Olive (Elia) [33]: 100 Palms Sq./Pl. G. Haritou 7, tgl. ab 10.30 Uhr. Nette Taverne mit freundlichen Wirtsleuten, die einfache, leckere Küche zu vergleichsweise günstigen Preisen servieren.

To Niochóri [34]: 29 I. Kazouli, Tel. 22410-35 116, tgl. ab 18 Uhr. Ein größerer Kontrast zum Rummel der Neustadt lässt sich kaum finden: Ziemlich versteckt gelegen, hat sich diese auf Fisch spezialisierte Taverne die alte Tradition bewahrt. Hier sitzt man unter Griechen. Moderate Preise.

To Steno [35]: 29 Ag. Anargyron (gegenüber vom Athanásios-Tor), Tel. 22410-35 914. Fast nur von Griechen besuchte Ouzeri in einer fast dörflichen Umgebung. Originäre, gute Küche in einfachem Ambiente. Leckere Schmorgerichte, viele Mezedes (Vorspeisen), moderate Preise.

Zahlreiche Souvenir-Läden in der Altstadt; in der Neustadt findet man auch gute Modeläden.

In der Altstadt (Plan S. 82)

Nikos Koukoulis: Sokratous 4. Handgeschnitzte Teetische, Paravents etc. in türkischer Tradition.

Maria Gianotaki: 58 Sokratous. Handgemachte Kupfer- und Messingwaren, teils noch ältere Stücke. Auch Nachbildungen antiker Kunst.

Royal Carpet: zwei Läden in der Altstadt: in 33 Apelou Orientteppiche, in 17 Apelou, Ecke Polidorou wunderbare Antiquitäten. Leider stolze Preise!

Aeolos: 5 Apelou. Originelle Keramik, Glaswaren und Schmuck.

Ouzerie Sifonios: 42 Pythagora, selbstgebrannter Ouzo und verschiedene bonbon-bunte Liköre.

Ikonen: Orthodoxe Heiligenbilder werden als Massenware an der Sokratous angeboten. An der Pythagora stellt ein Maler handgemalte Ikonen her (Achtung: nur ›hand painted‹ bedeutet handgemalt). Ein kirchlich autorisierter Ikonenhandel ist in der Neustadt, Odos 28 Oktovriou, Ecke Dragoumi, zu finden.

In der Neustadt (Plan S. 102)

Manuel's Music Centre: 25 Martiou, Ecke Amerikis. Beste Auswahl an CDs und Kassetten: Charts, griechischer Pop und Traditionels.

Pappou: 8, 25 Martiou, Mo–Sa 8–13, 17–20 Uhr. Kaufhaus in der Neustadt, umfangreiches Drogerie-Sortiment.

Mode: gute Boutiquen rund um Platia Kyprou (National Bank) und an den Straßen Amerikis und Eth. Dodekanission.

Wochenmarkt: Do vormittags an der Odos Vironos beim Diagora Stadio, Mi und Sa in Zéfyros vorm Friedhof an der Kallithéa-Straße.

Supermärkte: Zwei moderne Supermärkte gibt es an der Ausfallstraße nach Kallithéa (darunter einen Spar-Markt). Der größte Supermarkt von Rhodos, Vasipoulos, liegt an der Líndos-Straße (5 km).

In der Altstadt (Plan S. 82)

Besara 36: Sofokleous, Altstadt, nahe Ibrahim-Moschee. Kleine, erfrischend moderne Bar, wo sich bei aktueller Musik junge Griechen treffen.

Resalto Club 37: 16 Platonos, ab 23 Uhr. Griechisches Musiklokal gegenüber der Ibrahim-Moschee mit Live-Musik. Das Bier kostet 9 €, denn der Preis finanziert auch die Musiker.

In der Neustadt (Plan S. 102)

Demetriades 38: unter den Arkaden der Néa Agorá zum Mandráki. 1922 gegründete Konditorei, vornehme Ober servieren Kuchen wie aus einem Wiener Kaffeehaus.

Galileo Internet Cafe 39: Iroon Politechniou, Ecke Efstathiou, tgl. 10–24 Uhr. Studententreff mit überzeugendem Portal unter: www.galileocafe.gr

Koukos 40: 20, Nikif. Mandilara, tgl. ab 10 Uhr. Angesagte Jugend- und Studentenkneipe in traditioneller Architektur. Nachts steht man bis auf die Straße.

Blue Lagoon Bar 41: 3, 25 Martiou, tgl. ab 10 Uhr. Eine ›Piratenbar‹ mit Galeere, Wasserfall und Pool, unwillkürlich sucht man nach Capt'n Hook.

Barstraße Orfanidou 42: In dieser Gasse kurz vor dem Weststrand reihen sich die Bars – ein wahres Bermuda-Dreieck, für viele Griechen sogar eine etwas anrüchige Adresse. Die meisten Bars verraten schon mit dem Namen, welche Nationalität dort Stammgast ist. Ach ja: ›Shots‹ sind hier übrigens das, was der Westfale ›Kurze‹ nennt …

Studio 54 43: 2, 25 Martiou, tgl. ab 23

Uhr. Der größte Tanzschuppen der Stadt, inzwischen im aktuellen 1970er Design.
Rodos Casino: Papanikolaou, Ecke Ko, im alten Hotel des Roses (16, S. 105). Mindestalter 23 Jahre, Eintritt 15 €, ab 15 Uhr bis 6 Uhr morgens, am Wochenende durchgängig. Roulette, Poker, ›einarmige Banditen‹ ... Wer an seinem Geburtstag kommt, erhält Champagner! Dresscode ›casual‹ bis 17 Uhr, danach ›smart casual‹.

Blumenfest: Ende Mai mit einer Wagenparade.
Sommerkonzerte: (Klassik) bei der Panagía tou Bourgoú (St. Mary of the Burgh, Platia Martiron Evreon). Griechische **Popmusiker** haben Auftritte im Medieval Moat Theatre, open-air im Festungsgraben nahe Akandia-Hafen.
Opernfestival: Mitte bis Ende Juli im Medieval Moat Theatre oder vor dem Großmeisterpalast, ab 21 Uhr.
Nelli Dimoglu Folk Dance Theatre: griechische Tänze (s. S. 42). 7 Andronikou, Altstadt, nahe Mustafa-Moschee, Juni bis Sept. Mo, Mi, Fr jeweils 21.20–23 Uhr, Erwachsene ca. 9 €.
Sound & Light: Dia-Show zur Belagerung von Rhodos im Park an der Platia Rimini bei der Néa Agorá. In Deutsch Di, Do, Sa 21.15, Mo, Mi, Fr 23.15 Uhr, Sept. und Okt. jeweils 1 Std. früher.
Nationalfeiertage: Am 7. März (Dodekanes-Feiertag) sowie am 25. März und 28. Oktober finden Paraden an der Platia Eleftherias vor dem Rathaus statt.

Badeausflüge: ab Mandráki Badeboote zu den Stränden von Faliráki, Tsambíka (s. S. 135), Traganoú oder Stegná; sogar nach Líndos (s. S. 143) kann man mit Badestopps schippern (Tagestour 15 €). In der Regel handelt es sich aber um ›Disco-Boote‹, die unter voller Beschallung fahren. Wer nicht mitfeiern will, kann sich das besser ersparen.

Inseltripps: Ab Mandráki starten die Catamarane und Hydrofoils zu den nahen Inseln Sými (15 €), Tílos (18 €), Níssyros (20 €), Chálki (20 €), Kos (40 €) und Kastellórizo (37 €).
Wassersport: An den Stränden der Neustadt gibt's kaum Wassersport, nur Tretboote (Pedalos) werden verliehen. Boote am Mandráki bieten Scuba-Diving-Kurse (s. S. 70) oder Angeltörns an.
Harley Biking: Maschinen für die Inselrundfahrt verleiht: *Rent a Harley,* 80 28-Oktovriou, Tel./Fax 22410-74 925, Mob. 0932-406 157, rentaharley@astronet.gr

Stadtbusse: Die zentrale Haltestelle liegt zwischen Néa Agorá und Mandráki-Hafen. Es verkehren sechs Linien zwischen 6.30 und 21 Uhr. Die Fahrkarten kosten einheitlich 0,80 €, bezahlt wird im Bus! Nach Rodiní nimmt man die Linie 3, zum Monte Smith fährt Bus 5, zum Hospital Linien 2 und 6.
Überlandbusse s. S. 222.
Fähren: reguläre **Autofähren** zu anderen Inseln s. S. 216. **Ausflugsboote** oder Hydrofoils zu den kleinen Inseln starten am Mandráki-Hafen, genaue Angaben jeweils bei den Inseln, ab S. 174.

Rhodos News

Aktuelle Infos bieten die beiden Gratis-Zeitungen, die z. B. beim Info-Büro an der Platia Rimini ausliegen: in Deutsch erscheint der ›Rhodos Urlauber‹, in Englisch ›Rodos News‹. Beide bieten redaktionelle Artikel, nützliche Infos und viel Werbung. Nach Veranstaltungstipps muss man jedoch fragen, z. B. bei Manuel's Music Centre in der Neustadt (25 Martiou).

DAS ANTIKE RHODOS

In der Altstadt und in der Neustadt trifft man nur selten und meist nur in Baugruben auf der Reste der einst so mächtigen antiken Stadt. An den Stadträndern, auf dem Monte Smith oder im Rodiní-Tal blieben jedoch interessante Baudenkmäler erhalten.

Die Stadt Rhodos wurde im Jahr 408 v. Chr. gegründet, mitten in den unruhigen Zeiten des Peloponnesischen Kriegs. Kurz zuvor hatten die Athener, die mit den rhodischen Demokraten verbündet waren, die Insel in der Seeschlacht bei Sými an die Spartaner verloren, die die aristokratische Partei wieder in ihre Herrschaft einsetzten. Unter Führung des unter allen Griechen berühmten Athleten Dorieos aus dem alten Geschlecht der Diagoriden vereinten sich die Stadtstaaten Ialyssós, Kamíros und Líndos, um gegen die beiden großen Machtblöcke Athen und Sparta ein politisches und ökonomisches Gegengewicht zu bilden. Mit diesem *Synoikismos,* den die Spartaner dem nationalbewussten Dorieos als Hochverrat auslegten (er wurde später hingerichtet), begann eine inzwischen über 2400 Jahre lange Geschichte, die freilich auch manchen Niedergang gesehen hat.

Die hellenistische Stadt wurde geplant nach dem Entwurf des Hippodamos von Milet, der Mitte des 5. Jh. v. Chr. das System des gitterartigen, sich rechtwinklig kreuzenden Straßennetzes nach babylonischem Vorbild adaptiert hatte. Er legte damit die Grundlage zur römischen Stadtarchitektur, die dann erst in der frühen Neuzeit wiederentdeckt wurde.

Rhodos war damit eine der modernsten Städte der damaligen Welt, die um 330 v. Chr., während der Alexanderkriege, das athenische Monopol im Kornhandel mit Ägypten an sich reißen konnte. Danach erlebte die Stadt in wenigen Jahrzehnten einen kometenhaften Aufstieg zur reichsten Handelsmacht Griechenlands. Im Hafen lagen Schiffe aus Syrien, Ägypten, aus dem Pontus-Gebiet am Schwarzen Meer und aus Sizilien. Aber auch die Schönen Künste erfuhren eine Blüte, die sich im Aufstieg der berühmten rhodischen Bildhauerschule (s. S. 46), in Literatur, Rhetorik und nicht zuletzt im Bau des gewaltigen Standbilds des Sonnengottes, des Koloss' von Rhodos, zeigte.

Das hellenistische Rhodos zog sich über die ganze Landspitze, rund um den Akropolis-Hügel, der jetzt Ágios Stéfanos oder nach einem englischen General aus den Napoleonischen Kriegen, der hier eine Garnison kommandierte, Monte Smith heißt. Auf seinen Höhen haben sich die eindrucksvollsten Spuren aus dieser Zeit erhalten.

Die Akropolis

Zur Akropolis kann man über die Straße Voriou Ipirou mit dem Auto fahren, man kann jedoch auch mit einem Spaziergang von ca. 2 Std. alle Stätten erreichen.

Von der Néa Agorá folgt man den mittelalterlichen Mauern bis zur Dimokratias und geht dann die Odos Pindou hinauf. Gleich hinter der Pavlou Mela sieht man die Grundmauern eines antiken Hauses, über die ein modernes Haus auf Stelzen gebaut wurde. Weitere Fundamente hellenistischer Häuser liegen links kurz vor der Autostraße zur Akropolis. Jenseits dieser Straße läuft die Pindou in einem Stück der antiken Straßenpflasterung aus. 2400 Jahre ist dieser Weg also alt, der sich damals geradlinig bis zum Hafen fortsetzte.

Die Schriftsteller der römischen Zeit berichten bewundernd von der prachtvollen Gestaltung der Akropolis, ihren Tempeln, Brunnenhäusern und Terrassen, die von üppigen Baumhainen umgeben waren. Heute ist die Kuppe gänzlich unbebaut und kahl, und auch die Überbleibsel aus antiker Zeit sind oft eher bescheiden. Etwa die wenigen Säulentrommeln an der Akropoleos-

Apollon-Tempel auf der Akropolis von Rhodos: vier Säulen und ein Stück des Architravs wurden rekonstruiert

Straße hinter der Antennenstation, die spärlichen, fast überwachsene Resten des **Tempels der Athena Polias.** Hinter dem Tempel soll das aus den antiken Quellen berühmte Observatorium des Hipparchos gelegen haben, der bereits im 2. Jh. v. Chr. eine Sternzeituhr entwickelte.

Mit der Straße zum Apollon-Tempel passiert man die so genannten **Nymphen-Heiligtümer,** wo vermutlich die Quellnymphen verehrt wurden. Es handelt sich um in den Fels getiefte, quadratische Räume, zu denen jeweils ein etwa 10 m langer Dromos (offener Gang) hinunter führt. Der Raum, der evtl. mit Holz überdacht war, weist in den Wänden kleinere und größere Nischen auf, deren Funktion ebenso wie der hier vollzogene Ritus nicht geklärt ist.

Apollon-Tempel

Schon von weitem zu sehen sind aber die Säulen vom Tempel des Apollon Pythios. Ursprünglich war nur die Plattform (Krepis) erhalten, doch haben die italienischen Archäologen in den 30er Jahren drei Säulen mit einem Stück der Giebelkonstruktion (Architrav und Sima) rekonstruiert.

Von der Straße erreicht man zuerst die mächtige Temenos-Mauer, die den heiligen Bezirk abgrenzte; die eigentliche Schaufassade lag zur Stadt hin. Im hinteren Bereich scheint der Tempel unterirdische Kammern und Stiegen oder Gänge gehabt zu haben; vermutlich fanden dort mit dem Gott verbundene Orakelrituale statt. Die Cella, die innere Tempelkammer, umgürtete einen gewachsenen Felsklotz, der wahrscheinlich besondere rituelle Bedeutung hatte.

Zur vorderen Fassadenseite ist die Landschaft auch stark mit noch heute eindrucksvollen Stützmauern ansteigend modelliert. Man kann daher davon ausgehen, dass hier eine ähnlich theatralische Architekturlösung für die Einbeziehung des Baus in die Landschaft gefunden wurde wie bei der Stoa in Líndos (s. S. 145), wie dort bildete eine breite Freitreppe den Aufgang.

Odeion und Stadion

Am Fuß dieser Treppe liegt ein kleines **Freilufttheater,** das von den Italienern komplett rekonstruiert wurde. Es umfasst nur Plätze für etwa 800 Personen und dürfte eher ein Odeion gewesen sein, eine kleine Konzerthalle, und ursprünglich Wände und ein Dach besessen haben. Damals verfügten selbst Städte mit geringerer Einwohnerzahl über Theater, die leicht 20 000 Menschen Platz bieten konnten. Man vermutet hier deshalb nicht das Theater, sondern die berühmte Rhetorik-Schule des 1. Jh. v. Chr., die so illustre Persönlichkeiten wie Cicero, Caesar und Cassius besuchten.

Damals war Rhodos allerdings schon lange ein Spielball der römischen Politik. Cassius war es auch, der im Bürgerkrieg nach der Ermordung Caesars die ›Stadt der tausend Statuen‹ (wie Rhodos damals genannt wurde) mit seinem Heer plünderte und der Pracht ein Ende machte.

Neben dem Odeion erstreckt sich das **Stadion,** das ebenfalls in italienischer Zeit rekonstruiert wurde. Die Laufbahn misst 201 m, was genau der Maßeinheit eines rhodischen Stadions entspricht. Östlich dahinter erstreckte sich ein Gymnasion, eine Sportschule, die allerdings nicht freigelegt ist.

Auf dem Rückweg kann man am Beginn der Straße Himaras noch die Fudamentreste eines villenähnlichen **hellenstischen Palastes** besuchen.

Rodiní-Tal

Der Park von Rodiní ist ein beliebtes Naherholungsgebiet der Rhodier. Am Eingang reckt ein uralter Ölbaum seine knorrigen Arme, ein kleiner Bach plätschert durch ein kühles Tal, zwischen den Stühlen des Lokals schlagen Pfauen ihr Rad. Ihre durchdringenden Rufe hört man noch lange, wenn man dem Bachlauf folgt, der zum Ptolemäer-Grab führt (nach etwa 10 Min. links aus dem Tal heraus und auf der Asphaltstraße weiter).

In der Antike erstreckte sich hier die Nekropole von Rhodos (die ›Totenstadt‹). Rechts und links in dem Tunnel, durch den die Straße führt, sieht man aus dem Stein geschnittene Bänke und Tische, an denen das Totenmahl gehalten wurde. In den Hängen wurden die Toten in Felsgräbern bestattet.

Hinter dem Tunnel liegt das **Ptolemäer-Grab,** das seinen Namen von der ägyptischen Diadochen-Dynastie hat, mit der Rhodos im 3. Jh. eng verbündet war. Es ist ein viereckiger Scheinbau, der ganz aus dem Fels gearbeitet und mit einer Schmuckfassade versehen wurde, die aber nur an der Seite mit dem Eingang erhalten ist. Welches mächtige Adelsgeschlecht sich solche pompösen Grabtempel erbauen ließ, ist unbekannt, jedoch könnten es durchaus Gesandte aus dem Ptolemäer-Reich gewesen sein.

Stadtbus Linie 3 ab Mandráki; Tickets im Bus.

Zéfyros-Nekropole

Eine weitere große Nekropole liegt an der Zéfyros-Bucht entlang der Straße nach Kallithéa, wo sich auch heute der große Zentralfriedhof von Rhodos erstreckt. In einem umzäunten Areal an der Straße sieht man zahlreiche Felsgräber; manche waren einst aufwendig geschmückt mit aus dem Fels skulptierten Reiterstandbildern. Vermutlich lagen auch auf der Meerseite Gräber, hier aber in gemauerten Gruften.

Bus: KTEL-Linie nach Kallithéa, Abfahrt vor Sound & Light-Gelände.

Rhodische Tetradrachmen-Münze mit Bildnis des Helios, 4. Jh. v. Chr.

DER KOLOSS VON RHODOS

In der von Antipatros von Sidon (2. Jh. v. Chr.) überlieferten Aufzählung der sieben Weltwunder war neben bis heute unvergänglichen Monumenten wie den Pyramiden auch ein Wunderwerk verzeichnet, das es schon damals gar nicht mehr gab – die Riesenstatue des Gottes Helios auf Rhodos. Dieses Meisterstück der antiken Bildhauerkunst, die größte Bronzestatue des Altertums, stand kaum mehr als 60 Jahre lang aufrecht, scheint aber eindrucksvoll genug gewesen zu sein, den Dichter selbst vom Hörensagen zu fesseln. Es war ein Siegesmal, mit dem die freie Republik Rhodos ihren erfolgreichen Kampf gegen Demetrios feierte, dem die Zeitgenossen den Beinamen Poliorketes gaben: ›Städtebelagerer‹.

Man schrieb das Jahr 305 v. Chr. Alexander der Große war vor 18 Jahren gestorben, seine Nachfolger, die Diadochen, kämpften um das Erbe. Antigonos Monophtalmos, der älteste überlebende General des großen Makedonen, herrschte als König in Kleinasien, Ptolemäos in Ägypten. So war es unvermeidlich, dass die Rhodier, deren wichtigster Handelspartner Ägypten war, zwischen die Fronten gerieten. Ihr oberster Grundsatz hieß Neutralität, beharrlich lehnten sie es ab, Antigonos gegen Ptolemäos zu unterstützen. Schließlich erschien des Antigonos Sohn Demetrios mit 370 Schiffen vor Rhodos. Es wurde ein spektakulärer Kampf, eine Belagerung, bei der überlegene Technik gegen Überlebenswillen und List schließlich den Kürzeren zog. Demetrios ließ eine gigantische Maschine bauen, Helepolis, ›Städtebezwingerin‹, genannt. Das Ungetüm maß 22 m im Quadrat und war 9 Stockwerke (über 30 m) hoch. Dieser ›Koloss‹ mit Katapulten und Zugbrücken, Rammböcken und Schießscharten, durch ein eigenes Bewässerungssystem gegen Brandpfeile geschützt, benötigte allein 3400 Mann Besatzung.

Als das Ungeheuer vorrückte, begriffen die Rhodier, dass dies das Ende wäre, wenn ... ja, wenn ihr Stadtbaumeister Diognetes nicht die ebenso einfache wie geniale Idee gehabt hätte, das gesamte Kloakensystem der Stadt umzuleiten, genau in den Weg des Ungetüms. Der Angriff scheiterte also, drastisch gesagt, in der Scheiße, Demetrios musste Rhodos seine Neutralität lassen und zog unverrichteter Dinge wieder ab.

Die Rhodier hingegen beschlossen, aus Anlass dieses Sieges eine Statue zu errichten, die dem Koloss, den sie bezwangen, ebenbürtig war. Bei Chares von Líndos, Schüler des berühmten Bildhauers Lysipp, gaben sie eine gewaltige Bronzestatue zu Ehren ihres obersten Stadtgottes Helios in Auftrag. Der Bau dauerte 12 Jahre (bis 292 v. Chr.) und verschlang 300 Talente, umgerechnet etwa 600 000 Euro. 36 m soll das Werk hoch gewesen sein (zum Vergleich: die Freiheitsstatue in New York misst 41 m). Der Koloss stand jedoch nur wenig länger als zwei Generationen. Schon 227 v. Chr. (oder 226) wurde er durch ein Erdbeben umgestürzt. Als die Rhodier planten, ihn wieder aufzubauen, hinderte sie der Spruch des Orakels zu Delphi: »Was gut ruht, soll man nicht bewegen«. So geschah es, die Trümmer blieben liegen und konnten daher von Plinius beschrieben werden: die Finger von der Größe mannshoher Statuen, die Daumen, die kaum ein Mann allein umfassen konnte. Noch einmal Jahrhunderte später, während der Eroberung von Rhodos durch die Araber im Jahre 654, kaufte ein syrischer Jude den Metallschrott und ließ ihn auf 900 Kamelen abtransportieren und einschmelzen.

Wie der Koloss tatsächlich ausgesehen und wo er gestanden hat, ist nicht überliefert. So wie ihn der Wiener Hofarchitekt Fischer von Erlach 1721 in seiner Kupferstichsammlung dargestellt hat, breitbeinig über der Hafeneinfahrt, mit einer Fackel in der hoch erhobenen Rechten, sah die Statue bestimmt nicht aus. Eine solche Konstruktion wäre viel zu instabil gewesen. Die Forscher gehen daher von einer dritten Stütze aus, wahrscheinlich ein Umhang, der über den Arm fallend bis zur Erde reichte. Ein später Besucher der Trümmer, der frühbyzantinische Geschichtsschreiber Philon, berichtete von Marmorblöcken, die im Inneren der Figur für Stabilität sorgten. Diese Blöcke können aber nur bis zu den Knien gereicht haben, darüber wird sich ein Eisengerüst erhoben haben, an dem die Bronzeplatten befestigt waren. Tatsächlich soll der Koloss beim Einsturz an den Knien abgeknickt sein – nicht an den Knöcheln, der eigentlich am wenigsten stabilen Stelle.

Als Standort wird oft der Mandráki-Hafen genannt, doch den gab es damals noch gar nicht. Wahrscheinlicher ist ein Platz auf der Anhöhe des Großmeisterpalastes, wo man auch den Tempel des Helios vermutet. In Anbetracht der häufig zu beobachtenden Kontinuität heiliger Plätze könnten seine Fundamente unter der alten Johannes-Kirche der Johanniter gelegen haben, die jedoch im 19. Jh. mit dem klassizistischen Schulgebäude überbaut wurde.

Der Koloss von Rhodos, Fantasiedarstellung des 18. Jh.

TRIÁNDA UND DIE WESTKÜSTE

Nur wenige Kilometer südlich von Rhodos-Stadt erstrecken sich die Strände der Westküste, die als beliebtes Surf-Revier bekannt geworden sind. Zwischen den großen Hotelzonen der Triánda-Bucht bieten die lebendigen Orte Ialyssós und Kremastí typisch griechisches Alltagsleben, ein beliebtes Ausflugsziel ist das Kloster von Filérimos auf der Akropolis der antiken Stadt Ialyssós.

Ialyssós & Ixiá

Reiseatlas: S. 235, E1
An der Triánda-Bucht, 5 km südwestlich von Rhodos-Stadt, begann in den 1960er Jahren die touristische Entwicklung von Rhodos. Heute stehen in den Hotelzonen von Ixiá und bei der Kleinstadt Ialyssós rund 20 000 Hotelbetten, darunter gleich drei Hotels der Luxusklasse. Nicht überall, aber doch bei vielen Bauten hat der Zahn der Zeit an der Substanz genagt – der nicht sonderlich schöne Strand, in Ixiá sogar direkt neben der Hauptstraße, macht Triánda auch nicht besonders attraktiv. Dafür ist viel los: Am ›Strip‹ in Ixiá-Zentrum beim Hotel Miramare, aber auch am Ialyssós-Strand reihen sich die Bars und Restaurants, auch einige Discos gibt es. In den Lokalen im belebten Städtchen Ialyssós kann man sogar eine echt griechische Jugendszene erleben.

Nicht zuletzt ist Triánda einer der besten Surf-Spots der Insel. Der kieselige Strand fällt schnell zu größeren Tiefen ab, der Wind bläst zuverlässig tagsüber mit 4–7 Beaufort schräg vom Meer aufs Land. So können Anfänger nicht weit aufs Meer abgetrieben werden. Kurse und Verleih von gutem Equipment bieten mehrere Surfschulen (eine unter deutscher Leitung).

Den Namen hat die Bucht übrigens von den angeblich 30 (gr. *triánda)* **Villen** entlang der Hauptstraße, die heute zunehmend von privaten Investoren restauriert werden. Sie wurden im späten 19. Jh. oder frühen 20. Jh. im Stil des Klassizismus erbaut und begeistern jeden Architekturliebhaber.

Einen Ausflug lohnt das lebendige Kleinstädtchen Ialyssós vor allem, wenn Markt ist. Dann werfe man auch einen Blick in die Kirche **Kímisis tís Theotókou** [1] im Zentrum am Marktplatz (vormittags geöffnet). Die Maria geweihte Pfarrkirche entspricht mit ihrem durchbrochenen Glockenturm und dem aus Meerkieseln angelegten Chochláki-Bodenmosaik im Vorhof dem typischen Muster rhodischer Kirchen.

Im Inneren zeigt die moderne Ausmalung dieselben Szenen, wie man sie in den alten byzantinischen Kirchen findet. Kurios ist die filigran im typischen Dodekanes-Stil geschnitzte Ikonostase, die Bilderwand, die den hinteren Altarraum abschließt: Die Konsolen tragen Seepferdchen mit barbusigen Meerjungfrauen. Die Ikonen sind mit kostbaren Okladverkleidungen in Silber geschützt, nur die Gesichter bleiben frei. Typisch für Rhodos sind auch die Fenster mit gelb, grün und blau gefärbtem Glas wie bei den Kapitänshäusern in Líndos.

An der Straße nach Pastída (2 km) liegt **Moní Trís** 2, ein verlassenes Kloster um eine sehr alte Einraumkapelle, seitlich liegen die Zellentrakte der Mönche. In der Kapelle sind uralte Fresken erhalten: zwei überlebensgroße Erzengel, darunter Georg der Drachentöter, und Christus als Pantokrator.

Die Hotels unmittelbar an der Pro Center-Surfstation sind Magic Life, Blue Horizon und Sun Beach; doch in der Hochsaison gibt es auch Surf-Stationen am Ixiá Beach und weiter südlich am Hotel Blue Bay. Einfachere Apartments sind:
Terenikos Aparts 3**:** in der Strandebene, Tel. 22410-24 291. Apartments sehr ruhig gelegen auf halbem Weg zwischen Ort und Strand. DZ um 35–45 €.
Trianta Aparts 4**:** Ialyssós-Ort, Tel. 22410-94 525. Apartment-Hotel der C-Klasse. DZ um 35–45 €.

Eine der Villen im palladianischen Stil an der Triánda-Bucht

Sehenswürdigkeiten
1 Kirche Kímisis tís Theotókou
2 Kloster Moní Trís

Unterkunft
3 Terenikos Aparts
4 Trianta Aparts
5 Sea Melody Aparts

Essen & Trinken
6 Taverna Kaliva
7 Restaurant Vrachos
8 Remezzo Bar

Sea Melody Aparts 5: Ialyssós Beach, Tel. 22410-91 026. Gutes Apartment-Hotel der A-Klasse. DZ um 55–75 €.

Am Ialyssós Beach bei der Windmühle **(Windmill Cafeteria)** liegen eine ganze Reihe schöner Tavernen. Empfehlenswert z. B. das **Kaliva** 6, eine nette Familientaverne, recht günstige Preise, abends meist rappelvoll. Internationaler und deutlich teurer ist die Küche im **Vrachos** 7, in einem Strandpavillon aus italienischer Zeit.

außerhalb:

Kioupia: am Weg nach Moní Trís ausgeschildert, Tel. 22410-91 824, ab 18.30 Uhr, gehobene Preise. Hier wurde ein altes rhodisches Haus umgenutzt und mit Antiquitäten ausgestattet. Aber auch die Küche wird sehr gelobt.

Lohnend ist abends auch ein Ausflug ins Dorf **Pastída** im Inland (ca.5 km), wo die

Taverne Skalakia (18–23.30, So ab 12 Uhr) eine schöne Terrasse besitzt.

Remezzo Bar 8: Ierou Lochou 35, Ialyssós. Romantisch aufgemachte Bar in einem historischen Triánda-Haus an der Hauptzufahrt zum Ialyssós Beach.
Windmill Cafeteria: Ialyssós Beach. Café-Bar in einer alten Windmühle direkt am Strand; Snacks und Kuchen, auch Verleih von Sonnenliegen.
Taj Mahal Disco: Ixiá, hinter Hotel Rodos Palace, bei Hotel Capsis abbiegen, Fr, Sa ab 23 Uhr. Openair-Disco mit indischer Deko, viele griechische Jugendliche.

Windsurfen: Pro Center Jürgen Niens, Tel./Fax 22410-95 819, im Winter in Deutschland Tel./Fax 05321/202 41, www.procenter-rhodos.com. Station vor Hotel Blue Horizon.
Meltemi Power, Reiner Percic, Tel./Fax 22410-96 189, im Winter Tel. 089-74 31 16 74, www.meltemi-power.de, Station vor Hotel Blue Bay.

Busse: nach Rhodos-Stadt von den Hotels Avra Beach, Magic Life Rhodos (Ex-Golden Beach), Blue Horizon und Blue Bay 2 x vormittags, 1 x kurz nach 20 Uhr. An der Hauptstraße halten die Busse vom/zum Flughafen (Paradísi), ca. alle 30 Min., letzter Bus zurück ca. 23.30 Uhr.

Filérimos

Reiseatlas: S. 235, E1
Auf dem Filérimos-Hügel über Ialyssós, heute einer der schönsten Ausflugsorte im Schatten wohlriechender Kiefernbäume, lag in der Antike die Akropolis der antiken Stadt Ialyssós (Di–So

DER KAMPF MIT DEM DRACHEN

Lindwürmer und Drachen – solche Bestien aus den Heldenliedern des Mittelalters hat der aufgeklärte Mensch von heute als Fantasterei abzutun sich angewöhnt. Und doch, ein Körnchen Wahrheit könnte ja dran sein. Einen ›Drachen‹ gab es immerhin, der hauste auf Rhodos und lebte nicht schlecht von Schafen, Hirten und frommen Pilgern, die in der Marienkirche von Filérimos beten wollten. Die Geschichte trug sich Anfang des 14. Jh. zu, sie gelangte dann durch Jerusalem-Pilger nach Deutschland und wurde schließlich von Friedrich Schiller verewigt.

Was rennt das Volk, was wälzt sich dort
Die langen Gassen brausend fort?
Stürzt Rhodus unter Feuers Flammen?

So hebt die Ballade an. Nein, es ist der Ritter Dieudonné de Gozon, ein junger Novize aus der Provence. Er war aus Abenteuerlust in den Ritterorden eingetreten und hatte auf Rhodos von dem Untier erfahren, das das Landvolk in Furcht und Schrecken versetzte. Ein echter Drachen – und die Chance, ein Held zu werden, wird er sich gedacht haben. Doch seine Bitte, gegen das Mordtier kämpfen zu dürfen, lehnte der strenge Großmeister Foulques de Villaret ab – immerhin hatten schon fünf Ritter ihren Mut mit dem Leben büßen müssen. Dieudonné aber gab keine Ruhe. Er ließ eine Drachenfigur bauen, gegen die er sein Pferd und zwei Kampfdoggen führte, um sie an den furchterregenden Anblick zu gewöhnen.

Lang strecket sich der Hals hervor,
und gräßlich, wie ein Höllenthor,
Eröffnet sich des Rachens Weite

Nach dreimonatigem Training geht es frischgemut dem Lindwurm entgegen, auch ohne die Zustimmung des Großmeisters. Doch vor dem echten Drachen scheuen Doggen und Pferd, der Ritter stürzt zu Boden – *Schon seh ich seinen Rachen gähnen, / Es haut nach mir mit grimmen Zähnen* – aber der forsche Held kann dem Untier sein Schwert in die Seite bohren: *Hin sinkt es und begräbt im Falle / Mich*

8.30–15, im Sommer 8.30–19; Mo geschl., 4 €). Die Anhöhe dürfte seit mykenischer Zeit besiedelt worden sein; nach der Einwanderung der Dorer entwickelte sich Ialyssós zu einer der beiden großen Städte der Insel. Hier wurde der im Altertum hoch berühmte, mehrfache Olympiasieger Dorieos geboren, der auch die Gründung von Rhodos initiierte (s. S. 110).

In frühbyzantinischer Zeit entstand auf den antiken Trümmern ein Kloster, das Philérimos (›Freund der Einsamkeit‹) genannt wurde. Hier wurde eine uralte Marien-Ikone verwahrt, die zahlreiche Pilger anzog. Beliebt war der Hügel aber auch bei allen Eroberern: 1522 schlug Sultan Süleyman bei der Belagerung sein Hauptquartier auf (s. S. 98), und zuletzt kam es 1943 zu *mit des Leibes Riesenhalle*. Das Schreckenstier ist tot, das Volk jubelt, der Großmeister aber zürnt ob der Eigenmächtigkeit des Novizen: *Muth zeiget auch der Mameluck, Gehorsam ist des Christen Schmuck*. Erst als Dieudonné den Orden verlassen will, rehabilitiert ihn der Großmeister. Dieudonné de Gozons Karriere war nach diesem Husarenstück fast vorprogrammiert: 1346, gut 30 Jahre später, wurde er selbst zum Großmeister des Ordens gewählt.

Was für ein Tier da auf Rhodos wütete, auch darüber lässt sich etwas erfahren. So heißt es über den Einzug des Drachentöters in der Stadt:

Bringt man geschleppt ein Ungeheuer,
Ein Drache scheint es von Gestalt,
Mit weitem Krokodilesrachen.

Wie aber kommt ein Krokodil nach Rhodos? Die wahrscheinlichste Lösung ist wohl die, dass ein ägyptisches Mamluckenschiff ein Jungtier aus dem Nildelta entweder als blinden Passagier oder als Maskottchen mitbrachte und, als es immer gefräßiger wurde, vor der Küste von Rhodos ins Wasser warf. Ungefähr bei Filérimos muss das Tier die Insel erreicht haben und sich dann in eine Schlucht unterhalb des Klosters zurückgezogen haben. Dort wuchs es weiter, sonnte sich auf den Felsen und griff arglose Passanten und Pilger an:

So hielt er, wie der Höllendrache,
Am Fuß des Gotteshauses Wache,
Und kam der Pilgrim hergewallt
Und lenkte in die Unglücksstraße,
Hervorbrach aus dem Hinterhalt
Der Feind und trug ihn fort zum Fraße.

Die Darstellung, die der Franzose Rottiers noch 1826 auf einem Fresko in einem Ritterpalast sah, beeindruckte ihn vor allem durch die Größe des gefräßigen Reptils. Doch immerhin können Nil-Krokodile – gute Ernährung vorausgesetzt – eine Länge bis zu 6 m erreichen. So findet auch dieses Rätsel eine plausible Lösung, wie in so vielen Fällen, in denen das Zusammentreffen von Orient und Abendland eine fantastische Mär gebiert.

schweren Kämpfen zwischen italienischen und deutschen Truppen. Der heutige Zustand geht im Wesentlichen auf die Italiener zurück, die die Anlage restaurierten und auch wieder Franziskanermönche ansiedelten. An diese Mönche erinnert der Kräuterlikör ›Sette Erbe‹, der am Eingang verkauft wird.

Die Treppe zum Gipfelplateau endet bei den Fundamenten des **Athena Polias-Tempels,** des antiken Hauptheiligtums der Stadt. In frühchristlicher Zeit wurde die Südhälfte mit einer Basilika überbaut, von der sich noch die Vertiefung eines kreuzförmigen Taufbeckens erhalten hat. Im Mittelalter bauten die Johanniter die Kirche im gotischen Stil um.

Die **Klosterkirche** besteht aus einem Turm, an den sich drei Kapellen

Eines der schönsten Ausflugsziele: das Kloster Filérimos bei Ialyssós

anschließen. An der Außenseite prangt das große achtspitzige Kreuz des Ordens, das heute als Malteserkreuz bekannt ist. In der hintersten Kapelle sieht man noch Reste des Mosaikfußbodens der frühchristlichen Basilika.

Hinter den Klosterbauten kommt man zu den verfallenen Resten einer **byzantinischen Festung,** die zuletzt unter den Türken ausgebaut wurde. Unterhalb der Anhöhe ist noch ein **dorisches Brunnenhaus** aus antiker Zeit erhalten, leider aber zumeist nicht zugänglich.

Vom Nordende des Athena-Tempels führen antike Stufen zur winzigen **Höhlenkirche Ágios Geórgios** hinunter. Hier blieben Fresken aus dem 14. oder 15. Jh. zum Teil in mehreren Schichten übereinander erhalten. Beim Altar erkennt man die Apostel, die sich um Christus versammeln, und einen hl. Georg als Drachentöter. Besonders interessant sind aber die Darstellungen kniender Großmeister; sie sind an den Wappenschildern zu erkennen (s. S. 30).

Gegenüber dem Eingang zum Klosterbezirk lassen sich die abgesperrten Reste byzantinischer Gebäude erkennen. Dort beginnt eine Pinienallee mit italienischen **Kreuzwegstationen,** die zu einem Aussichtspunkt führt. Am Ende der Allee steht ein ca. 17 m hohes, von innen besteigbares Betonkreuz, von dem man einen schönen Blick über die Ebene von Triánda bis hin zum Attávyros hat.

Kremastí

Reiseatlas: S. 235, D/E1

Wegen des nahen Flughafens spielt das Kleinstädtchen touristisch kaum noch eine Rolle. Zentrum ist die klassizistische Kirche mit einer Bibliothek, wo sich die alten Männer zum Abendklatsch treffen. Am 15. August findet hier zu Ehren der ›hängenden Maria‹ (die Ikone der Panagía Kremastí soll einst in einem Ölbaum gefunden worden sein) ein großes Kirchweihfest statt. Zum Strand hin liegen einfache Hotels. Eine Fahrt nach Kremastí lohnt vor allem abends wegen der Tavernen, die gern Griechen aus Rhodos-Stadt besuchen.

Taverne Zorbas: An der Hauptstraße. Sieht unscheinbar aus, bietet aber echte rhodische Küche: Souvlaki vom Holzkohlengrill und ein köstliches Stifado.

Melody Park: etwas außerhalb Richtung Ialyssós. In dem Club tanzen Griechen zu Bouzouki-Musik, gespielt wird aber auch griech. Pop-Musik.

Theológos (Thólos)

Reiseatlas: S. 234, C2

Der Ort, meist nur kurz Thólos genannt, ist die jüngste Hotelzone an der Westküste und – wenn man es dörflich mag – auch die schönste. Während das alte Dorf mit engen Gassen und traditionellen Häusern oben am Hang liegt, erstreckt sich die Hotelzone in der Küstenebene. Der Strand zählt zu den besseren der Westküste, sauber, teils sandig, wenn auch grobe Kiesel direkt am Wasser. Auch der Wind ist nicht mehr so stark wie im Norden. Wassersport bieten die Großhotels Alex Beach und Doreta Beach.

Taverne Drossia: im Zentrum des Dorfs Thólos. Eine echte Dorf-Taverne, wo bei dröhnender Musik und Fototapete vom deutschen Wald bäuerliche Küche serviert wird. Sehr beliebt. Wenn es voll wird, und das wird es immer, müssen alle zusammenrücken.

Soroní, Fánes, Kalavárda

Reiseatlas: S. 234, C2/B2

Diese drei Küstendörfer sind noch wirklich sehr ursprünglich, organisierter Tourismus ist fast unbekannt. **Soroní,** dessen Ruf unter dem großen Elektrizitätswerk leidet, lohnt aber einen Stopp wegen seines sehr lebendigen, typisch griechischen Dorflebens (am Vormittag). Berühmt ist das große Fest des **Ágios Soúlas,** dessen große Wallfahrtsanlage 4 km im Inland liegt. Am 30. Juni findet hier eines der größten Feste von Rhodos statt, mit jenen Eselrennen, die schon Lawrence Durrell in ›Leuchtende Orangen‹ sehr beeindruckt schilderte.

Fanés ist hingegen ein stiller, in Olivenhainen und Weingärten versteckter Weiler, wo die meisten Einwohner noch ganz von der Landwirtschaft leben. Bekannt ist der Sand-Kiesel-Strand bei Surfern, die hier guten Wind und in der einsamen Küstenebene auch einige wenige Unterkünfte finden.

Am Strand von **Kalavárda** liegen einige sehr nette, idyllische Tavernen, die nur im Sommer geöffnet sind, wenn hier gern Griechen baden gehen. Der Strand ist ab hier bis hinunter nach Kamíros völlig unbebaut, in der Küstenebene bestellen die Bauern ihre Felder.

Delfini: in Fánes am Strand, Tel. 22410-41 369, Fax 22410-41 675, www.delfini-fanes.gr. Einfaches Jugendhotel für Surfer mit nettem Wirt und schönem Garten. Zu buchen exklusiv über Viva Surf Reisen, aber auch vor Ort. DZ BB 40 €, EZ 30 €.

Blue Sea Taverna: an der Küste Richtung Kamíros, Tel. 22460-41 420. Hübsche Taverne mit blumenreicher Weinlaubterrasse, von der man weit hinaus aufs blaue Meer schaut. Wer Fisch essen will, fragt besser vorher nach dem Preis!

Die Ostküste und das Bergland

Thérmes Kallithéa, romantische Kuranlage der Italiener

Reiseatlas S. 234, 236

DIE GROSSEN BADEORTE

Entlang der Ostküste von Rhodos reihen sich quirlige, aber auch stillere Strandorte, von der italienischen Kuranlage Thérmes Kallitheá bis zur kleinen Bucht von Charáki. Faliráki und Kolýmbia sind die bedeutendsten Urlaubsorte hier, es gibt aber auch typisch griechische Orte wie Koskinoú oder Archángelos.

Die Straße von Rhodos-Stadt entlang der Ostküste ist bis Líndos so gut ausgebaut, dass man dorthin kaum noch eine Stunde braucht. Sie passiert Ferienstädtchen wie Faliráki oder Kolýmbia, die für eine Entdeckungstour eher wenig bieten, aber auch schöne Strände und kleine Dörfer, für die man sich ruhig Zeit nehmen sollte – auch wenn keine spektakulären Dinge zu sehen sind.

Vom Altstadt-Ring in Rhodos-Stadt aus kann man zwei Straßen nehmen: Auf der alten Küstenstraße passiert man erst die antike Zéfyros-Nekropole (s. S. 113), dann geht es zur Hotelzone Kallithéa/Reni Koskinoú und weiter nach Thérmes Kallitheá. Mit der Ausschilderung Líndos fährt man am Rodiní-Tal (s. S. 113) vorbei auf die Schnellstraße Richtung Faliráki.

Koskinoú

Reiseatlas: S. 235, F1
Zu Anfang des 20. Jh. war das Dorf ein durchaus wohlhabender Ort, wovon zahlreiche Stadtvillen mit typischen klassizistischen Portalen zeugen, die zu schattigen Innenhöfen mit alten Chochláki-Böden aus schwarzen und weißen Kieselsteinen führen. Sie haben fantasievoll gestaltete, schmiedeeiserne Tore und sind oft bunt angestrichen. Vor den Häusern sitzen die Frauen (immer freundlich grüßen!), und auf den Mauern sonnen sich die Kätzchen: eine echte, stille Idylle im sonst so lauten Rhodos.

Der alte Ortskern von Koskinoú liegt auf einem Felssporn und überblickt grünes Ackerland, man ist hier schon den Neubauvierteln von Rhodos-Stadt entronnen. Eine Stippvisite lohnt auch am Abend; dann kann man den Dorfbummel in der Taverne O'Georgios am Hauptplatz bei Landwein vom Fass ausklingen lassen.

Kallithéa

Reiseatlas: S. 235, F1
Am Meer unterhalb von Koskinoú liegt die Hotelzone Kallithéa (auch Rení Koskinoú genannt), deren Großhotels

sich am Strand entlangziehen. Der Vorteil dieses Ferienresorts ist die Nähe zu Rhodos-Stadt einerseits, die relativ große Ruhe andererseits. Der Hauptstrand ist zwar von den zusammen 1000 Zimmer zählenden Hotels Eden Rock und Paradise Beach umzingelt, es gibt aber noch weitere schöne Strandabschnitte, z. B. den ruhigen **Kavourákia Beach** mit dem Hotel Lomeniz Blue, einem Fischerhafen und zwei lauschigen Fischtavernen.

Artemis Studios: an der Straße von der Küste nach Koskinoú, Tel. 22410-61 435, Mob. 694-58 61 554, artemisstudios@hotmail.com. Kleinere Neubau-Anlage in Dorfnähe (1 km zur Küste) inmitten von Olivenbäumen. Schlichte, aber saubere und funktionale Zimmer mit Bad, Küchenzeile und TV. Sogar einen Pool gibt es! DZ 27 € (NS), 41 € (HS).
Kalithea: an der Küstenstraße nahe Hotel Paradise Beach, Tel. 22410-62 498. Familiär geführte Mittelklasse (deutsche Leitung) mit Pool und großem Garten (DZ ca. 40–55 €).

Psarotaverna Tsampikos: Kavourákia Beach, nahe Hotel Lomeniz Blue. Vorzügliche Fischgerichte und sehr freundlicher Service in hübscher Strandtaverne mit üppigem Palmengarten.

Busse: Von Rhodos tagsüber stündlich zur vollen Stunde ein Bus der KTEL, nach Faliráki ca. 20 Min. nach, zurück ca. 20 Min. vor der vollen Stunde.

Traditionelle Häuser machen den Charme von Koskinoú aus

Thérmes Kallitheá

Reiseatlas: S. 235, F2
Die ›Thermen von Kallithéa‹ sind ein romantisches Relikt der italienischen Epoche (s. Abb S. 124). Bei der seit der Antike bekannten Heilquelle wurde in den 1920er Jahren ein Thermalbad aufgebaut. Der italienische Kolonialstil mit Palmen im Innenhof und einem maurischen Kuppelpavillon blieb selten so gut konserviert. Seit 1998 wurde die Anlage renoviert, doch vollständig fertig ist sie nicht geworden; anscheinend ist der Etat der EU-Gelder heillos überschritten worden.

An der Felsbucht kann man heute wieder baden, beliebt ist die felsige Küste aber auch bei Tauchern und Schnorchlern. Und auch etwas weiter südlich findet man unverbaute Badeplätze. Einige improvisierte Tavernen haben hier Liegebetten auf die Felsen gestellt, am schönsten ist das Areal bei Tassos: ein regelrechter Irrgarten in den Felsen, wo jeder ein stilles Plätzchen findet. Auch für Kinder toll, denn in den Tümpeln findet man Muscheln und Krebse.

Faliraki Waterpark

Im Hotelviertel von Faliráki, am Hang beim Esperides Hotel, hat ein Spaßbad der Superklasse eröffnet. Wellen-Pool, Unterwasser-Aerobic, eine ›Kids Area‹ mit Piratenschiff und Wasserkanonen für die Kleinen, Wasserrutschen wie Kamikaze, Black Hole oder Free Fall und dazu der Tarzan Pool – so viel wird einem selten geboten fürs Geld: tgl. 9.30–18 oder 19 Uhr, Erw. 20 €, Kinder (3–12 J.) 15 €, www.water-park.gr.

Kalythiés

Reiseatlas: S. 235, E2
Kalythiés ist das Nachbardorf von Koskinoú im Süden, und wie dort haben die Leute sehr vom Tourismus profitiert, denn auf der Gemarkung des Dorfs liegt die Ferienstadt Faliráki. Dennoch ist das Dorf sehr beschaulich geblieben und lohnt einen Besuch. Dann schlendert man durch enge Gassen zur Stávros-Kirche oder zum pompösen Rathaus im italienischen Romantikstil. Danach kann man auf dem Hauptplatz im traditionellen Kafenió Serafino einkehren, es gibt hier aber auch schon ein Internet-Café, wo sich die Jugend trifft. Besonders stolz sind die Leute von Kalythiés auf ihr Heilig-Kreuz-Fest am 13.–15. September, eines der größten auf Rhodos.

Faliráki

Reiseatlas: S. 235, F2
Der kilometerlange Feinsandstrand lockte in den 1960er Jahren die ersten ›Griechenland-Hippies‹ nach Faliráki, das damals als Fischerhafen von Kalythiés aus einigen Hütten und dem kleinen Ágios Ioánnis-Kirchlein bestand. Seit aber 1973 die Stichstraße zum Strand gebaut wurde, heute die im Jargon ›Bar Street‹ genannte Flaniermei-

Wassersportstation mit Badenixen am Strand von Faliráki

le, erlebte die Bucht mit dem flachen, kinderfreundlichen Strand einen enormen Ausbau zu einer der lebendigsten Feriensiedlungen von Rhodos.

Dieser Ort gliedert sich in drei Bereiche: zum einen die Reihe der Luxushotels im Norden Richtung Kallithéa, dann der Gürtel kleinerer Apartmenthotels rund um das Zentrum und schließlich die eigentliche ›Party-Stadt‹ der Ortsmitte. In den Hotels dort sind vor allem junge Briten untergebracht; dazwischen reihen sich Souvenirläden, Boutiquen und Bars aneinander, während sich die alte Johanneskapelle vor den Glitzerlichtern und den dröhnenden Disco-Beats wie in Trauer hinter ihre Zypressenkappe zurückgezogen hat. Dafür locken die Kneipen mit Gratis-Drinks, und vor dem Morgengrauen muss niemand ins Bett. Doch während das ›Action Resort‹ (so Faliráki über sich selbst) im Zentrum HiSpeed-Wassersport, Parasailing, einen Bungee-

Sehenswürdigkeiten
1 Fischerhafen
2 Moní Profítis Ámmos
3 Ladikó
4 Anthony Quinn Bay
5 Erimokástro

Unterkunft
6 Hotel Apollo Beach
7 Hotel Lido Star
8 Paradise Studios

Essen & Trinken
9 Taverna Dimitra
10 Taverna Monachia
11 Restaurant Roumeli 2

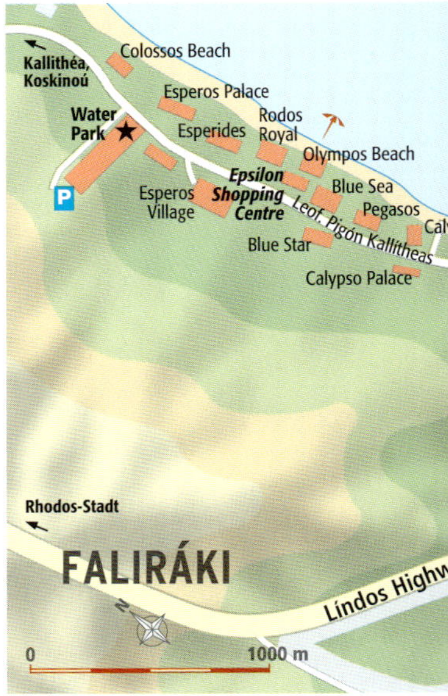

Kran und andere Adrenalin-Treiber bietet, gibt es eben auch noch die ruhigeren Ecken.

Am alten **Fischerhafen** [1] schaukeln immer noch die Kaiks vor der kleinen blau-weißen Kapelle auf dem Wellenbrecher, derweil an Land die einfachen Fischerkaten an alte Griechenlandromantik erinnern.

Auch das strahlend weiße Kloster **Moní Profítis Ámmos** [2]**,** wo Pfauen frei herumstolzieren und im Juni ein großes Kirchweihfest gefeiert wird, sind noch so charmant wie in alten Zeiten.

Wer nicht am langen Sandstrand braten will, kann auch zu kleineren Felsbuchten im Süden fahren. In **Ladikó** [3] steht auch bereits ein Hotel, doch an der **Anthony Quinn Bay** [4] geht es noch ruhiger zu. Eine Asphaltstraße, Duschen, Sonnenschirmverleih und eine Taverne gibt es aber bereits. Nur über einen Fußpfad zu erreichen ist der kleine ›Nudist Beach‹, der einzige Nacktbadestrand von Rhodos.

Südlich über der Ladikó-Bucht liegt auf einem kahlen Felssporn das **Erimokástro** [5]**,** eine antike Festung. Sie ist noch nicht untersucht, so dass die Entstehungszeit fraglich ist, doch die erhaltenen Bauteile, darunter ein monumentaler Eingangsbereich, deuten auf ein prähistorisches Datum (mykenische oder archaische Epoche).

Die großen Luxushotels stehen bis zu 8 km nördlich des Zentrums, allerdings etwas arg im Abseits. Jedoch

fährt eine Traktorbahn etwa stündlich zum Hauptplatz.

Apollo Beach 6**:** am Ortsstrand, 200 m vom Zentrum, Tel. 22410-85 513, Fax 22410-85 823. Gehobene Mittelklasse, ohne all-inclusive; viel Sportanimation mit Aerobic-Stunden. Relativ ruhig gelegen, aber doch nah bei den Bars und Clubs. DZ BB 60–100, DZ HP 80–130 €.

Lido Star 7**:** Posidonou, Tel. 22410-87 754, Fax 22410-85 226. Idyllisch am ruhigen Südstrand beim Fischerhafen gelegenes Hotel, das 1999 komplett renoviert wurde (DZ ca. 50–65 €).

Paradise Studios 8**:** am Kathara Beach hinter dem Fischerhafen, Tel./Fax 22410-85 536, www.rhodosparadise.com. Einfacher, aber gut ausgestateter Neubau mit Studios (TV, AC, Küche) weitab vom Trubel. Angeschlossen ist eine Strandtaverne. DZ 42 (NS), 51 (HS), AC 7 €.

Dimitra 9**:** am Strand rechts vom Hauptplatz. Sehr schön im Dorfstil mit großer Auswahl – hier isst man ebenso gut wie beim Griechen zu Hause.

Monachia 10**:** Timokreontos, Seitenstraße gegenüber Hotel Sun Palace. Eine urgriechische Taverne, wie sie in Faliráki eher selten ist. Unter Weinreben gibt's traditionelle Küche zu vernünftigen Preisen.

Roumeli 2 11**:** Leof. P. Kallitheas, tgl. ab 19 Uhr, gehobene Preise. Eine gute Adresse für alle, die deftige Küche lieben, im Fenster dreht sich sogar ein Spanferkel über dem Holzkohlengrill.

Ziggy's & Charlie's: am Hauptplatz. Hier trifft sich die Szene, wenn der Abend noch jung ist. Berühmt ist der Fishbowl-Cocktail.

Jamaica Pub: Typische Bar-Street-Kneipe: große offene Terrasse zur Straße, ewig

langer Tresen und überall Fernseher. Vorteil aber: Während sonst meist englische Soaps laufen, zeigt man hier wenigstens originale Musik-Clips oder MTV.
Tartan Arms: Leof. P. Kallitheas, gegenüber Eingang zum Hotel Faliraki Beach. Zumindest hinter dem Tresen ist alles echt schottisch: das Bier, der Whisky – und die Kilts der Jungs vom Service.
Discos: An der Straße nach Kallithéa reihen sich die Clubs: **Q Club, Matrix, Reflexions** ... so heißen die angesagten Tanzadressen, deren Namen sich freilich jede Saison ändern können. Viele Clubs haben drei Floors, wo sie R&B, House und Charts gleichzeitig spielen können. Die größte Disco ist der **Bed Club** im Faliraki Shopping Centre (das aber inzwischen furchtbar heruntergekommen ist).

Wassersport: Gabriel's, bei Taverne Dimitra (als Clou: High Speed Ringos!) Theo's, bei Hotel Apollo Beach (Wasserski, Parasailing).
Mountainbikes: Faliraki Bike Center, beim Ampelabzweig nach Kalythiés. Touren- und Cross-Räder ab 6 €.
Go-Kart-Bahn: Polidorou, tgl. 10–18 Uhr.
Windsurfen: Harrys Surfcenter, vor dem Hotel Colossos Beach in Faliráki-Nord. Info: www.harrys-surfcenter.de
Bungee: In der Saison gibt es einen Kran am Strand vor dem Hauptplatz. Echter Wahnsinn ist auch die Sling Shot-Schaukel, wo man in einem Käfig in die Luft katapultiert wird. Der Sky Surfer dahinter ist ähnlich, nur ohne Käfig.

Busse: Nach Rhodos-Stadt alle 30 Min. bis 19 Uhr, letzter Bus gegen 21 Uhr; letzter Bus retour gegen 22 Uhr. Nach Süden (Líndos) ca. alle 30 Min. Busse ab Líndos-Highway, letzter Bus zurück ab Líndos gegen 18 Uhr. Achtung: Manche Busse fahren ab Hauptplatz, die meisten ab Líndos-Highway.
Boote: ab Fischerhafen tgl. nach Ladikó & Traganoú Beach. Di, Do, So 9.30 Uhr nach Líndos, Info bei Dimitra Travel.

Afándou

Reiseatlas: S. 235, E3
Das Dorf selbst liegt etwas im Landesinneren, besitzt aber viele Ferienunterkünfte in der Strandebene, wobei größere Hotelbauten eher die Ausnahme sind. So geht hier alles eher beschaulich zu – ebenso wie in Afándou selbst, wo man typisch griechisches Dorfleben kennen lernen kann. Mit 5700 Einwohnern zählt Afándou zu den größeren Orten der Insel – und zugleich zu den modernsten. Viele Einwohner suchten in den 1960er Jahren im nordrhein-westfälischen Gummersbach Arbeit; sie (und ihre Kinder) kamen zurück, als der Tourismus in der Heimat neue Chancen versprach. An die Verbindung mit der deutschen Industriestadt erinnert ein ›Gummersbacherplatz‹ im Ort; auch besteht noch eine rege Städtepartnerschaft.

Die Geschichte von Afandou reicht mindestens bis in die Römerzeit zurück. Allerdings lag die antike Siedlung in der Strandebene, wo sie im 7. Jh. leichte Beute der arabischen ›Sarazenen‹ wurde. Die Einwohner gründeten daher eine neue Stadt, hinter einem Bergriegel vom Meer aus nicht sichtbar. So kam der Ort zu seinem Namen – der bedeutet nämlich ›versteckt‹.

Es gibt zahlreiche Tavernen unter schattigen Bäumen an der großen Platia bei der Kirche **Kímisis tís Theotókou,** die einen Chochláki-Hof besitzt und modern ausgemalt ist. Der Priester betreibt auch ein kleines Museum, das wie die Kirche 10–12 und 17–19 Uhr besichtigt werden kann. Die wichtigste Sehenswürdigkeit ist aber die uralte **Katholiki-Kapelle von Afándou** an der Straße zum Strand (s. S. 48).

Der kilometerlange, etwas eintönige **Afándou Beach,** wo auch der Golfplatz von Rhodos liegt, ist ziemlich grobkieselig und gehört daher nicht zu den schönsten auf der Insel. Aber die Strände von Tsambíka und Ladikó sind nicht weit und leicht zu reichen.

Hotel Oasis: an der Líndos-Straße, Tel. 22410-51 771, Fax 22410-51 770, www.oasis-hotel.gr. Eine nicht allzu große Mittelklasseanlage mit Pool und dicht bewachsenem Garten mit Zitrusbäumen. Die Besitzer sprechen recht gut Deutsch und geben gerne Tipps. Zum Strand geht man 800 m, einen Kinderspielplatz gibt es auch. DZ ca. 35–50 €, Bungalows ca. 50–80 €.

Apartments: Die Apartmenthäuser in der Strandebene liegen meist recht ruhig, rund 1 km vom Dorf entfernt und werden familiär und freundlich geführt. Einen Überblick gibt **Golden Sun Holidays,** Tel. 22410-24 592, Fax 22410-30 467, goldensun@otenet.gr. In der Nebensaison kann man auch privat vor Ort mieten, in der Regel sogar günstiger. DZ 40–70 €.

Michalitsa: an der Hauptstraße zur Platia (Rodos Pernou), ab 18 Uhr.

Die kleine Kapelle Katholiki steht auf den Mauern einer frühchristlichen Basilika

Auf der weinüberrankten Terrasse des traditionellen Hauses und im neuen Garten dahinter serviert man bodenständige Küche, z. B. Moussaka oder Kleftiko (ca. 9 €), guter griechischer Salat.
Sergio's: an der Dorf-Platia, tgl. ab 18 Uhr. Ein recht gutes italienisches Restaurant mit Pizza aus dem Steinofen (6–9 €) und leckeren Pasta-Kreationen.

Busse: nach Rhodos-Stadt von der Platia etwa stündlich; von der Líndos-Straße (Hotel Oasis) etwa alle 30 Min.
Beach Express: Traktor-Bähnchen, das in der Saison abends etwa stündlich zwischen Strand bzw. Hotelzone und der Platia pendelt.

Kolýmbia

Reiseatlas: S. 235, E3/4
Kolýmbia ist eine jüngere Feriensiedlung, die erst Mitte der 80er Jahre entlang einer schönen Allee aus riesigen Eukalyptus-Bäumen entstand. Trotz der vielen Hotelneubauten, die überwiegend mit deutschen Pauschalgästen belegt sind, ist Kolýmbia eine ruhige Adresse geblieben und daher für Familien interessant.

Der Ort am meist ausgetrockneten Flussbett des Loutáni wurde in den 20er Jahren gegründet, als die Italiener etwa 30 000 Kolonisten nach Rhodos brachten und in Neusiedlungen an der Küste ansiedelten. Aus dieser Zeit stammen auch die große Kirche mit dem markanten Campanile und der Verwaltungsbau (heute Altersheim) an der Schnellstraße. Etwas dahinter, am Beginn der Allee, liegen rechts abgezäunte Fundamente einer frühchristlichen Basilika mit Mosaikfußboden. Die spärlichen Reste bezeugen, dass die Strandebene schon in antiker Zeit besiedelt war.

Die beiden Strandbuchten südlich und nördlich des felsigen Kap Vágia sind schöne Badeplätze und auch als Ausflugsziele beliebt. Im Norden (linke Seite) liegt der Hafen mit kleinen Fischerhütten und der Taverne To Nissáki, gefolgt vom einem flach abfallenden Sandstreifen mit vereinzelten Felsen, im Rückraum spenden Tamarisken Schatten. Auf der südlichen Seite überblickt die Taverne Limanaki eine offene Sandbucht, die etwas steiler ins Meer abfällt.

Neben den Pauschalhotels gibt es auch Apartments, die **Maritsa Travel** vermittelt: Büro an der Eukalyptusallee, Tel. 22410-56347, Fax 22410-56 443, e-Mail: rodosmts@otenet.gr. Man kann verlässlich von zu Hause aus buchen, sollte allerdings darauf achten, dass die Häuser nicht in Afandoú, sondern direkt in Kolýmbia liegen.

Limanaki: Die Taverne über der Südbucht überzeugt durch schöne Aussicht auf den Strand, am frühen Abend sitzt man hier bei langem Sonnenuntergang, windgeschützt hinter einer Glasveranda. Klassiker und Fischspezialitäten: Fischplatte für 2 Pers. 60 €, Pasta ab 5 €, Wein ab 8 €.
Carusel: Das moderne Café-Restaurant an der Eukalyptusallee (Abzweig zum Hotel Irene, Odos Bienna) bietet Service wie zuhause und ist bei den meist deutschen Gästen beliebt. Zur Rechnung bekommt man einen Ouzo, gehobene Preise.
Taverna Eucalyptus: auf halber Strecke an der Eukalyptusallee. Eine echte rhodi-

sche Taverne: Innen stilecht mit Kamin und bemalten Ziertellern oder Stickereien an den Wänden. Spezialitäten vom Holzkohlengrill, frischer Fisch und günstige Menüs. Dazu gibt's Wein vom Fass oder Beck's. Moderate Preise.

Busse: nach **Rhodos-Stadt** vormittags mindestens stdl., nachmittags 3 x, retour um 9 und um 12 Uhr, ab 14 Uhr etwa stdl., letzter Bus gegen 22 Uhr. Nach **Líndos** um 9, 10 und 10.45 Uhr, nach **Tsambíka** morgens ca. 9.20 Uhr. Alle Busse von Süden nach Rhodos-Stadt stoppen bei der Kirche an der Líndos-Straße (1,5 km vom Strand).
Boote: Die Kolymbia Express fährt mehrmals wöchentlich nach **Líndos,** Abfahrt 9.30 Uhr.

Épta Pigés

Reiseatlas: S. 235, D3
Die Épta Pigés, die ›Sieben Quellen‹, haben schon die Italiener als Ausflugsziel entdeckt. Mehrere ganzjährig schüttende Quellen wurden in den 20er Jahren in eine große Zisterne geleitet, um die Ebene von Kolýmbia zu bewässern. Vor allem wenn die Sommertemperaturen an der Küste jede Aktivität zur Qual werden lassen, sind die schattigen Tavernentische unter den Kiefern ein angenehmes Ziel, um den Nachmittag zu vertrödeln.

Als besondere Attraktion leben an den Ufern des klaren Baches zahlreiche Pfauen, die königlich zwischen den Tischen auf und ab stolzieren. Etwas flussabwärts beginnt ein etwa 180 m langer Kanal mit knöcheltiefem Wasser, durch den man zu einem kleinen türkisgrünen See waten kann. Die dunkle Röhre ist ein Muss für jeden mit Selbsterfahrungsambitionen – wer sich nicht hindurchtraut, kann auch den längeren Weg über den Hügel nehmen.

Tsambíka

Reiseatlas: S. 235, E4
Der Name Tsambíka vereint die Extreme: Bikini-Schönheiten am Traumstrand einerseits und fromme Pilger zur wundertätigen Marienikone andererseits. Der **Tsambíka Beach** ist einer der schönsten Strände der Ostküste. Über den hellweißen Sand, an den eine träge Dünung schlägt, erhebt sich der steile Felsen, auf dem eine blitzweiße Kapelle thront. Eine steile Straße und dann ein ebenso steiler Treppenweg führen hinauf.

Diese Kapelle, die **Kýra Panagía Tsambíka,** ist seit alters her ein Pilgerziel für Frauen, die sich Kinder wünschen und keine bekommen. Früher rutschten sie bei der großen Pilgerfeier zum 8. September auf Knien zum Gipfel empor und verbrachten die Nacht bei der wundertätigen Ikone, die jetzt meist im neuen Kloster Moní Tsambíka verwahrt wird. Heute kommen Jungverheiratete hierher und beten um Nachwuchs, selbst für Hochzeiten ist die Kapelle (und die Taverne Panoramic View) sehr beliebt. Es ist ein alter Brauch, dass Kinder, die nach diesem Bittgang geboren werden, den Namen Tsambiko (als Jungen) oder Tsambika (als Mädchen) erhalten. Die vielen silbernen Votiv-Plättchen als Dankgaben an die Maria zeugen vom Erfolg der

Ikone – die beiden Vornamen sind auf Rhodos wirklich häufig zu finden. Von ganz oben hat man eine fantastische Aussicht auf die Strandsicheln von Kolýmbia und Tsambíka bis zur Feráklos-Burg.

Moní Tsambíka, etwas weiter an der Straße nach Líndos, hat eine üppig geschmückte Klosterkirche mit einer in typisch rhodischer Manier geschnitzten Ikonostase. Im Kloster gibt es eine Taverne, die an Wochenenden gern von Griechen besucht wird.

Tsambika Panorama: Die hübsche Taverne an der Schnellstraße gegenüber Moní Tsambíka bietet bei ordentlicher Küche einen tollen Blick zum Strand. Auch Studios werden vermietet (moderner Bau auf der anderen Straßenseite, Tel. 22440-23 153, Apt. 40 €).

Archángelos

Reiseatlas: S. 235, D4

Das mit 7500 Einwohnern größte Dorf von Rhodos ist eine höchst lebendige, typisch griechische Kleinstadt, umgeben von einem breiten Gürtel von Olivenbäumen. Bekannt wurde Archángelos durch seine eigenwillig bemalten Häuser, deren grelles Weiß durch blaue und grüne Schmuckbänder und pinkrosa oder gelb bemalte Tore gebrochen wird. Diese traditionelle Architektur kann man gut im alten Ortskern rund um die auffällige Kirche mit dem filigran durchbrochenen Glockenturm bestaunen. Auch Esel sieht man mitunter in den engen Gassen noch. An der breiten Hauptstraße, die den Ortskern von den neuen Stadtteilen trennt, ist davon wenig zu spüren; hier gibt sich die Jugend mit ihren lärmenden Mopeds und Motorrädern sehr modern.

Archángelos war früher berühmt für langschäftige Stiefel, die man vereinzelt noch als Museumsstück sieht. Die griechischen Bauern haben sie als Schutz gegen Giftschlangen getragen. In der Antike hieß Rhodos nämlich zeitweise *Ophiousa* (Schlangeninsel), im Mittelalter *Oloessa* (Schlangengefährdete). Die schwarzen Nattern, die man bei Wanderungen manchmal sieht (totgefahren von Autos), sind jedoch keine Giftschlangen.

Über dem weißen Häuserrund thront das **Kástro,** ein Kastell der Johanniter, das 1457 nach einem Überfall türkischer Korsaren gebaut worden ist. Im Inneren des Mauerrings ist nur eine kleine Kapelle erhalten. Das Wort Ochi (OXI, deutsch ›Nein‹) in riesigen weißen Lettern wurde während der Zeit der griechischen Militärdiktatur angemalt.

Als Urlaubsquartier spielt der Ort kaum eine Rolle, es gibt nur einige einfache Hotels. Individualurlauber finden zahlreiche Apartmenthäuser am **Stegná Beach,** früher der Fischerhafen von Archángelos, heute das Strandbad. Eine steile Abfahrt führt hinunter zu den zwei langen Sand-Kies-Stränden. Im kleinen Hafen dümpeln die Boote der Fischer, deren Fänge in den Tavernen am Strand serviert werden. Allerdings kommen jetzt immer mehr Ausflugsboote, deren Partybeats am ganzen Strand unüberhörbar sind.

Stegna Star: Stegná Beach, rechte Buchtseite direkt am Strand, Tel.

22440-24 259 und 22440-24 418, www.stegnastar.gr. Gut ausgestattete und gepflegte Apartments und Studios ca. 30–45 €, Frühstück 5 €, AC 5 €.

Taverne Georgios Mavrios: in Archángelos an der Hauptstraße kurz vor der Post. Traditionelle Taverne, wo nachmittags die Männer Tavli spielen und abends bei einem Souvlaki stundenlang plaudern. Bodenständige, dörfliche Küche.
Stegna Kozas: Stegná Beach, Tel. 22440-22 362. Die 1932 gegründete Fischtaverne ist jetzt vom Enkel zu einem Top-Restaurant modernisiert. Hier findet man griechische Tradition und das Bewußtsein für gute Zutaten von den Bauern aus Rhodos. Toll ist der Petroniátiki-Salat (5 €), es gibt auch Sími-Shrimps, Seeigelcreme und ein vorzügliches Kokkinistó (8 €). Auf einem langen Lounge-Sofa kann man den Sundowner-Drink genießen.

An der mittleren Ortseinfahrt **Dakas Keramik Factory** mit braun-bunter und weiß-bunter Ware und **Sarikos Carpets** mit Webteppichen in traditionellen Mustern (hellblau, bräunlich).

Busse: Nach Rhodos-Stadt ca. alle 30 Min. ein Bus vom Zentrum. Vom Stegná Beach tgl. vormittags um 10.15 Uhr, nachmittags um 15.15 Uhr ein Bus nach Rhodos-Stadt.

Kirche Agií Theódori

Reiseatlas: S. 237, F2
Die eingefriedete Kapelle, Richtung Charáki an der Schnellstraße nach Líndos, enthält kunstgeschichtlich interessante Fresken im spätbyzantinischen Paläologenstil. Sie entstanden um 1375, als das Kaiserhaus der Paläologen in Konstantinopel herrschte. Die Kirche ist den beiden Theodoren geweiht, den Soldatenmärtyrern Theodoros von Tiron und Theodoros Stratilatis, die um 300 bei der Christenverfolgung unter Kaiser Decius für ihren Glauben starben und später als Leitfiguren des mönchischen Rittertums verehrt wurden.

Die Fresken sind in einem realistischen Stil gehalten: an der linken Wand sechs Heilige, gegenüber die Deesis, d. h. Christus flankiert von Maria und Johannes dem Täufer, dann der hage-

In Archángelos

re Nikolaus und ein Erzengel. Weiter zur Tür erkennt man noch Konstantin und seine Mutter Helena, zwischen ihnen das Kreuz Christi, das diese Kaiserin in Jerusalem wiedergefunden hat. Als letzter folgt der hl. Onouphrios, der nackte Einsiedler, der seine Blöße mit dem langen Bart bedeckt. An der Eingangswand erkennt man zwei Stifterinschriften und das Stifterpaar mit dem Kirchenmodell.

Charáki

Reiseatlas: S. 237, F2

Aus dem früheren Fischerdörfchen an einem sauberen Kieselstrand ist inzwischen ein properer Ferienort geworden – mit moderner Strandpromenade und schicken Kaffeebars. Viele der Apartmenthäuser sind langfristig ausgebucht, so dass es nicht ganz einfach ist, hier eine Unterkunft zu finden.

Das **Kastell Feráklos** auf der Felszinne nördlich von Charáki wurde 1306 als erste Festung von den Johannitern erobert und 1470 nach einigen verheerenden Überfällen osmanischer Piraten durch Großmeister degl'Orsini noch einmal ausgebaut. Von der Burg sind nur die äußeren Mauern und einige Türme erhalten, wer gerne wandert, kann nach anstrengender Kraxelei (Pfad vom Agía Agathí Beach) eine schöne Aussicht genießen.

Nördlich von Feráklos erstreckt sich der **Agía Agathí Beach,** der noch relativ wenig überlaufen ist. Der feine flach abfallende Sandstrand hat seinen Namen von der weiß-blauen Höhlenkirche Agía Agathí aus dem 12. Jh., die etwas erhöht auf der nördlichen Buchtseite liegt. An der südlichen Strandseite, etwa auf Höhe des Kiosks, ist noch ein Stück einer Hafenmauer der antiken Stadt Loryma zu erkennen. Die Betonruinen im Rückraum hingegen stammen aus der Juntadiktatur und sollten einmal ein Ferienheim für Offiziere werden.

Apartments: vermittelt *Heliousa Travel,* Tel. 22440-51 857, Fax 224 40-51 841, heliousa-trv@rho.forthnet.gr. Büro an der Gasse zum Strand, 9–13, 17–21 Uhr, Studio (2 Pers.) ca. 35 €.
Haraki Bay: nördliche Buchtseite, Tel. 22440-51 680, Fax 22440-51 682. Untere Mittelklasse, freundlich geführt, mit Restaurant. Kein Pool, doch der Strand liegt direkt vor dem Haus. DZ 45–60 €.

Restaurant Argo: Der markante Rundbau am Südende der Bucht ist eine bekannte Ausgehadresse für die Rhodier. Man sitzt auf schattiger Balustrade mit schönem Blick über die Bucht zum Kastell. Vor allem wird hier Fisch serviert; z. B. gefüllter Oktopus. Geöffnet Mai bis Sept., gehobene Preise.

Malóna & Másari

Reiseatlas: S. 237, F2

Von Charáki kann man das ursprüngliche Dorf Malóna im Hinterland der fruchtbaren Ebene besuchen. Kurz hinter der Abzweigung von der Ostküstenstraße lohnt ein Stopp beim **Kirchlein Agía Iríni,** die vermutlich erst um 1728 entstand, allerdings auf den Fundamenten einer frühchristlichen Kirche (100 m links der Straße unter Olivenbäumen). Aus dieser Zeit könnte jedenfalls das korinthische Kapitell stammen, das jetzt als Altarsockel dient.

Malóna selbst ist ein hübsches Dorf, umgeben von Apfelsinenhainen (die Früchte werden am Straßenrand kiloweise verkauft), zu dem man über eine wundervolle Zypressenallee mit einer kuriosen Ampelschaltung kommt. Es gibt schöne alte Häuser vom Anfang des Jahrhunderts, und das Kafenió ist noch genau das, was es früher einmal war: eine reine Männerdomäne.

Zwischen Malóna und Másari kreuzt man das geröllige Trockental des **Mákkaris.** Bei einer kleinen Wanderung wird bald eine Stelle erreicht, wo man in traditionellen Meilern Holzkohle herstellt. Etwas später verengt sich das Tal zu einer beeindruckenden Klamm. Aber Achtung: bei Gefahr von Regenfällen sollte man nicht in die Schlucht hineingehen! In den Uferhängen kann man leicht große Menge eingelagerter Kiesel erkennen, die Grundlage des antiken Mythos waren, Rhodos sei von Zeus für Helios vom Meeresgrund empor gehoben worden.

Auch **Masári** ist ein ursprüngliches Bauerndorf, doch werden hier schon günstige Privatzimmer vermietet. Ein ausladendes Blätterdach gibt dem Kafenió an der Hauptplatia mit dem achteckigen Brunnenturm Schatten. Dort beginnt die alte Straße nach Líndos (Old National Road), die durch ausgedehnte Olivenhaine mit uralten knorrigen Bäumen führt. Hinter dem Trockental des Gaidourás-Flusses zweigt die Piste zum Kloster Moní Kamiroú ab, erst eine improvisierte Schotterstraße durchs Flussbett, dann Asphalt.

Moní Kamiroú (auch Kamairí oder Kammýri) besitzt einen hübschen Klosterhof mit Weinranken und einer mächtigen Zypresse. Die Fresken sind eher jüngeren Datums und die Ikonostase ist vor allem deshalb bemerkenswert, weil sie außergewöhnlich bunt bemalt ist.

Kálathos & Vlichá

Reiseatlas: S. 237, F3

In den Katalogen werden Kálathos und Vlichá unter Líndos vermarktet, sie haben mit dem schönsten Dorf von Rhodos aber wenig zu tun. **Kálathos** liegt etwa 5 km vor Líndos direkt an der viel befahrenen Hauptstraße, daher fehlt ein echter Ortskern mit Flair. In den kleineren Studio-Pensionen am Hang über der Straße wohnen zumeist Briten, in der Strandebene liegt das Luxushotel Atrium Palace. Der Strand ist grau und kieselig und zählt nicht gerade zu den schönsten der Insel.

An der ringsum von Hügeln abgeschlossenen **Vlichá-Bucht** abseits der Küstenstraße geht es hingegen sehr ländlich zu. Der Strand mit feinen Kieseln wird von Luxushotels gerahmt: links Líndos Royal und Líndos Village, rechts das Líndos Mare, in der Mitte Líndos Bay. Es gibt zwar ein paar Restaurants, Strandbars und kleine Kaufläden, doch viel ist auch in der Hochsaison nicht los. Aber Líndos ist ja nicht weit entfernt. Am Strand gibt's Wassersport über die Großhotels (Parasailing, Surfstation, Wasserski), dazu werden hin und wieder auch Bootsausflüge angeboten.

WO HELIOS DIE NYMPHE RODE KÜSSTE

Von Mythen und Göttern

Rhodos, die Sonneninsel – das ist nicht nur auf das gute Wetter gemünzt. Die Insel galt in mythischer Vorzeit als Besitz des Sonnengottes Helios, der bis in römische Zeit als oberster Gott der Insel verehrt wurde. Dass dies der einzige überlieferte Helios-Kult Griechenlands war, ist – wie auch sonst der Mythos nicht als Märchen abgetan werden darf – kein Zufall. Folgt man geduldig den Spuren der bis ans Ende des zweiten Jahrtausends zurückreichenden Überlieferung, entwirrt die von den späteren Dichtern aufgezeichneten Götterstammbäume, dann fügt sich das Puzzle zu einem Nachhall frühester Geschichte zusammen: von erster Besiedlung, Kämpfen um Landgewinn, Städtegründungen.

Die ersten Götter von Rhodos – so überliefert Diodorus Siculus – waren die Telchinen, und zwar lange bevor Zeus als Göttervater auf dem Olymp residierte. Es waren Meerdämonen, die verschiedene geheime Künste beherrschten. Sie konnten Metall bearbeiten und schmiedeten für den Titan Kronos, den Vater des Zeus, die gezackte Sichel, mit der ihn der Sohn später entmannte. Der Meeresgott Poseidon, der Bruder des Zeus, wuchs bei ihnen auf, und ihm gaben sie den Dreizack, mit dem er Quellen aus dem Felsen schlagen konnte. Auf Rhodos zeugte Poseidon mit Halia, einer Schwester der Telchinen, sechs Söhne und die Nymphe Rode, die der Insel ihren Namen gab. Danach also besaß Rhodos eine kleinasiatische Urbevölkerung, die vor den griechischen Stämmen die Kunst der Metallverarbeitung beherrschte.

Die sechs Söhne des Poseidon scheinen ähnlich streitsüchtig wie ihr Vater gewesen zu sein. Als sie jedoch die Afrodite, ursprünglich eine zyprische Göttin , beleidigten, stürzte diese sie in den Wahnsinn, so dass sie sogar ihre eigene Mutter vergewaltigten. Darauf schickte Poseidon eine Flut, die die Unholde von der Insel Rhodos vertilgte. Nur Rode blieb als Erbin zurück.

Zu diesem Zeitpunkt muss die Geschichte spielen, die der Dichter Pindar in seiner 7. Olympischen Ode überliefert. Da hatte Zeus gerade alle Länder unter den Göttern verteilt, Helios, der den Sonnenwagen gerade über das Firmament lenkte, jedoch vergessen. Zeus wollte die Welt schon erneut aufteilen, doch Helios meinte, er habe auf seinem Wege ein neues Land gesehen, das gerade aus dem Meer aufsteige – dieses wolle er haben. Zeus erfüllte diesen Wunsch gern, und Helios heiratete die Nymphe Rode, die ihm sieben Söhne gebar. Kerkaphos, einer der Söhne des Helios, gründete die Stadt Achaia. Seine Söhne hießen Lindos, Ialyssos und Kamiros. Sie teilten nach seinem Tod die Insel Rhodos auf und gründeten die nach ihnen benannten drei großen Städte der Antike. Die Heliaden waren berühmt für ihre Fertigkeiten in der Astronomie und der Schiff-Fahrt, was man als besondere Eigenschaften auch den Phönikern zusprechen kann.

Von einer mykenischen Einwanderung von der Peloponnes nach Rhodos berichtet dann Homer. In der Ilias, dem Bericht des Kampfes um Troja, befindet sich unter den Griechen, die nach Troja segeln, auch Tlepolemos, einer der Söhne des Herakles, der nach Rhodos gezogen war und dort als König herrschte: »Und Tlepolemos, der Heraklide, der tüchtige und große / Führte aus Rhodos neun Schiffe der Rhodier«. Vor Troja fällt er dann im Zweikampf gegen den lykischen Helden Sarpedon, einen Bruder des kretischen Königs Minos. Pausanias überliefert im Nachgang eine kleine Anekdote über Tlepolemos' Frau Polyxo, die sich aus Trauer über den Tod ihres Gemahls an der letztlichen Ursache ihres Leids, der schönen Helena, rächte. Helena soll nach der Zerstörung Trojas nach Rhodos gekommen sein, um der Athene Lindia zu opfern. Dabei ließ die erzürnte Königin Polyxo sie von ihren Dienerinnen ermorden.

Um die Reihe derjenigen zu vervollständigen, die Anspruch auf die Gründung der drei rhodischen Städte erheben, muss auch noch von den Danaiden die Rede sein, den Töchtern des Danaos, die aus Libyen vor der Verfolgung des König Aigyptos fliehen mussten. Sie kamen zuerst nach Rhodos, wo sie ihrer Schutzgöttin Athene einen Tempel errichteten. Drei der Töchter, Linda, Kameira und Ialyssa starben auf Rhodos, nach ihnen sollen die Städte benannt sein. Es könnte tatsächlich sein, dass der Kult der Athene zusammen mit dem Ölbaum, ihrer heiligen Pflanze, aus Libyen nach Griechenland eingeführt wurde – so wie auch ihre Tracht, die Ägis, noch heute in libyschen Sahara-Oasen getragen wird. Der Athena Lindia-Tempel auf der Akropolis von Líndos wäre dann der erste Athene-Tempel Griechenlands. Damit ließe sich erklären, dass es der einzige war, in dem nur feuerlose Opfer dargebracht wurden. Die späteren Griechen begründeten das freilich mit der Vergesslichkeit eines Priesters, zu einer Zeit, als Athene längst die Hausgöttin der Großmacht Athen war. Da musste sich der Mythos vermutlich politischen Erwägungen und Machtverhältnissen beugen.

LÍNDOS UND DER SÜDEN

Das schönste Dorf der Insel und eines der berühmtesten Griechenlands: Líndos ist das Ausflugsziel auf Rhodos schlechthin. Das es da immer ziemlich voll wird, ist klar, einsamer wird es aber an der Stränden im Süden, wo die Luxushotels von Kiotári liegen. Den Abschluss bildet schließlich die Südspitze bei Prasonísi mit ihrem berühmten Surfrevier.

Líndos

Reiseatlas: S. 237, F4

Der Ort liegt auf einer bergigen Halbinsel mit kykladisch entwaldeten Hängen. Mitten in diesem kahlen Gebirge taucht direkt in einer Straßenkurve das weiße Häuserensemble von Líndos auf, malerisch hingestreckt in den Schatten der mächtigen Akropolis – so dass wohl jeder unwillkürlich auf die Bremse steigt.

Von der Haltebucht dort kann man sich gut einen ersten Überblick verschaffen: Gegenüber der Akropolis mit ihren Zinnenmauern greift eine weite Landzunge ins Meer hinaus und umschließt so einen kreisrunden Naturhafen, der über Jahrtausende den lindischen Wohlstand begründete. Auf dieser Landspitze ist ein gedrungener flacher Rundbau zu erkennen, den der Volksmund als Grabmal des Tyrannen Kleoboulos kennt. Dieser Kleoboulos, einer der viel gerühmten sieben Weisen der Antike, lebte im 6. Jh. und ließ den ersten steinernen Tempel der Athena Lindia bauen.

Líndos und die Akropolis

Die Akropolis

(Tgl. außer Mo 8–15 Uhr, im Sommer Di–So 8–19, Mo 12.30–19 Uhr; Eintritt 6 €, Kinder frei) Die ältesten Spuren eines Heiligtums auf dem Akropolis-Felsen stammen aus der Mitte des 2. Jahrtausends v. Chr. Damals wurde eine weibliche Vegetationsgottheit in einer Höhle unter dem späteren Tempel

Ritt zur Akropolis

Gleich am Dorfeingang liegt der Eselplatz, wo man ein solches Grautier zum Ritt auf die Akropolis mieten kann (Pers. ca. 6 €). Man sollte aber die Mittagshitze vermeiden, dann ist es dort oben extrem heiß. Am besten kommt man ganz früh am Morgen, denn ab 10 Uhr steht man am Aufgang in der Schlange.

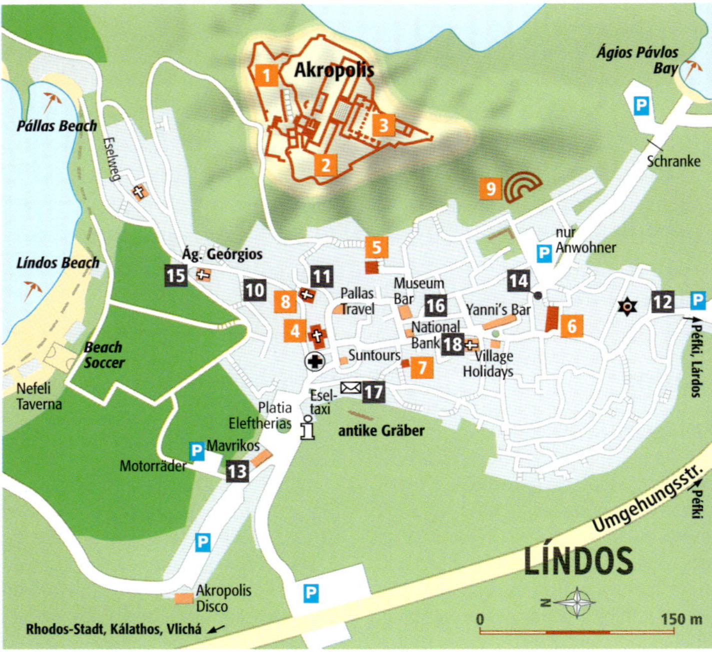

verehrt. Als die Dorer Rhodos im 9. Jh. eroberten, formten sie den Kult zu dem der Athena Lindia um, dem einzigen in Griechenland, bei dem die Eingeweide der Opfertiere nicht verbrannt wurden (s. S. 141). Die Stätte wurde zu einem panhellenischen Wallfahrtsziel und erst Ende des 4. Jh. n. Chr. unter Kaiser Theodosius I. geschlossen. Im Arabersturm erhielt der Fels eine Befestigung, die die Johanniter später verstärkten.

Aufgrund dieser langen Siedlungskontinuität blieben Spuren aller Epochen erhalten: Auf der **ersten Terrasse** [1] hinter dem Eingang kommt man zu dem berühmten **Trieren-Relief** vom Anfang des 2. Jh. v. Chr., das das in den Fels gemeißelte Heck eines antiken Kriegsschiffs darstellt und von dem Bildhauer Pythokritos stammt, der auch die berühmte Nike von Samothrake geschaffen haben soll. Es wurde errichtet zu Ehren des rhodischen Admirals Hegesandros, dessen Statue auf einem Podest aufgestellt war.

Als Ehrenmal diente auch die halbrunde **Exedra** daneben, die dem Priester Aglochartos geweiht war, der die Akropolis im 3. Jh. mit Ölbäumen geschmückt hat. Der **Wehrturm** links daneben weist im unteren Bereich byzantinische Mauertechnik auf (Ziegel

Sehenswürdigkeiten
1 Akropolis, erste Terrasse
2 Stoa
3 Athena-Tempel
4 Panagía-Kirche
5 Captain's Place Bar
6 Lindian House Bar
7 Restaurant Calypso
8 Chostós-Kirche
9 Antikes Theater

Unterkunft
10 Pension Katholikí

Essen & Trinken
11 Restaurant Afrodíti
12 Taverna Agostino's
13 Taverna Dimítri's
14 Restaurant Il Palazzetto
15 Rainbird Bar
16 Lindanet Internet Cafe
17 Líndos by Night Bar
18 Antika Bar

als Zwischenlagen), oben krönen ihn Schwalbenschwanzzinnen der Ritterzeit. Auch am Aufgang, der von hier in den Festungstrakt der Ritter führt, sind unter der modernen Treppe die **antiken Stufen** und – an der Mauer entlangführend – die mittelalterlichen über dem heutigen Niveau zu erkennen.

Das Tor führt in den **Saal der Wachgarde,** wo zahlreiche Statuensockel aufgestellt wurden, deren Inschriften ebenso wie die bei den Ausgrabungen gefundene Tempelchronik Aussagen über die Geschichte des Heiligtums ermöglichten. Wenn man den Ritterbau wieder verlässt, steht man vor dem ersten Bauwerk des antiken Heiligtums; die große Quaderstützmauer war einst der Unterbau (Risalit) der monumentalen **Stoa** 2, eines der großartigsten Werke des Hellenismus in Griechenland. Um zu der Treppe zu kommen, die zur Stoa hinaufführt, durchquert man ein zweites Bauwerk der Ritterzeit. Dort ist neben weiteren Inschriften auch ein Stück der in den Fels gehauenen Treppe aus der archaischen Epoche (um 550 v. Chr.) zu erkennen.

Beim Aufstieg zur Stoa ist es nicht ganz leicht, die frühere Wirkung nachzuvollziehen. Die 87 m lange Halle, die Ende des 3. Jh. v. Chr., zur Zeit der größten rhodischen Macht, entstand, besaß ursprünglich 42 Säulen, von denen heute noch 20 aufrecht stehen. Die beiden Hallentrakte rechts und links waren überdacht, nicht jedoch der Mitteltrakt, hinter dessen Frontsäulen sich unmittelbar die 21 m breite Freitreppe der Propyläen (s. u.) anschloss. Es muss ein unerhört weihevolles Erlebnis für den Pilger der damaligen Zeit gewesen sein, zu dieser Säulenfront emporzusteigen, die in der Mitte durch eine sonnenhelle ›Lichtbahn‹ durchbrochen war, die weiter hoch zur Gottheit führte.

Das theatralische Spiel mit Licht- und Schatteneffekten setzte sich dann in den **Propyläen** fort. Sie stammen vom Anfang des 3. Jh. v. Chr., sind also etwa zeitgleich mit dem Koloss von Rhodos entstanden. Auch sie waren schon auf monumentale Wirkung angelegt: Über die Freitreppe gelangte man in eine zu beiden Seiten vorspringende Säulenhalle. Ihre Rückwand besaß fünf Türen, die in den **Temenos,** den heiligen Bezirk der Athene, führte. Die erwähnte Lichtbahn erfuhr dadurch eine Zäsur, wobei durch den hinter den Türen aufschimmernden Himmel gleichzeitig die strahlende Anwesenheit der Göttin angedeutet wurde. In der Mitte des folgenden Hofs stand ein großer Altar, ringsum verlief eine weitere Säulenhalle.

Der **Tempel der Athene** 3**,** heute das einzige aufrecht stehende Gebäude, nahm die Südwestecke dieses Hofs ein; er stand genau über der Kulthöhle im Steilabbruch, in der die Athena Lindia in uralter Zeit verehrt wurde. Nach all der Monumentalarchitektur war das Heiligtum selbst eher bescheiden, ein 21 m langer Amphiprostylos mit je vier Säulen an den Schmalseiten. In der Cella, dem Innenraum, stand das überlebensgroße Kultbild der Athena Lindia, gefertigt aus Holz, Gold und Elfenbein. Die Opfer wurden im Hof unter freiem Himmel vollzogen, das Fleisch der Opfertiere dann in den Räumen der Hof-Stoa verzehrt. Heute hat man von hier oben einen schönen Blick über die Stadt und die Ágios Pávlos-Bucht im Süden.

Beim Abstieg verdient links der Freitreppe die Ruine der **Johanneskirche** der Ritterzeit Beachtung, die aufgrund ihres Mauerwerks in byzantinische Zeit datiert. Vor der Stoa liegt ein römischer **Kaisertempel** des 2. Jh., dessen Säulen als Hintergrund für das Erinnerungsbild beliebt sind.

Panagía-Kirche

Mitten in der Stadt liegt die unter Großmeister d'Aubusson 1490 restaurierte **Pfarrkirche von Líndos** 4 (Mo–Sa 8–12, 16–19 Uhr). Die der ›Allheiligen‹ Maria geweihte Kirche ist in typisch nachbyzantinischer Manier ausgemalt. Die ungewöhnlich themenreichen Fresken schuf 1779 ein Malermönch aus Sými.

Neben zahlreichen Ereignissen des Marienlebens erkennt man alttestamentarische Szenen und die Passionsgeschichte; zusätzlich sind im untersten Bildband im Tonnengewölbe des Hauptschiffs die 24 Strophen des Akathístos-Hymnos illustriert. Dieser orthodoxe Lobgesang auf die Gottesmutter malt in ähnlicher Fabulierlust wie die apokryphen Überlieferungen die Verkündigung, Empfängnis und Jesu Geburt aus.

Kapitänshäuser

Viele der berühmten Kapitänshäuser (s. S. 148) lassen sich sehr angenehm besichtigen; sie sind nämlich heute Restaurants oder Bars. Alle diese Häuser entstanden seit Mitte des 17. Jh., keines dürfte älter als 1610 sein, da ein Erdbeben in diesem Jahr die frühere Bebauung, darunter vermutlich viele antike Überreste, zerstörte.

Als eines der ältesten gilt das **Captains's Place Bar** 5 am Souvenirweg zur Akropolis (wie die anderen durchgehend geöffnet). Besonders auffällig und prachtvoll ist das **Lindian House Bar** 6 mit schmiedeeisernen Gittern und sogar gleich zwei der typischen Turmbauten. Eine besonders aufwendige Fassadendekoration zeigt wiederum das **Restaurant Calypso** 7 nahe der National Bank im Ortszentrum.

Blick von der Kirche Ágios Geórgios zur Líndos-Bucht

Chostós-Kirche

Nahe dem Aufgang zur Akropolis liegt die **Kirche Ágios Geórgios Chostós** 8 die als die älteste erhaltene Kirche von Rhodos gilt, entstanden im 9. Jh. n. Chr. Sie liegt tief unter dem heutigen Straßenniveau, und im Inneren muß man noch einmal hinunter steigen. Daher kommt auch der Name, denn *chostós* bedeutet ›eingegraben‹. Besonders interessant wird der Bau durch die seltenen ikonoklastischen Fresken (Schlüssel im rechten Nachbarhaus, aber nicht in der Mittagsruhe zwischen 12 und 17 Uhr fragen).

Der Ikonoklasmus, deutsch etwa ›Bildersturm‹, war eine mittelbyzantinische Reformbewegung, die die bildliche Darstellung von Christus und den Heiligen verbieten wollte. Inspiriert wurde diese Bewegung von dem Vorbild des bilderfeindlichen Islam; ihre Träger waren städtische rationalistische Schichten und die östlichen Reichsteile. 726 setzte Kaiser Leon III. erstmals ein Bilderverbot in Kraft, das mit militärischer Gewalt gegen den Widerstand des Mönchtums und der griechischen Kernländer durchgesetzt wurde. In diesem ›Bildersturm‹ wurden fast alle frühchristlichen Heiligenbilder zerstört und durch unfigürliche und symbolhafte Fresken ersetzt. Mitte des 9. Jh. gingen die Kaiser endgültig wieder auf die Seite der Bilderfreunde über

DIE KAPITÄNSHÄUSER VON LÍNDOS

Dass Líndos als schönste Stadt Griechenlands gilt, verdankt es nicht nur seiner wundervollen Lage unterhalb des Akropolis-Felsens. Líndos ist auch für die Architektur seiner Häuser berühmt, die aus einer Verschmelzung der lokalen Traditionen des Dodekanes mit orientalischen und europäischen Einflüssen hervorging.

Zwar verstecken sich die meisten Häuser in Líndos hinter mannshohen Mauern, doch wurden einige der prachtvollen Kapitänshäuser, die im 18. Jh. als Paläste für mit dem Handel reich gewordene Griechen entstanden, in Restaurants und Bars verwandelt. Damals lebten die Griechen im Osmanischen Reich unter relativ günstigen Bedingungen, ihre Schiffe wickelten den Warenverkehr zwischen Venedig, Istanbul, den türkischen Häfen und Palästina ab.

Entsprechend aufwendig fiel daher auch der Fassadenschmuck der Kapitänshäuser aus: Zierbänder und figurative Darstellungen wurden in den weichen Poros-Stein geschliffen, wobei sich frühchristliche Symbole und orientalisch beeinflusste Motive wie Pfauen oder Phönixe reizvoll mischen. Flechtbänder gliedern die Stockwerke und fassen die Fenster spitzbogig ein, an maurische Vorbilder erinnernde Scheinportale geben Raum für ein Giebelfeld über Tür und Fenster, in dem Kreuze, Tierfiguren, Amphoren und der doppelköpfige byzantinische Adler versammelt sind. Keine weiße Kalktünche stört bei den alten traditionsreichen Häusern den weichen gelben Ton des Sandsteines, der den mittelalterlichen Eindruck noch verstärkt. Bis zum Ende des 19. Jh. prägte dieser Farbton auch noch das gesamte Stadtbild von Líndos. Erst dann begann man, die Häuser im heute so ›typischen‹ Weiß zu kalken.

Die schattigen Innenhöfe hinter den hohen Portalen im klassizistischen Stil sind wie auch die Bodenflächen im Erdgeschoss in der Regel mit schwarz-weißen Kieselmosaiken ausgelegt, die typisch für alle Dodekanes-Inseln sind. Chochláki-Böden (von *chochláki* = Kiesel) oder Krokalía nennt man diese alte volkstümliche Bodengestaltung. Die Mosaike zeigen ornamentale oder geometrische Muster, selten auch einfache Tier- und Pflanzendarstellungen (z. B. die Zypresse).

Der Hauptraum diente als Repräsentationsraum – als Weiterentwicklung der Sala (s. S. 51) sollte er den Wohlstand des Besitzers bezeugen und einen Rahmen für die ›Souvenirs‹ des Seemanns abgeben. Ganz typisch ist die Reihe der Oberlichter über den Hauptfenstern: Sie sind mit Buntglas geschlossen, das die Händler aus Venedig, damals Zentrum der Glasherstellung, mitbrachten. Auch Glaslüster, wie man sie noch in der Panagía-Kirche sieht, wurden aus Venedig importiert.

Sehr charakteristisch sind die zur Straßenseite gelegenen Turmbauten, die nun häufig als Caféterrasse genutzt werden. Oben hatten die Männer ihren Lieblingsplatz, umweht vom kühlenden Meerwind – so wie auch heute viele Touristen diese angenehmen Plätze bevorzugen, wenn sie aus der Gluthitze der Akropolis wieder hinabgestiegen sind.

– anschließend wurden die meisten ikonoklastischen Fresken übermalt. So sind Darstellungen aus dieser Zeit sehr selten. In der Kirche Chostós fallen vor allem Kreuze, Blüten, ornamentale Verzierungen und der Fisch als frühchristliches Symbol auf.

Theater und Tetrastoon

Auf dem Weg zum südlichen Ortsrand, Richtung Paulus-Bucht, sieht man schon von weitem eine gleichmäßige Rundung im Hang unterhalb des Akropolis-Plateaus. Hier lag in der Antike das **Theater** 9, das etwa 1800 Menschen Platz bieten konnte. Die Zuschauerränge waren teils in den Fels geschlagen, teils setzten sie sich auf gemauerten Seitenflügeln fort, die heute ebenso wie das dreistöckige Bühnenhaus völlig verschwunden sind. Links davor stand eine rechteckige, vierflügelige Säulenhalle (Tetrastoon).

Strände

Die **Hauptbucht** ist der schönste Strand auf Rhodos: feiner Sand, da das Wasser flach ist, gut für Kinder, dazu gute Tavernen – natürlich aber auch sehr voll. Dicht gedrängt stehen die Sonnenliegen (4 €/Pers.) auch am **Pállas Beach** nebenan.

Die kreisrunde Bucht **Ágios Pávlos Bay** hinter dem Ort ist ein wenig ruhiger. Nach der Überlieferung soll sie entstanden sein, als der Apostel Paulus 51 n. Chr. auf seiner Fahrt nach Ephesos in einen Sturm geriet: Der Felsstreifen zum Meer tat sich zu einem engen Spalt auf, durch den das Schiff den Wellen entrann. Anschließend bekehrte der Apostel die Rhodier, und zu seinen Ehren entstand später die Kapelle Agií Apóstoli am Ufer.

Viele **Apartments,** die aber fest von britischen Veranstaltern gebucht sind. Vor Ort oder per Fax kann man es versuchen bei folgenden Reisebüros:
Village Holidays, Nikos Kritikos, Tel. 22440-31 486, Fax 22440-31 344, vi-ho @otenet.gr (gute Studios ab 50 €).
Líndos Suntours, Anastasiadis Tasos, Tel. 22440-31 333, Fax 22440-31 353, www.lindosuntours.gr (Zimmer ab 35 €).
Katholiki rooms to let 10**,** am Eselweg, Tel. 22440-31 445. Einfache Zimmer an einem schönen, sonnigen Chochláki-Hof, beliebt bei Backpackern. DZ ab 30 €.

Afrodíti 11**:** am Aufgang zur Akropolis, gehobene Preise. Taverne in einem großen Kapitänshaus. Typischer Innenhof mit Chochláki-Boden und eine luftige Dachterrasse. Auf der Karte viele griechische Standards (8–18 €) und auch internationale Snacks.
Agostino's 12**:** am Parkplatz Richtung Péfki, Tel. 22440-31 218, ab 18 Uhr, in der Saison auch 11.30–14 Uhr. Zwar etwas abseits gelegen, doch mit tollem Blick über den ganzen Ort zur Burg. Fantasievolle Vorspeisen, z. B. Féta tso Fournoú, gebackener Schafskäse in Tomatensauce (4,50 €); köstlich das geröstete Lamm mit Rosmarin (9 €). Dazu Émbona-Wein vom Fass.
Dímitri's 13**:** unterhalb der Hauptplatia, moderate Preise. Nettes Gartenrestaurant unter Zitronenbäumen; gute Qualität, schöne Aussicht zum Strand.
Il Palazzetto 14**:** am Parkplatz beim antiken Theater, Tel. 22440-31 612, tgl. ab 18.30 Uhr. Einer der besten Italiener von Rhodos, in einem ruhigen Innenhof. Köstliche Pizza aus dem Holzofen (6–9 €).

Rainbird Bar 15: etwas unterhalb des Eselwegs zur Akropolis, ab 10 Uhr. Hier sitzt man mit tollem Blick zum Líndos-Strand.
Lindianet Internet Cafe 16: links hinter National Bank, tgl. 14–22 Uhr. Gutes Info-Portal unter www.lindianet.gr
Líndos by Night 17: an der ›Barstraße‹ hinter der Post, ab 18 Uhr. Zwei Openair-Terrassen unterhalb der antiken Schachtgräber mit tollem Blick zur Akropolis.
Antika 18: Hauptgasse, ab 18 Uhr. Music-Bar mit großem Openair-Bereich, angesagter Treffpunkt der jüngeren Szene.

Busse: aus Rhodos-Stadt entlang der Ostküstenstraße vormittags etwa alle 30 Min., ab 13 Uhr etwa stdl., letzter Bus gegen 19.30 Uhr. Retour dito, letzter Bus gegen 19 Uhr. Von Gennádi (über Kiotári, Lárdos, Péfki) vormittags etwa stdl., nachmittags alle 2 Std., letzter Bus gegen 18.30 Uhr (ab Gennádi). Retour dito, letzter Bus gegen 20.30 Uhr.
Parken: Parkplätze an der Straße zum Strand kosten 3 €/Tag. Umsonst parkt man am Busparkplatz. Wegen des Andrangs kommt man aber am besten mit dem Bus oder dem Moped.

Péfki

Reiseatlas: S. 239, F1
Die kleine, noch nicht allzu überlaufene Urlaubssiedlung etwa 5 km südlich von Líndos liegt unterhalb des völlig kahlen Marmári-Berges. Ringsum dehnt sich Felsenödnis, doch Péfki breitet sich in einem grünen Kiefernhain aus. Daher hat der Ort auch seinen Namen, der manchmal noch in der Form Péfkos auftaucht. Als Urlauber sind vor allem Engländer und Skandinavier vertreten, Großanlagen fehlen fast gänzlich. Dafür gibt es viele Apartmenthäuser sowie eine ganze Reihe netter Bars und Restaurants. Man badet an mehreren Strandstreifen, die schmal, aber schön sandig sind.

Thalia Hotel: an der Hauptstraße über dem Main Beach, Tel./Fax 22440-48 248. Nicht allzu großer Mittelklassebau in einem schattigen Gartengelände mit schönem Poolareal. Ruhig und relativ strandnah gelegen, mit eigenem Supermarkt. DZ ca. 35–65 €.

To Spitaki: schräg gegenüber Marathon Rent a Car, tgl. 10–15 und ab 18.30 Uhr, gehobene Preise. Romantisch in einem 1913 gebauten Haus mit blühendem Garten. Griechische Küche mit internationalem Standard.

Lárdos

Reiseatlas: S. 239, E1
Lárdos ist ein noch recht ursprüngliches Dorf in einer fruchtbaren Küstenebene mit ausgedehnten Olivenhainen. Die meisten Hotels liegen am Meer mit einem langen Sand-Kiesel-Strand; von dort geht man etwa 3 km ins Dorf, wo nur einfache Unterkünfte vermietet werden. Abends lohnt ein Besuch der inzwischen zahlreichen netten Tavernen an der Platia mit dem Brunnen aus Italienerzeit, an dem sich heute noch manche Einwohner Wasser holen.

Etwa 2 km südlich vom Lárdos Beach liegt der noch ganz unverbaute feinsandige **Glýstra Beach,** wo eine *kantina* Snacks serviert und Sonnenschirme vermietet.

Etwa 4 km südöstlich von Lárdos liegt das 1855 gegründete **Kloster Moní Ipsenís.** Wie Moní Thárri ist auch dies ein ›wiederbelebtes‹ Kloster (s. S. 169). Hier leben heute neun orthodoxe Nonnen, die sich der Betreuung von Kindergruppen aus den orthodoxen südosteuropäischen Staaten widmen, für die 1998 neue Trakte gebaut wurden. Berühmt ist auch das große Klosterfest am 23. August, zu dem Tausende von Gläubigen aus ganz Rhodos zusammenströmen.

Zimmer und **Apartments** in Lárdos vermittelt Rodorama Travel, Tel. 22440-44 057, Fax 22440-44 059, Mob. 694-679 238, rodorama@rodos.com, am Hauptplatz beim Brunnen, 9–13, 17–21 Uhr, Apartments 46–89 €, 13,50 € AC/Tag.

Louka's Taverna: westlich der Platia. In einem traditionellen Einraumhaus mit schattiger Gartenterrasse unter Bäumen. Gute Traditionsküche.

Valentina's: an der Platia. Die beste Küche in Lárdos, erstklassiger Service. Gute griechische Platte (8,20 €), viel vom

Taverne Louka's in Lárdos, eine der schönsten der Insel

Grill, aber auch Schmorgerichte. Oft sehr ursprüngliche Musik.

Kiotári

Reiseatlas: S. 239, D2
Kiotári war ursprünglich der Hafen des Dorfs Asklipío. An der Küste Richtung Líndos sind aber nun Großhotels gebaut worden, die den Namen in Beschlag nehmen. Fehlende dörfliche Atmosphäre wird durch die kilometerlangen Strände und das gute Wassersportangebot wettgemacht. Kiotári selbst besteht aus Pensionen und Tavernen rings um die alte Kirche Metamorphósis, in der frühchristliche Kapitelle verbaut sind.

Der kieselige Hauptstrand zieht sich lang bis nach Gennádi hin; zum Schnorcheln interessant ist vor allem der Felsen vor der Taverne Stefanos. Die Abschnitte im Bereich der Luxushotels Maris und Princess, wo es auch ein großes Wassersportangebot gibt, sind teils auch sandig, Badeschuhe dennoch empfehlenswert.

Hotel Ekaterini: im alten Kiotári, Tel. 22440-47 131, Fax 22440-47 048. Schöne Apartmentanlage mit Pool, Frühstücksterrasse mit Meerblick, ca. 300 m bis zum Strand. DZ ca. 40–65 €.
Studios Kirania: am Kiotári-Hauptstrand, Tel. 22440-47 080, www.studios-kirania.com. Saubere, einfache Studios, gerade mal 20 m vom Strand. DZ ca. 30–38 €, Apartment (4 Pers.) 47–50 €.

Alex Beach Centre: unterhalb vom Rodos Maris. Restaurant, Bar und Supermarkt unter einem Dach. Nachts ist das ABC Treffpunkt der Nachtschwärmer.
Il Ponte: an der kleinen Brücke zwischen Maris und Princess. Griechische und italienische Küche, abends sitzt man an dem Bachtal in verträumter Stimmung.
Taverne Stefanos: Kiotári-Hauptstrand. Alteingesessene Taverne mit echter griechischer Küche.

Asklipío

Reiseatlas: S. 239, D1
Das romantische Bergdorf liegt etwa 4 km im Landesinneren unterhalb eines Kastells aus der Johanniterzeit. Enge Gassen und traditionelle Häuser bestimmen das Bild. Die uralte **Kirche Kímisis tís Theotókou** am Dorfparkplatz gehört zu den sehenswertesten Kirchen von Rhodos. Der Bau wurde 1060 begonnen; das Datum ist jedenfalls neben dem Eingang eingemeißelt. Wer die Tür verschlossen findet, kann getrost kräftig die Glocke des freistehenden Kirchturms läuten, dann kommt der Kustos gelaufen.

Die Fresken aus dem 17. Jh. zeigen unter anderem Szenen der Apokalypse, ein in Griechenland eher seltenes Thema (im südlichen = rechten Querarm). Im Scheitel thront Christus, darunter sieht man die Gerechten in weißen Gewändern, Johannes, wie er das Buch isst, die Jungfrauen, die den Wein ausgießen, Maria, bedroht von einem siebenköpfigen Drachen, die Posaunenbläser vor der stürzenden Stadt, den Antichrist als Menschen raubendes geflügeltes Tier und natürlich die sieben apokalyptischen Reiter. Der Kustos betreibt auch ein kleines Folklore Museum, das liturgische Gegenstände sowie landwirtschaftliches Gerät zeigt.

Gennádi

Reiseatlas: S. 239, D2
Gennádi ist der letzte Badeort an der Ostküste, wo in den 90er Jahren viele neue Hotels entstanden sind. Doch scheinen sich die Erwartungen nicht erfüllt zu haben, und am ewiglangen Kieselstrand und in den Strandtavernen ist man fast immer unter sich. Auch abends, wenn die Tavernen am Strand schon geschlossen sind, ist im Dorf kaum mehr los. Fazit: Wer sehr viel Ruhe sucht, ist hier richtig, wenn man aus Kiotári einen ›Nachtausflug‹ machen will, sollte man aber besser nach Lárdos oder Líndos fahren. Doch kann man von hier aus gut den einsamen Süden von Rhodos erkunden (s. S. 169).

Dennis' Beach Studios: strandnah Richtung Kattaviá, Tel. 22440-43 395. Moderner Bau mit einfachen Studios, einsam in der Strandebene, aber freundliche Leitung. Studio 25–46 €.
Villa Maria & Villa Anna: am nördlichen Rand des alten Ortskerns, kurz vor der Polizeistation, Tel. in Deutschland: 0931/ 572 855, Fax 573 012, www.rhodos-genadi.de. Zwei alte Traditionshäuser, umgebaut zur Ferienwohnung, mit kleinem Hof unter Bougainvillea. Viel Flair, für

Die Kirche in Asklipío enthält bedeutende post-byzantinische Sakralmalerei

ruhige Tage mitten im Dorf eine tolle Sache. Max. 5 Pers. 265–355 €/Woche.

Klimis Taverna: die älteste Taverne am Strand, immer noch mit dem Flair der frühen Jahre. Auch die Küche blieb traditionell: Strandklassiker nach Hausmannssitte, lecker und nicht teuer.
Mama's Restaurant: in der Ortsmitte, mit moderaten Preisen bei Touristen beliebt. Man serviert Pizza, Fleisch vom Holzkohlengrill und Hausmannsgerichte.

... in Váti (Vation)
Plátanos: im kleinen Bergdorf im Inland (7 km), gleich am Dorfplatz, Tel. 22440-61 150. Typische Dorftaverne mit deutsch-griechischem Wirtspaar, ausgefallene Spezialitäten wie gekochtes Ziegenfleisch in Zitronensauce.

Lachaniá

Reiseatlas: S. 238, C3
Lachaniá gilt als das ›Künstlerdorf‹ von Rhodos. In die stille Landschaft und die idyllische Abgeschiedenheit flüchtete Anfang der 80er Jahre eine kleine Gemeinschaft von Aussteigern, die hier Häuser renovierte. Heute gibt es auf Rhodos kein zweites Dorf mit so stilvoll hergerichteten Häusern, die unter Hibiskus und Bougainvillea zu versinken scheinen. Mitten im Dorf, neben der Kirche mit dem typisch rhodischen, durchbrochenen Glockenturm, beschattet eine riesige Platane die Platia; daneben plätschert ein kühler Brunnen.

Taverne Platanos: An der Platia im unteren Dorfteil unter einer riesigen Platane gibt es bodenständige Küche; die Wirtsleute vermieten auch Zimmer. Zwischen 14 und 17 Uhr geschlossen, dann ist das ganze Dorf wie ausgestorben!

Haustür in Lachaniá

Plimmýri

Reiseatlas: S. 238, C3
Plimmýri ist eigentlich nur der Hafen von Lachaniá, ein kleiner, einsamer Strand bei dem Kirchlein **Zoodóchou Pigís** (›Leben spendender Quell‹, Beiname Marias). Hier lag in der Antike die Stadt Ixion, das Gelände ist aber noch nicht erforscht. Spuren aus dieser Zeit finden sich nur an der interessanten Kirche: Der Bau besteht aus einem Tonnengewölberaum, der von starken Stützmauern eingefasst wird. Vor ihm liegt ein doppelter Kreuzrippennarthex; dort sind die schönsten antiken Bauteile von Rhodos verarbeitet.

Gleich vorn erkennt man im Boden ein Wasserbecken mit einem frühchristlichen Kreuz, das auf einer Scheibe steht. Dieses Werkstück ist die Bodenplatte einer Predigtkanzel aus dem 5. Jh.; die gewölbte Seite war der von

Rast beim Pápa

In Lachaniá betreibt der Pápa, der Dorfpriester, die kleine Taverne Chrissi (an der Straße nach Mesanagrós, Tel. 22440-46 033), die auch Zimmer vermietet. Der Pápa ist sehr aufgeschlossen und unterhält sich gern – hier kann man eine Menge über Rhodos erfahren.

unten sichtbare Teil, der als Becken des Brunnens dahinter umfunktioniert wurde. Das Gewölbe ruht auf unterschiedlich starken Säulen, die vermutlich sogar noch auf einen antiken Tempel zurückgehen. Die Inschriften in griechischer Sprache wurden allerdings erst in frühchristlicher Zeit eingemeißelt. Die Säulen in der zweiten Vorhalle stehen auf umgedrehten korinthischen Kapitellen, die Säule in der vorderen rechten Ecke sogar auf zweien – hier wurde ein antiker Tempel nach Kräften ›recycelt‹. Über dem Eingang zur Kirche sind schließlich noch die Brüstungsplatte des Ambos, der erwähnten Kanzel, zu sehen sowie ein Teil der Chorschranke aus der frühchristlichen Basilika.

Die Gebäude zum kilometerlangen Strand hin, in denen sich heute eine Taverne etabliert hat, gehören zum früheren Kloster.

Kattaviá & Prasonísi

Reiseatlas: S. 238, B3, B4
Über die Ruinen von Ágios Pávlos, einst geplant als Mustergut der Italiener, fährt man durch windgepeitschte, steppenhafte Landschaft nach **Kattaviá.** Dies ist die südlichste Siedlung von Rhodos und noch sehr traditionell. Im Dorf gibt es einige einfache Unterkünfte, wo zumeist Prasonísi-Surfer unterkommen.

Noch etwa 8 km fährt man zur Halbinsel **Prasonísi** (Prassoníssi), einem beliebten Revier der Starkwindsurfer – 6 bis 8 Beaufort sind hier normal, dazu kann man zu gleicher Zeit auf der einen Seite mit off-shore-Wind Speed geben, auf der anderen in 2–3 m hoher Brandung fahren!

Neben zwei Hotels haben sich daher inzwischen drei Surfstationen etabliert. Seit 2000 hat die Begeisterung der Surfergemeinde jedoch etwas nachgelassen, denn im Sommer kommen nun viele polnische Surfer hierher, die zum Großteil wild in den Dünen campen, wo sich der Müll ansammelt.

Die berühmte Sandbrücke zur vorgelagerten Insel ist vor einigen Jahren in einem Wintersturm zerbrochen. Das Baden in dem Meereskanal ist aufgrund der Strömungen sehr gefährlich, im übrigen ist es sowieso meist zu frisch für echte Badefreuden.

Rechts vom Strand liegen die Reste von **Vroúlia,** einer kleinen antiken Siedlung aus Lehm-Steinhäusern, die schon im 6./5. Jh. v. Chr. verlassen wurde. Man erkennt in Ansätzen noch die gerade den Abhang hochlaufende Stadtmauer, westlich lag eine Agora.

Light House: Prasonísi, Tel. 22440-91 030, Fax 22440-91 050. Hotel mit Taverne fest in der Hand von Surfern; für Juli und August muss man frühzeitig reservieren, DZ 38–57 €.

I Kattavia: Kattaviá, am Dorfplatz, Tel. 22440-91 285. Wirt Mákis hat lange als Koch auf Kreuzfahrtschiffen gearbeitet. Heute serviert er hier leckere Klassiker, z. B. ein gutes Moussaka.

Pro Center Chr. Kirschner: Prasonísi, neue Surfstation, deutschsprachige Leitung, gut ausgestattet, Info: www.prasonisi.com. Tel. im Sommer: 22440-91 045, im Winter in Österreich: +43 (316) 31 86 06, Fax +43 (316) 31 86 01.

DREI TAGESTOUREN INS BERGLAND

Das Innere von Rhodos ist ländlich, grün und hügelreich – beschauliche Bauerndörfer wechseln ab mit romantischen Kapellen und uralten Klöstern. Die Routenvorschläge vermeiden die schlechten Straßen, erschließen aber alle wichtigen Ziele und hübsche Tavernen; auch Strandtipps werden nicht vergessen.

Rund um Psínthos und Profítis Ilías

Ausgangspunkt ist Rhodos-Stadt. Man fährt zunächst Richtung Ialyssós, um das Kloster und die antiken Ausgrabungen von Filérimos zu besuchen (S. 119). Anschließend bietet sich das quirlige Dorf Kremastí für eine Kaffeepause an. Von dort geht es weiter zum Bergdorf Maritsá, durch eine kilometerlange Oleanderallee, die zur Blüte im Juni am schönsten ist.

Maritsá

Reiseatlas: S. 235, D2
Maritsá ist ein relativ wohlhabender Ort mit einigen Tavernen, darunter das recht edel mit Antiquitäten eingerichtete Massasoura, das ein Geheimtipp der Griechen aus Rhodos-Stadt ist (nur abends göffnet). Typisch griechisch ist aber das Kafenió Koutouki, wo der freundliche Wirt exzellente Omelettes serviert. Etwas außerhalb liegt das Kirchlein Ágios Nikólaos mit interessanten Fresken (Richtung Psínthos, letzte Dorfstraße nach rechts, hinter einem Bach nach links, meist geöffnet). Die Stifterinschrift datiert die Ausmalung auf 1435.

Psínthos

Reiseatlas: S. 235, D3
Die nächste Station ist Psínthos, ein großes Bauerndorf mit mehreren ursprünglichen Tavernen. Die von Nikolaos Tsoullos serviert z. B. leckere Ziegenkoteletts mit Fladenbrot, die Taverne Smaragd ein köstliches Stifado aus dem Backofen. Die Platia mit dem riesigen Ölbaum ist eine dörfliche Idylle: Die Männer fahren mit Traktoren ins Kafenió, während die Frauen am eigenen Holzofen Brot backen – und die Soldaten der nahen Kaserne sich hier abends zum Gyros-Essen treffen. Auch im Tal der Fasouli-Quelle, an der Straße Richtung Archípoli, findet man eine idyllische Taverne.

Petaloúdes (Schmetterlingstal)

Reiseatlas: S. 235, D2
Richtung Westküste kommt man von Psínthos aus nach **Petaloúdes,** ins Schmetterlingstal. Auch wenn die

SCHMETTERLINGE? SCHMETTERLING!

»Schweißgebadet erreichten wir den Gipfel. Und da, gleißend im Sonnenlicht, lag das Tal der Verheißung! Satte, grüne Triften, von farbenprächtigen Blumen durchwirkt, rauschende Baumwipfel, ein linder, kühler Wind, alles, alles … ›Wo sind die Schmetterlinge?!‹ brüllten wir ohne jede Verabredung im Chor. Unvermittelt warf der Führer die Arme hoch und setzte in weiten Sprüngen zur Flucht an. Glücklicherweise befand sich in unserer Hintermannschaft ein bewährter Rugbyspieler, der ihn mit einem fliegenden Tackling zur Strecke brachte. ›Die Schmetterlinge sind schon schlafen gegangen‹, ächzte der überwältigte Regierungsbeamte. ›Oder vielleicht haben sie in einer anderen Gegend zu tun.‹ Dann langte er mit zitternder Hand in seine Hemdtasche und zog einen toten Schmetterling hervor. ›Hier … das … so sehen sie aus‹, stotterte er. ›Einer wie der andere. Wenn man einen gesehen hat, hat man alle gesehen …‹ « So beschrieb der Humorist Ephraim Kishon seinen Besuch im Petaloúdes-Tal am Westhang des Psínthos-Massivs.

Wer den vollmundigen Ankündigungen der Reiseführer ohne weiteres vertraut, wird in der Tat enttäuscht von dem Ausflug zurückkehren. »Schmetterlinge Fehlanzeige«, lautet die Meldung meist kurz und bündig. Es kommt einfach auf den richtigen Moment an. Und Schmetterlingszeit ist im Juli und August, dann bevölkern die Falter wirklich zu Tausenden das enge, feuchte Tal, sitzen in dicken Polstern auf den Baumstämmen und Blättern.

Es ist eine einzige Art, die hier in fast unheimlichen Schwärmen auftritt: Der Gepunktete Harlekin, lateinisch Callimorpha Quadripuncta, hat zwei verschiedenfarbige Flügelpaare. In geschlossenem Ruhestand ist nur die unauffällige Mimikry der Oberflügel zu sehen, mit der sich die Tiere kaum vom Untergrund abheben. Öffnen sich die Flügel, erscheint ein hellrotes Paar Unterflügel, das mit vier dunklen Punkten besetzt ist. Dies macht auch den eigentlichen ›Reiz‹ der Schmetterlinge aus. Fliegen nämlich plötzlich sehr viele Tiere auf, so scheint sich eine rosafarbene Wolke zu erheben. Schon im ersten Merian-Heft über Rhodos aus dem Jahre 1967 wird von einem Wärter berichtet, der mit einem einzigen schrillen Pfiff die Schwärme aufschrecken konnte. Heute versuchen manche, die Tiere mit Klatschen, Steinwürfen oder sogar Rütteln der Bäume hochzujagen. Gerade diese ständige Störung scheint die Tiere jedoch von der Paarung abzuhalten, so dass der Bestand schon seit Jahren immer weiter zurückgeht.

Auch ohne ›Schmetterlingswolken‹ ist das Tal ein sehenswertes Ausflugsziel. Nur hier wachsen auf Rhodos die aus dem subtropischen Asien stammenden Amberbäume (Liquidambar Orientalis), die ein aromatisches Harz absondern, das entfernt an Vanille erinnert. Diese Bäume erklären auch, warum die Schmetterlinge nur hier vorkommen. Sie saugen das Styrax-Harz, das früher auch zur Parfümierung von Tabak benutzt wurde und noch heute als Bestandteil von Weihrauch Verwendung findet.

Schmetterlinge nicht gerade Saison haben (s. S.158), beeindruckt das ›**Butterfly Valley**‹ doch durch für griechische Inseln ungewöhnliche landschaftliche Reize. Das dichtbewaldete, schattig-dunkle Tal wird von einem Wasserlauf durchflossen, der kleine Wasserfälle bildet; Holzstege erschließen die Idylle (für die man heute Eintritt zahlt).

Am unteren Ende des Tals liegt eine Taverne, wo der Wirt aufgespießte Schmetterlinge zeigt, aber auch solche aus Brasilien, deren Einfuhr nach dem Artenschutzabkommen illegal ist. Ganz am oberen Ende des Tals wandert man zum kleinen Kloster **Moní Kalópetra** mit schöner Aussicht über die grün bewaldeten Hügel des Inselinneren.

Etwas weiter, bei Epáno Kalamónas, kann man eine Straußenfarm besichtigen, die **Rhodes Ostrich Farm** (tgl. 9–20 Uhr, Tel. 22410-76 128). Dort kann man die Zuchtvögel in einem Freigehege beobachten, im angeschlossenen Shop werden Federn und Eierschalen verkauft, und in der Snack Bar gibt es Straußen-Burger und ziemlich große Omelettes zu verkosten.

Archípoli

Reiseatlas: S. 235, D3

Wieder zurück über Psínthos geht es nach Archípoli. Auf halber Strecke liegt das Kirchlein **Ágia Triás,** erbaut wohl auf den Fundamenten eines antiken Tempels, aus dem noch der girlandengeschmückte Altarblock stammt. In **Archípoli** steht der eigenartigste Glockenturm von Rhodos: Die wie üblich

Nur im August kann man die Schmetterlinge vom Petaloúdes-Tal in natura sehen

vielfach durchbrochene, in vier Stockwerken nach oben verjüngte Form erhält durch die Farbgebung von Rosa bis Rostrot eine verspielt kitschige Note. Schon an der Straße sind die blau gestrichenen Bienenkästen aufgefallen – und tatsächlich ist Archípoli ein traditionelles Imkerdorf. Verkauft wird der sehr aromatische Thymian- und Pinienhonig an der Nektários-Kirche einige Kilometer Richtung Kolýmbia (S. 161), aber auch im kleinen Supermarkt gegenüber der Dorfkirche kann man ihn bekommen.

Eleoúsa

Reiseatlas: S. 234, C3
Weiter geht es nach **Eleoúsa,** ein kleines Bergdörfchen, das ein ganz besonderes Kuriosum besitzt. Mitten im Wald über der Streusiedlung öffnet sich eine riesige ›Piazza‹ mit zwei langen Arkadengängen an den Längseiten. Die Anlage erinnert nicht von ungefähr an oberitalienische Plätze, denn tatsächlich wurde sie von den Italienern angelegt. Der Palast gegenüber der gut gepflegten Kirche mit der imposanten Freitreppe war einst die Sommerresidenz des Gouverneurs; heute ist hier eine Befehlszentrale der griechischen Armee untergebracht. Die Gebäude an den Längsseiten sind hingegen dem Verfall überlassen.

Unterhalb der Piazza, an der Straße Richtung Dimiliá, lädt die **Taverne Oasis** unter schattigen Kiefern zur Einkehr ein. Hausgemachte Bauernküche und Wein vom Fass serviert aber auch die **Taverne Dimitris** im Zentrum von Dimiliá (2 km).

Ágios Nikólaos Foundouklí

Reiseatlas: S. 234, C3
Auf der Straße zum Profítis Ilías erreicht man das Kirchlein **Ágios Nikólaos Foundouklí** (›Hl. Nikolaus bei den Haselnüssen‹). Obwohl die Fresken durch moderne Übermalung viel Qualität eingebüßt haben, sind sie doch ein gutes Beispiel für den Erzählcharakter der spätbyzantinischen Kunst. Die Kirche wurde Anfang des 15. Jh. von einem griechischen Verwaltungsbeamten aus Anlass des Pesttodes seiner Kinder gestiftet. Neben dem üblichen Bildprogramm zeigt die Ausmalung zahlreiche Anspielungen.

Es ist eine einfache Vierkonchenanlage, also ein Quadrat mit vier angesetzten Apsiden, deren östliche, die Altarapsis, durch ein Tonnengewölbe verlängert wurde. Die schönsten Szenen entdeckt man in der Westkonche gegenüber: Rechter Hand sind dargestellt der griechische Beamte, inschriftlich nur mit seinem Titel Logothet ausgewiesen, und seine Frau, die zusammen ein Modell der Kirche halten. Gegenüber sieht man ihre Kinder, für die der Bau gestiftet wurde. Über ihnen thront segnend der jugendliche Christus, inschriftlich sind sogar noch die Namen der verstorbenen Kinder erhalten: Geórgios hieß der kleine Junge, Maria das Mädchen. Dargestellt wurden die Kinder zwischen Blumenranken und Vögeln, die das Paradies symbolisieren. Ein Kindermotiv wird auch in der Südkonche gegenüber dem Eingang aufgegriffen: Über den stehenden Heiligenfiguren erkennt man die Taufe Christi mit spielenden Kindern.

Profítis Ilías

Reiseatlas: S. 234, B3
Weiter geradeaus fahrend überquert man den Profítis-Ilías-Berg, dessen 798 m hoher Gipfel nur zu Fuß zu erklimmen und teils als Militärzone gesperrt ist. Mitten im Wald stehen zwei wunderschöne Bauten im schweizerischen Chalet-Stil. Auch sie entstanden in italienischer Zeit und dienten unter dem Namen **Elafos** und **Elafina** noch bis in die 80er Jahre als Hotels. Inzwischen ist meistens nicht einmal mehr das Café geöffnet.

Sálakos

Reiseatlas: S. 234, B3
An der Nordflanke des Prof. Ilías-Massivs liegt **Sálakos,** ein kleines, traditionelles Bergdorf mit schönen Tavernen an der Dorf-Platia. Eine altehrwürdige Villa aus italienischer Zeit dient heute als Pension Nymfi, in der zumeist Wanderer Unterkunft finden. An der Straße Richtung Émbona ist ein Wanderpfad zum Aufstieg auf den Ilías-Berg ausgeschildert, etwas außerhalb (an der Straße nach Dimiliá) liegt die Makarouniá-Höhle mit der mythischen **Quelle der Nymphe** (gemeint ist Rode, s. S. 140), die heute eine wichtige Rolle in der Wasservorgung der Insel spielt und auch in Flaschen abgefüllt wird.

Pension Nymfi: Tel. 22460-22 206, einfache, aber stilvoll Zimmer. DZ ca. 35 €.

Die **Taverne Steki** am hübschen Dorfplatz bietet einfache, preiswerte Hausmannskost, vor allem Grillgerichte, bei freundlichem Service. Die weinüberrankte Terrasse ist einer der besten Rastplätze dieser Route.

Apóllona

Reiseatlas: S. 234, B3
An der Südflanke des Massivs überblickt **Apóllona** das weite menschenleere Hügelland östlich des Attávyros. Es ist ein lebendiges Dorf mit zahlreichen blumengeschmückten Häusern; Oleander und Bougainvillea zieren die Hauptstraße. In einem kleinen Folklore-Museum kann man rhodische Keramik und bäuerliche Gebrauchsgegenstände, u. a. zur Produktion von Olivenöl, besichtigen.

Über **Platánia,** mit weißen Häusern am steilen Hang gelegen, geht es dann zurück nach Archípoli und von dort Richtung Kolýmbia.

Ágios Nektários

Reiseatlas: S. 234, B3
Die Kirche zwischen Archípoli und Épta Pigés (s. S. 135) ist dem hl. Nektários geweiht, dem jüngsten Heiligen der orthodoxen Kirche. Der Bau ist groß und modern mit einer für westliche Augen etwas kitschigen Ausmalung, der aber nur die Patina der Zeit fehlt – bis zum heutigen Tag folgt die orthodoxe Kirchenmalerei den überlieferten Gestaltungsregeln, die auf die byzantinische Zeit zurückgehen (s. S.54).

Bei der großen Platane vor der Kirche wird **rhodischer Berghonig** verkauft.

Nach Kamíros und zum Attávyros

Das alte Kamíros mag zwar keine ganz so spektakuläre Sehenswürdigkeit sein, doch lohnt die unverbaute Landschaft der Westküste diese Tour auf jeden Fall. Sie führt auf guter Straße tief hinunter nach Süden zum Weindorf Émbona und zum Kastell von Monólithos. Bei der Anfahrt von der Westküste biegt man bei Afándou nach Psínthos ab und passiert dabei auch das berühmte ›Schmetterlingstal‹ (s. S. 157).

Kamíros (Alt-Kamíros)

Reiseatlas: S. 234, B2
Kamíros, 34 km von Rhodos-Stadt entfernt in den Hügeln über der Westküste gelegen, war die kleinste der drei antiken rhodischen Städte (tgl. außer Mo 8.30–15 Uhr, im Sommer 8.30–19 Uhr, 4 €). Es erreichte nie die Bedeutung von Ialyssós oder Líndos. In früharchaischer Zeit jedoch war die von Homer als ›die Tonreiche‹ gerühmte Stadt eine Hochburg der frühen griechischen Keramikproduktion: Die nahe Nekropole von Fikellura gab der Endphase des orientalisierenden Stils im 6. Jh. v. Chr. den Namen (S. 46).

In der hellenistischen Epoche, Rhodos als neue Inselhauptstadt war schon längst gegründet, wurde Kamíros nach einem Erdbeben um 227 v. Chr. neu aufgebaut, blieb aber eine politisch unbedeutende Handwerkerstadt. Nach einem weiteren Beben Mitte des 2. Jh. n. Chr. wurde es für immer aufgegeben und nie wieder überbaut. Daher zeigen die Ausgrabungen, die

Grundriss der Ausgrabung von Kamíros

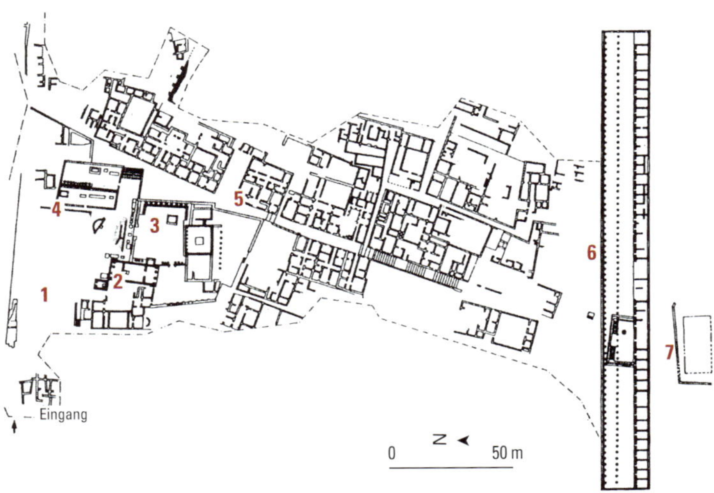

Kamíros, Statuenpodest mit Inschrift auf der Tempelterrasse

die Italiener 1929 begannen, das für die griechische Antike seltene Bild einer hellenistischen Wohnstadt, die eben nicht wie die meisten anderen Stätten jener Zeit in römischer oder spätantiker Zeit umgestaltet worden ist.

Zugleich bietet Kamíros ein besonderes landschaftliches Erlebnis: Die Stadt, von deren Wohnvierteln nur etwa hüfthohe Mauern blieben, zieht sich in einer engen Talsenke empor. Sie wird einmal längs durchschnitten von einer Weihestraße, die den unteren Tempelbezirk mit dem Athena-Tempel oben auf der Kuppe verbindet. Von dort oben hat man den schönsten Blick auf das Gewirr der Atriumhäuser, die – eingefasst vom Grün der Pinienwälder – über dem Meer zu schweben scheinen.

Gleich hinter dem Eingang betritt man die **Tempelterrasse** 1, auf der früher zahlreiche Weihestatuen standen, von denen jedoch nur die Sockel überdauerten. Rechts von dieser künstlichen Terrasse erhob sich ein **Apollon-Tempel** 2, von dem noch einige Säulen aufrecht stehen, daneben liegt ein weiterer Platz. Hier vermutet man den **Zeremonialbezirk** 3 des Tempels, der von einem Brunnenhaus und der Stützmauer zur Weihestraße begrenzt wird.

Gegenüber vom Eingang schließt sich der **Platz der Altäre** 4 an, auf dem unter anderem dem Sonnengott Helios geopfert wurde. Von hier führt die **Weihestraße** 5 über Treppen zur Kuppe empor, links zweigen Gassen zu

Kámiros Skála ist ein beschaulicher Hafen mit guten Fischtavernen

den verschachtelten Atriumhäusern ab, von denen noch hüfthohe Mauern aus Bruchstein erhalten blieben. Auf der Kuppe ist heute nur eine große Zisterne aus klassischer Zeit zu entdecken, über der Anfang des 2. Jh. eine monumentale, 200 m lange **Stoa** 6 errichtet wurde. Diese Säulenhalle diente als Eingang zum **Athena-Tempel** 7 direkt dahinter.

Taverne New Kamiros: an der Küste beim ›Old Kamíros‹-Abzweig. Oft von Ausflugsbussen besucht, daher nicht außergewöhnlich, aber große Auswahl; schön eingerichtet mit traditionellen Holzstühlen. Am schmalen Strand kann man auch baden, es werden Liegestühle vermietet.

Kámiros Skála

Reiseatlas: S. 236, C1

Der Fischerhafen südlich des antiken Kamíros ist mit seinen Fischtavernen und der Chálki-Fähre (S. 188) ein beliebter Ausflugsstopp. Im Hang über dem Kai, hinter der Taverne Loukas, ist ein unvollendetes Tempelgrab in den Fels gemeißelt. Typologisch entspricht es den Gräbern Lykiens (der Region rund um Fethiye in der Türkei) und verweist so auf die engen Beziehungen zu Kleinasien in antiker Zeit.

Das **Estatorio Althaimenis,** rechts vom Anleger, gilt als das beste Hummerrestaurant von Rhodos. In großen Becken kann man sich ›sein‹ Tier in noch lebendem Zustand aussuchen.

Kastell Kámiros

Reiseatlas: S. 236, B1
Etwas weiter südlich kommt bald der Abzweig zum **Kastell Kámiros** (ausgeschildert als Kástro Kritinía). Es ist eine der besterhaltenen Johanniterburgen, erbaut unter dem Großmeister Orsini, verstärkt unter Aubusson und Carretto, deren Wappenschilder die Mauern zieren (S. 30). Im Mittelalter hieß die Festung Villanova, den Bau finanzierten Florentiner Bankhäuser als Handelsstützpunkt. Vom höchsten Punkt, beim mächtigen Donjon, hat man einen schönen Meerblick zu den Inseln Alimiá und Chálki.

An der Küste in der **Kopriá Bay,** einer bei Tauchern beliebten Bucht, lädt **Johnny's Fish Taverna** zur Rast.

Kritinía

Reiseatlas: S. 236, C1
Das noch ganz ursprüngliche Dorf am Hang unterhalb der Westküstenstraße, die sich hier schon in die Berge geschwungen hat, wird oft achtlos rechts liegen gelassen. An der Hauptstraße zeigt ein Folklore-Museum landwirtschaftliches Gerät, im Dorf an der Platia versorgt das Kafenió O Platanos unter einer riesigen Platane Besucher mit Getränken und Eiscreme.

Links neben dem Kafenió beginnt der Fußweg zum kleinen Kirchlein Ágios Ioánnis Pródromos (= der Täufer), das sich 10 Minuten vom Dorf entfernt ganz weiß getüncht unter zwei mächtige schwarze Zypressen kauert. Mit ihrem Ausblick auf das Kámiros-Kastell ist die Kapelle aus dem 12. Jh. eine der malerischsten von Rhodos.

Émbona

Reiseatlas: S. 236, C1/2
Émbona, die ›Weinhauptstadt‹ von Rhodos unterhalb des Attávyros-Massivs, liegt weiter im Landesinneren. Das Dorf wird inzwischen gern von organisierten Ausflugsgesellschaften angefahren und ist tagsüber recht überlaufen; erst abends kehrt das traditionelle Leben wieder zurück. Von der unteren Platia, wo die Busse vor Souvenirgeschäften und überdimensionierten ›Tavernen‹ parken, geht man nur wenige Minuten in das noch dörfliche Ortszentrum. Dessen Sackgassen erschließen eine traditionelle Architektur kleiner Kubenhäuschen mit Schornsteinen, die von ausrangierten Tontöpfen abgedeckt sind. Viele Häuser haben kleine Anbauten, die durch rußgeschwärzte Eisenklappen als Backofen erkennbar sind. Rund um die große Hauptkirche liegen weitere Restaurants; auch hier werden Souvenirs (Decken, Strickwaren) angeboten – auch hier sind durchaus nicht alle handgemacht, schon gar nicht im Dorf selbst.

Wenn man auf der Hauptstraße durch das Dorf hindurch fährt, kommt man zur großen **Weinkellerei Emery** (s. S. 166, Verkostung Mo–Fr 7.30–15, Juli/Aug. 7.30–16 Uhr, Tel. 22460-41 208), aber auch kleinere Weinproduzenten haben ihren Keller zur Verkostung geöffnet.

WEINKELLEREI EMERY IN ÉMBONA

Bei vielen Weintrinkern spielen Weine griechischer Provenienz noch eine ähnliche Rolle wie die Billigprodukte aus Tunesien. Doch seit dem EG-Beitritt hat sich auch in diesem Bereich einiges getan. Ein gutes Beispiel für die Entwicklung ist die Weinkellerei Emery, die dem kleinen Bergdorf Émbona am Nordhang des Attávyros-Massivs inzwischen den Beinamen ›Weinhauptstadt von Rhodos‹ einbrachte.

Seit 1966 produziert die in Familienbesitz befindliche Kellerei Wein, seit den 1970er Jahren innerhalb des Prädikats VQPRD *(Vins de qualité produits dans des régions déterminées).* Doch das bedeutet letztlich nur, dass innerhalb eines definierten Anbaugebiets nicht mehr als 10 Tonnen Trauben pro Hektar produziert werden dürfen und dass die Weine nach dem Anbaugebiet heißen sollen. Daher musste ein griechischer Hersteller seine Marke mit dem Fantasienamen Líndos wieder vom Markt nehmen. Dass Emery heute in ganz Griechenland einen guten Ruf hat, verdankt der Betrieb der Direktorin Voni Triantafillou. Sie erkannte rasch, dass es nicht ausreichte, moderne Pressen und Stahltanks anzuschaffen. Emery kreierte auch eine französisierende Produktlinie, die zwar die rhodischen Trauben – Athiri für Weißwein, Amorgiano für Rotwein – nutzt, die es aber mit der EU-Konkurrenz durchaus aufnehmen kann. Die Erfolge bei den rhodischen Hoteliers und den Touristen sorgten für guten Absatz, so dass sich das Unternehmen bald an die Herstellung eines, durchaus sehr akzeptablen, Sekts wagte. Und längst hat Emery auch eine Verkostungsstelle eingerichtet und sein Werk für Besuchergruppen geöffnet.

Zusammen produzieren die großen rhodischen Weinhersteller, neben Emery das noch von den Italienern gegründete Unternehmen CAIR bei Rhodos-Stadt, etwa 7000 t Wein pro Jahr – was ungefähr einem Anteil von 6 % der griechischen Gesamtproduktion entspricht (114 000 t). Anders als Emery stellt CAIR auch Retsína her, den Schankwein Griechenlands par excellence. Es ist ein einfacher Weißwein aus der Athiri-Traube, dem das Harz der Aleppo-Kiefer zugegeben wird, die auf Rhodos in allen Höhenlagen wächst. Was schon in der Antike als produktionstechnische Notwendigkeit zur Abdichtung der Weinschläuche begann, wurde dann ein geschmacklicher Selbstläufer, zu dem sich allerdings noch ein jeder den Zugang ›antrinken‹ muss.

Aber auch am einstigen Volksgetränk Retsína ist die Zeit nicht spurlos vorübergegangen. Beseelt vom Wahn, auch noch die unwichtigsten Details in der gewohnten Papierflut zu regeln, hat der Bürokratenmoloch in Brüssel eine Obergrenze für die Harzzugabe festgelegt: Bei jetzt noch erlaubtem 1 % Harzanteil ist das Ergebnis ein laffes Gesöff verglichen mit dem 7-prozentig geharzten Bauern-Retsína früherer Zeiten. Wie zum Trotz scheinen die Griechen ihrem einstigen Alltagsgetränk den Rücken gekehrt zu haben – heute wird mehr und mehr Bier oder Whiskey in Griechenland getrunken.

Vassilia rooms to let: am Ortsrand Richtung Westküstenstraße, Tel. 22460-41 235. Einfache, helle Zimmer und Studios in einem Neubau, mit Restaurant. DZ ca. 30 €. Aber auch viele Tavernen im Dorf vermieten Zimmer.

Die Taverne **Tessera Adelphia,** im oberen Dorfteil hinter der Kirche gelegen, serviert deftige Grillküche. Am Dorfplatz beliebt ist die Taverne **Stamatis** mit schöner Terrasse und sogar Satelliten-TV.

Rund um den Attávyros

Reiseatlas: S. 236, B/C2
Der völlig kahle, mächtige Gipfel des **Óros Attávyros**, des höchsten Gipfels von Rhodos (1215 m), ist für Wanderer eine Herausforderung. Es ist zwar eine Straße auf den Gipfel im Bau (dort soll eine neue Radarstation für den Airport entstehen), es gibt aber auch noch den alten Bergpfad (s. S. 72). Auf jeden Fall muss man ausreichend Wasser mitnehmen und beim ersten Sonnenstrahl losgehen! Da man auf jeden Fall im Dorf übernachten muss, sollte man mit seinem Wirt eine Rückmeldezeit vereinbaren – falls etwas schiefgeht.

Den Attávyros kann man auch auf einer Asphaltstraße umrunden. An der Straße mit schönen Aussichtspunkten lohnt ein Stopp beim Kloster **Moní Artamíti,** das eine kuriose geschnitzte Ikonostase von 1870 besitzt: Im obersten Register ist sie mit barbusigen ›Engeln‹ und einem Drachen versehen.

Das Weinbauerndorf **Ágios Isídoros,** das die grünen Hügel des Binnenlandes überblickt, ist viel beschaulicher als Émbona. Weiße Häuschen staffeln sich am Hang, stets windumfächelt wegen der Fallwinde vom Bergmassiv. Charakteristisch sind die Vögel gleichenden Kaminhauben, die verhindern, dass der Wind den Qualm zurück in den Kamin drückt.

Im Dorfzentrum verkauft die **Taverne Ataviros** Honig, Wein oder Soúma aus dem Dorf und serviert z. B. knusprige Souvlaki vom Holzkohlengrill (keine Küche zwischen 14–18 Uhr).

Siána

Reiseatlas: S. 236, B3
Der kleine Ort am Hang des Akramítis überblickt die Ebene von Apolakkiá bis zu den langen Stränden der südlichen Westküste. Die große Kirche Ágios Pandelímonos ist im byzantinischen Stil ausgemalt und hat einen durchbrochenen Glockenturm, wie er typisch für Rhodos ist. Die Uhr steht immer auf 9.35 Uhr: Sie ist nur aufgemalt.

Souvenirläden bieten **Web- und Stickwaren** an (meist aber keine handgemachten); in den Kafénia an der Platia werden ein würziger Pinienhonig verkauft sowie Soúma, ein klarer Tresterschnaps wie z. B. Grappa.

Glyfáda

Reiseatlas: S. 236, B2
Der Abstecher hinunter in die Bucht von **Glyfáda** lohnt eigentlich nur, wenn man in den beiden Fischerrestaurants, einem Geheimtipp der Rhodier, essen will. Der Strand ist ganz einsam (allerdings Seegrasanschwemmungen), abends kann man hier schöne Sonnenuntergänge erleben.

ΙΕΡΟΣ ΝΑΟΣ
ΑΓΙΟΥ ΠΑΝΤΕΛΕΗΜΟΝΟΣ

Monólithos

Reiseatlas: S. 236, A3
Der Weiler ist mit seinen locker verstreuten Häusern noch sehr traditionell, profitiert aber von den Ausflüglern zur Ritterburg. Etwa 4 km außerhalb des Ortes ragt das eindrucksvolle **Kástello Monólithos** über der Küste empor. Vom Parkplatz führt ein nicht ganz leichter Treppenweg zur Anhöhe hinauf. Hier stand schon seit byzantinischer Zeit ein Kastell, das in der Johanniterzeit noch einmal verstärkt wurde (1476). Man erkennt noch das alte byzantinische Mauerwerk mit roten Ziegeln dazwischen, vor das die Johanniter eine massivere Ummantelung gelegt haben. Auf der Felsspitze steht heute nur noch das kleine Kirchlein Ágios Pandélimon. Das Grau der Felsen, das Grün der Pinien und das strahlend grelle Weiß der Kapelle setzen die Akzente im Panoramablick.

Am **Kap Foúrni** unterhalb von Monólithos liegen zwei ganz einsame Badebuchten mit Kieselstrand, auf dem es aber oft große Seegrasanschwemmungen gibt. Interessant ist auch die Landzunge selbst, wo spätantike und frühchristliche Gräber sowie Felskapellen erhalten blieben. An den Felswänden sieht man Kreuze und andere Symbole der ersten Christen.

In der Taverne **Christos Corner,** Tel. 22460-61 310, kann man einfache Zimmer mieten. Hier wird auch der Tresterschnaps Soúma verkauft, man serviert Fisch- und Grillgerichte sowie viele schmackhafte Klassiker.

Die große Kirche von Siána

Der ›wilde‹ Süden von Rhodos

Obwohl man Rhodos inzwischen auf Asphaltstraßen durchaus an einem Tag umrunden kann, ist eine Inlandstour im Süden immer noch ein Abenteuer. Vor allem die Pisten von Arnítha und Moní Skiádi nach Mesanagrós sind in keinem guten Zustand. Startpunkt ist Lárdos an der Ostküste, wer von der Westküste kommt, kann in Apolakkiá ›einsteigen‹.

Von Lárdos geht es auf Asphalt in das noch bäuerliche Dorf **Láerma,** das einsam in der Inselmitte von Rhodos liegt. Der Wirt des Dorf-Kafenió kann Auskunft geben, ob die Schotterpiste zum Kloster Thárri passierbar ist.

Im Dorf an der Kiotári-Straße liegt das **Grill House Bella Vista,** wo man ein gutes Souvlaki bekommt. Der Wirt von **Ingos Taverna** an der Straße zum Kloster spricht etwas Deutsch und serviert auch Schmorgerichte.

Moní Thárri

Reiseatlas: S. 237, D3
Das Kloster Moní Thárri in den Wäldern südlich von Láerma war jahrelang verlassen, ist jetzt aber wieder bewohnt. Initiator dieser Wiederbelebung ist wie bei Moní Ipsenís (S. 151) der Abt Amfilóchios, der mit etwas mehr als einem Dutzend Mönchen Kindergruppen aus den orthodoxen Staaten Südosteuropas betreut und eine Radiostation betreibt, die sich gegen die ›Amerikanisierung‹ von Rhodos wendet.

Die Gründung des Klosters soll auf eine byzantinische Prinzessin zurück-

Alte Wandmalereien schmücken die Klosterkirche von Moní Thárri

gehen, die sich mit einer unheilbaren Krankheit nach Rhodos zurückgezogen hatte. Im Traum erschien ihr der Erzengel Michael und sprach ›Hab Mut‹, griechisch *tharsí,* ›Du wirst gesund‹. Daraufhin stiftete sie Kirche und Kloster, das daher auch den Namen erhielt. Dies ist jedenfalls Lesart der jetzigen Mönchsgemeinschaft, die das ›Tharsi!‹ des Erzengels als Bekräftigung versteht, sich den modernen Entwicklungen entgegenzustemmen.

Die jetzigen Gebäude entstanden im 14. Jh., die Kirche wurde aber um 1600 noch einmal vergrößert. Rund um den Hof verlaufen Trakte mit den Schlafsälen für Pilger, an einer Ecke steht ein kaum mannshoher Glockenturm. Das Bildprogramm zeigt Fresken im postbyzantinischen Stil (17. Jh.).

Im Tonnengewölbe erkennt man Szenen aus dem Neuen Testament. In der Kuppel ist Christus als Pantokrator, als Weltenherrscher, dargestellt, darunter stehen die Propheten und die Evangelisten. Die Fresken in der Apsis (sie sind die ältesten) zeigen die Kirchenväter, die Apostelkommunion und darüber eine **Deesis:** Christus flankiert von Maria und Johannes dem Täufer, die Fürbitte für die Gläubigen leisten.

Interessant ist auch die Darstellung des **Mandilion:** Dies war nach der apokryphen Überlieferung das Tuch mit dem Bild des Antlitzes Christi, das dieser selbst zum König Abgar von Edessa gesandt hatte. Nach dem Ikonoklasmus, dem Bilderstreit im 8. Jh., galt es als Rechtfertigung der bildlichen Kirchenausmalung.

Profýlia und Ístrio

Reiseatlas: S. 236, C4
Vom Kloster fährt man auf Schotterpiste (im Frühjahr stark ausgewaschen) weiter gen Süden ins stille Dorf **Profýlia,** das mit seinen weiß gekalkten, würfelförmigen Häusern fast kykladisch anmutet. Die Kirche Ágios Geórgios direkt rechts oberhalb vom Dorfplatz soll aus dem 15. Jh. stammen, die Fresken sind ins 16./17. Jh. datiert. Zentrales Thema ist das Leben Jesu. Bedeutender noch ist die Ausmalung der Friedhofskirche Agía Anastasía, die kürzlich restauriert wurde.

Ístrio, die nächste Station, ist dagegen eine weitläufige Streusiedlung tiefer im Tal, inmitten von Gärten und Olivenbäumen. An der Hauptstraße findet man eine einfache Taverne, die aber nur im Sommer geöffnet hat. Unterhalb des Kirchplatzes steht ein altes Friedhofskirchlein, in dem antike Spolien (u. a. eine Säule) verbaut sind.

Arnítha

Reiseatlas: S. 236, B4
Von dort geht es Richtung Apolakkiá bis zur neuen Schnellstraßenkreuzung, wo man geradeausfahrend **Arnítha** besuchen kann, ein kleines, ebenfalls fast kykladenhaftes Dorf, an dessen Südwestrand die Kirche Ágios Níkon (Nikólaos) mit Fresken aus dem 14. Jh. steht. Von hier sollte man nicht weiter nach Mesanagrós fahren (die Piste ist teilweise sehr ausgewaschen), sondern besser nach Apolakkiá.

Apolakkiá

Reiseatlas: S. 236, B4
Das südlichste Dorf an der Westküste ist ein beliebter Zwischenstopp für Ausflügler, daher gibt es hier einige Tavernen, leider manche mit einem gewissen Trend zur Massenabfertigung. Die Taverne Amalia macht den besten Eindruck, hier kann man auch einfache Zimmer mieten.

Von Apolakkiá ist die Route Richtung Kattaviá inzwischen bestens ausgebaut, die Küste mit einsamen, aber

Heilige Siesta

Auch den Griechen ist die Mittagsruhe heilig. Zwischen 13 und 17 Uhr wirken die Dörfer wie ausgestorben. Daher sollte man sehr früh losfahren, wenn man mal einen Menschen sehen oder Kirchen besichtigen will.Nach 13 Uhr fährt man besser an den Strand.

PANAGÍA AUF REISEN

Der lange Weg der Ikone von Moní Skiádi

Jedes Jahr zu Beginn der Fastenzeit geht eine rhodische Marienikone auf Reisen: Die heilige Gottesmutter von Skiádi. Die Gläubigen sind davon überzeugt, dass der Evangelist Lukas sie eigenhändig und mit Einwilligung Mariens malte. Drei Eremiten fanden sie einst – wahrscheinlich im 9. oder 10. Jh. – an der Küste von Rhodos, nachdem sie mehrere Nächte lang von Ferne einen eigenartigen Lichtschein am Ufersaum gesehen hatten.

Seit wann die Marienikone von Skiádi alljährlich in der Fasten- und Osterzeit auf Reisen geht, weiß niemand zu sagen. Ihr erstes Ziel ist die kleine Nachbarinsel Chálki. Die Insulaner holen sie in der ersten Fastenwoche ab und dürfen sie bis zum Donnerstag des Großen Bußkanons (5. Woche der Fastenzeit) behalten. Am nächsten Tag bringen sie sie ins Kloster zurück, wo sie am Lazarus-Samstag von Priestern und Gläubigen aus Monólithos abgeholt wird. Jetzt wechselt sie fast jeden Tag den Ort, wird über Émbona und Ágios Isídoros weitergereicht nach Ístrio, Arnítha und Apolakkiá. Am Karsamstag kehrt sie kurz ins Kloster Skiádi zurück, verbringt aber schon die Nacht zum Ostersonntag in Kattaviá. Nach Ostern gelangt sie schließlich noch nach Váti, Asklipío, Lachaniá und Mesanagrós, wo sie rechtzeitig zum Panigíri des Dorfes am Thomas-Sonntag eintrifft. Am Montag nach dem Ostermontag endet ihre Reise schließlich wieder im Kloster Skiádi.

Gottesdienste finden selbstredend in jedem Dorf statt, wenn die Marienikone anwesend ist. In vielen Dörfern wird sie in einer Prozession von Haus zu Haus und zum Friedhof getragen. In manchen Dörfern übernachtet sie in der Kirche, in anderen wird das Recht, sie unter dem eigenen Dach aufnehmen zu dürfen, an den Meistbietenden versteigert.

Ein besonders großes Fest zu Ehren der Gottesmutter von Skiádi wird am Thomas-Sonntag und dem Montag danach am kleinen Thomaskirchlein unterhalb der Straße von Lachaniá nach Mesanagrós begangen. Die winzige Kapelle mit Freskenresten aus dem 14. oder 15. Jh. steht in einem schattigen Zypressenwald. Unter den Bäumen sind Bänke und Tische aufgestellt, aus einem Brunnen sprudelt glasklares Wasser. Zicklein und Lämmer werden gegrillt, Musik spielt auf. Auf dem kreisrunden, mit weißen Kringeln bemalten Vorplatz der Kapelle wird an beiden Tagen bis weit nach Mitternacht getanzt. Man hat ja allen Grund zur Freude: Aus der geistigen Anwesenheit der Gottesmutter, die die Ikone garantiert, schöpft man Vertrauen in das kommende Jahr. Und sollte doch etwas schiefgehen, kann man immer noch zu Maria ins Kloster pilgern und sich von ihr ein Wunder erhoffen. Schließlich hat man durch die Gastfreundschaft, die man der Ikone erwies, ja ein persönliches Verhältnis zu ihr geschaffen, das im sozialen System Griechenlands viele Parallelen hat – Freunde helfen einander, Beziehungen sind alles.

schmalen und schattenlosen Sand-Kies-Stränden aber noch kaum erschlossen.

Moní Skiádi

Reiseatlas: S. 238, B2
Von der Hauptstraße zweigt dann eine im Sommer durchaus passable Schotterstrecke zum Kloster Moní Skiádi (auch Skiáthi geschrieben) ab, das man durch eine wilde Frygana-Landschaft mit dichtem Niederbuschwerk erreicht (S. 18). Da man kaum schneller als 30 km/h fahren kann, muss man entsprechend Zeit einkalkulieren.

Die Kirche wurde 1861 gestiftet. Eine lange Tradition erkennt man nur an der Apsis der Klosterkirche, ursprünglich eine kleine Kreuzkuppelanlage aus dem 13. Jh., die in den modernen Bau einbezogen wurde. So wirkt denn das Innere der Kirche zunächst nicht besonders eindrucksvoll. Berühmt ist jedoch die Marienikone (S. 172), die sehr alt sein soll. Der Schnitt auf der rechten Wange der ansonsten mit einem Silber-Gold-Oklad verdeckten Panagía (›Allheiligen‹) von Skiádi stammt der Legende nach von einem türkischen Offizier. Nach dieser Freveltat sei er erblindet und habe erst sein Augenlicht wiedererhalten, als er zum Christentum konvertierte.

Im Klosterhof serviert das Pächterehepaar hin und wieder Kaffee für den Besucher, man sollte sich mit einer großzügigen Spende erkenntlich zeigen. Die freundlichen Gastgeber zeigen auch die bessere Straße nach Mesanagrós, das man auf einem Umweg nach Süden erreicht.

Mesanagrós

Reiseatlas: S. 238, B2
Mesanagrós, war das größte Bauerndorf des südlichen Rhodos, leidet heute aber sehr unter der Abwanderung. Die Jungen ziehen in die Stadt, die traditionelle Wohnarchitektur, die hier noch fast unberührt erhalten ist, verfällt zunehmend.

In frühchristlicher Zeit war das Dorf die große Bischofsstadt dieser Region. Dort, wo heute das Marienkirchlein Kímisis tís Theotókou steht, erhob sich im 5. Jh. eine große Basilika mit drei Schiffen. Auf deren Fundamenten entstand dann im 14. Jh., als sich Rhodos unter der Johanniterherrschaft wieder erholt hatte, die heutige kleine Kirche. Zahlreiche Bauteile zeugen von diesen prächtigen Vorgängerbauten, u. a. eine frühchristliche Marmorsäule mit schlankem Kreuzsymbol, die über dem Nordportal eingemauert ist, und ein schönes Taufbecken, in dem eine griechische Inschrift eingeritzt ist: »Wohlergehen und Erlösung denen, deren Namen Gott kennt.« Die Kirche liegt direkt neben der Bar O Mike, wo man den Schlüssel erhält, aber auch einfache, teils hausgemachte Bauerngerichte essen kann.

Wieder auf Asphalt, fährt man nun gen Lachaniá und passiert dabei das von Zypressen gerahmte Kirchlein **Ágios Thomás,** auch hier sind antike Bauteile zu entdecken. Am Thomas-Sonntag (Sonntag nach Ostern) findet auf dem weiß bemalten Festplatz ein großes Fest statt, an dem der gesamte Süden und auch die Panagía von Skiádi (s. S. 172) teilnehmen.

Ausflüge ab Rhodos

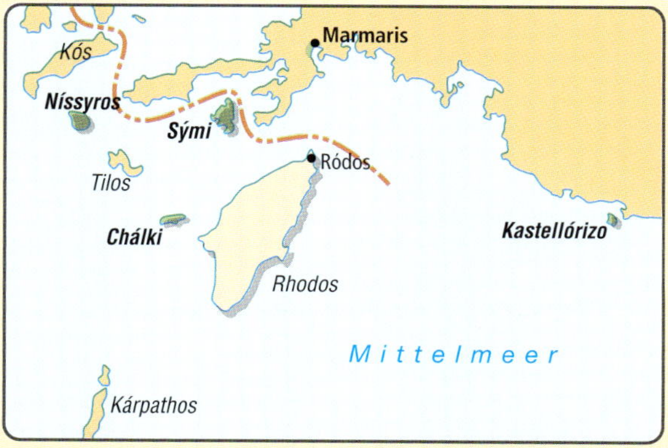

Blick über die Häuser am Hafen von Sými, im Hintergrund das Evangelísmos-Kloster

Reiseatlas S. 232–233, 239

SÝMI – INSEL MIT SCHÖNER FASSADE

Wenn das kleine Ausflugsboot von Rhodos aus sich gegen den immerwährenden Meltémi-Wind auf Sými zuquält, scheint die Insel eigentlich nur ein Berg aus Geröll zu sein. Doch wenn das Schiff in die enge Hafenbucht gleitet, fährt man auf eine der schönsten Städte der Ägäis zu.

Sými besitzt die am meisten zerlappte Küstenlinie der Ägäis; felsige Buchten schneiden vielfach verzweigt tief ins Landesinnere. Nur ca. 8 km trennen die Insel von Kleinasien, das mit den lang gestreckten Halbinseln von Knidos und Hisarönü nach dem Eiland zu greifen scheint. Sými war wie Rhodos zuerst von Karern besiedelt, gehörte danach zum dorischen Rhodos. Aus dem Peloponnesischen Krieg ist eine Seeschlacht überliefert, in der die Spartaner nahe der Insel die athenische Flotte vernichteten.

Im 19. Jh. lebten auf Sými knapp 15 000 Menschen. Die Insel hatte sich auf den Orienthandel spezialisiert, zugleich gab es mehrere große Werften, die schnelle Segelboote für den Kurierdienst des osmanischen Sultans bauten. Viele Menschen lebten auch von der Schwammfischerei, die hier einen ähnlich wichtigen Wirtschaftszweig wie auf Kálymnos bildete. Der Niedergang setzte mit dem Aufkommen der Dampfschifffahrt ein, beschleunigte sich aber mit der Zugehörigkeit von Sými zum italienischen Ägäisreich seit 1912, wodurch die Symioten von ihrem kleinasiatischen Hinterland abgeschnitten waren. Schon 1922 betrug die Bevölkerung nur noch 8000 Menschen, heute sind es nach einer langen Phase weiterer Abwanderung immerhin wieder 2900.

Sými-Stadt

Reiseatlas: S. 233, E2
Die Stadt Sými liegt auf einem halbhohen Joch unterhalb des stumpfen Kegelberges, auf dem früher die Akropolis stand. Heute erheben sich hier die Reste der Johanniterburg. Links vom Kástro zieht sich eine lange Kette von Windmühlen über einen etwas erhöhten Hügel. Die Häuser von Gialós (sprich Jalos), der Unter- oder Hafenstadt, stammen zumeist aus den letzten Jahren des 19. Jh. Es sind prächtige klassizistische Bauten, die sich da rings um den Hafenkai ziehen – wie vor 100 Jahren in den typischen Sými-Farben gestrichen: weiß-beige das Haus an sich, blutrot die Giebelpartie mit einem kleinen gelben Kreis innen, schokoladenbraun die Umrandungen

der Fenster. Nur die Parteibüros von PASOK und ND in Grün und Blau stechen aus den pastellsanften Gelb- und Rottönen der Häuser hervor.

Am Kai, dort wo die Ausflugsboote anlegen, erhebt sich markant ein freistehender Uhrturm, der 1881 als Zeichen des Wohlstands gebaut wurde. Von hier führt die Uferstraße am Hafenrund entlang. Es ist eine lange Reihe von Tavernen und Souvenirshops, die deutlich machen, wie sehr der Wohlstand der Insel heute vom Tourismus abhängig ist. Man kann zu günstigen Preisen Fisch und Hummerlangusten essen, in den Läden werden Schwämme, riesige Muscheln und Gewürze verkauft. Im **Sea Sponge Center** beim Anleger informieren die Taucher von Sými über ihren immer noch gefährlichen Beruf und die Schwammverarbeitung.

Kurz hinter der Anlegestelle erinnert ein **Felsrelief,** eine Replik des Trieren-Hecks von Líndos, an die Übergabe der Dodekanes-Inseln an den neugriechischen Staat im Jahr 1947. Auf Sými, während des Kriegs Hauptquartier der britischen Streitkräfte, wurde damals Geschichte gemacht: Im Hotel Aliki hinter dem Uhrturm unterschrieb die deutsche Besatzung von Rhodos das Protokoll der Kapitulation. Das war erst am 8. Mai 1945, eine Woche nachdem Berlin gefallen war.

Geht man am Kai weiter, kommt man zu einer kleinen Brücke und der Fischmarkthalle. Auf dem großen Platz dahinter findet die Aufführungen des Symi Festivals im Juli/August statt. Auf der rechten Seite ist ein Herrenhaus (früher Residenz eines Schwammhändlers) zu einem **Nautischen Museum** umgestaltet, das interessante historische Fotos zeigt.

Die Oberstadt (Chorió)

Von der Hafenseite gegenüber dem Anlegekai führt die **Kalístrata,** eine sorgfältig gepflasterte Treppenstraße, hinauf nach Áno Sými oder Chorió, der Oberstadt. 387 Stufen hat die ›Gute Straße‹, aber der schweißtreibende Aufstieg lohnt sich. Anfangs wähnt man sich in einer Geisterstadt: Fast nur Ruinen säumen den Weg, große *archóntika* (Herrenhäuser), die bei den Bombenangriffen im Zweiten Weltkrieg zerstört wurden. Erst weiter oben lässt sich an den klassizistischen, gut gepflegten Fassaden erahnen, was für eine wohlhabende, geschäftige Stadt Áno Sými einmal gewesen sein muss.

Ganz oben verdient die alte Apotheke von Sými (Symotikon Pharmakeion) mit ihrer originalen Einrichtung einen Besuch. Obwohl das **Symi Museum** schwer zu finden ist, lohnt die Suche.

Baden auf Sými

Eine besonders gute Badeinsel ist Sými nicht, schöne Strände sind nur per Boot zu erreichen. In Stadtnähe besucht man am besten das kleine Strandbad am **Nos Beach** hinter dem Uhrturm und dem Kloster Evangelísmos. In der Bucht gibt es eine kleine Taverne, ca. 50 m Kieselstrand und trotz Hafennähe sauberes Wasser.

DAS WEICHE GOLD DES MEERES

Die Schwammtaucherei

Was trugen die griechischen Helden unter ihrer Bronzerüstung? Womit ließ sich Kleopatra die Eselmilch über ihre Alabasterhaut streichen? Was ist zarter als Haut, fester als Holz, leichter als Wasser?

Seit Tausenden von Jahren dienen Schwämme, jene geheimnisvollen Meereswesen, halb Tier, halb Pflanze, als Vielzweckutensil zwischen Badezimmer und Kasernenhof. Die alten Griechen polsterten damit ihre Rüstungen aus, bei den Römern gehörte ein Schwamm zur Grundausstattung des Legionärs, als Trinkhilfe, mit der man sich noch aus den kleinsten Pfützen mit Wasser versorgen konnte (ein solcher Schwamm wurde Jesus am Kreuz gereicht).

Schwämme sind einfache Meerestiere, die schon seit 600 Millionen Jahren existieren. Sie haften am Meeresboden wie Seeanemonen und bestehen aus Kolonien einzelner Geißelzellen, die durch ein Gerüst aus Spongin, einer hornartigen Substanz, zusammengehalten werden. Was wir in der Hand haben, ist nur das Skelett, gereinigt von der schmierigen grünlichen Gallerte, die es einmal aufbaute. Kommt der Schwamm aus dem Wasser, ist er nur ein schwarzer Klumpen, und der Weg zum hellgelben Badeschwamm ist lang: Zuerst wird er schon auf dem Fangschiff mit einem Knüppel gewalkt, wird die ›Milch‹, wie die Taucher sagen, herausgeschlagen. Später wird der Schwamm mit Säuren und Tensiden gewaschen und ausgespült, zum Schluss noch mit Chlor gebleicht.

Mitte des 19. Jh., als die vornehme Damenwelt Europas mit der Körperpflege auch den Badeschwamm entdeckte, wurde die Schwammtaucherei zum lukrativsten Gewerbe der griechischen Inselwelt. Es war ein Handwerk für Abenteurer, für Männer, die mit dem Tod lebten. Die Taucher gingen mit ihren unförmigen Anzügen aus Gummidrillich und dem schweren Taucherhelm auf bis zu 70 m Tiefe, oft stundenlang und versorgt nur durch eine Leitung, durch die der Kompressor ölig stickige Luft blies. Unterleibslähmungen waren eine häufige Berufskrankheit, viele Taucher starben an Stickstoffembolien. Die Arbeitsbedingungen sind heute sehr viel besser, aber die große Zeit, als die Schwammtaucher in den Hafenorten von Kálymnos, Sými oder Chálki die Puppen tanzen ließen, Zigaretten mit Geldscheinen anzündeten und zu den reichsten Männern der Insel zählten, sind längst vorbei.

Die Nachfrage ging stark zurück, als in den 50er Jahren der billigere Synthetikschwamm den Markt überschwemmte. Obwohl die Sicherheitsbedingungen seit Anfang der 80er Jahre verbessert wurden – so gibt es heute auf den größeren Inseln Dekompressionskammern, und Hubschrauber können verunglückte Taucher abholen –, hat die Arbeit an Attraktivität verloren. Von 1959, als etwa 100 000 kg Schwämme in Griechenland erzeugt wurden, sank die Produktion auf

33 000 kg im Jahr 1985. Den letzten schweren Schlag erhielt das Gewerbe, als 1986 eine bislang rätselhafte Epidemie einen Großteil der Ägäis-Schwämme vernichtete. Eine Pilzkrankheit, die Mikitiasis, zerfrisst die Schwämme von innen her, sie stinken faulig und sind morsch. »Mit dem Meer stimmt etwas nicht«, sagt Jorgos, ein junger Taucher vom Sými Sea Sponge Center. Dass es an der Umweltverschmutzung liegt, an der Belastung der Ägäis mit Schadstoffen, die von Jahr zu Jahr zunimmt, bezweifelt keiner der Taucher. Manche versuchen inzwischen auf Chemikalien zu verzichten. Das Chlor zum Beispiel, das zum Bleichen der Schwämme verwendet wird, landet hinterher im Meer.

So müssen die griechischen Taucher immer weiter hinausfahren – bis zur Libyschen Küste oder nach Tunesien. Zum Teil werden heute jedoch auch einfach Schwämme aus der Karibik importiert, neu eingepackt und als *elléniki paragógi*, als griechisches Erzeugnis, verkauft. Vor allem natürlich an die zahlreichen Touristen. Nicht länger muss man nach Sými, Chálki oder in die einstige Hochburg Kálymnos fahren, auch in Rhodos-Stadt haben sich die Schwämme zu einem beliebten Souvenirartikel entwickelt. Da hängen die riesigen Lappen des samtweichen Elefantenohres neben den gurkenförmigen Zimocca, dessen härteres Skelett gern als Peelingschwamm benutzt wird. Der normale Badeschwamm, Levantiner genannt, ist rundlich kugelig und wird in einer gebleichten und einer naturfarbenen Version angeboten.

Und so schlagen die Griechen der Flaute doch noch ein Schnäppchen: Die Preise sind wegen der Verknappung gestiegen, die Urlauber kaufen dennoch, der Zwischenhändler guckt in die Röhre …

In einem alten Kapitänshaus sind römische und byzantinische Reliefs, Ikonen, Musikinstrumente, Möbel und Trachten ausgestellt, aber auch ungewöhnliche Objekte wie chinesisches Porzellan und Münzen aus aller Welt, die die Seefahrer von Sými von ihren Reisen mitbrachten.

Einen imposanten Überblick erhält man, wenn man von hier den **Kástro-Hügel** ersteigt, um den sich die Stadt herumzieht. Auf Höhe des kleinen blauweißen Kirchleins kann man den Berg ganz umrunden und fantastische Panoramablicke über Áno Sými mit seinen 12 Kirchen und die tief eingeschnittenen Buchten von Gialós und Pédi genießen.

Pédi

Das Tal von Pédi unterhalb des Kástro-Hügels ist das fruchtbarste Ackerland der Insel und breitet sich mit seinen vielen Olivenbäumen wie eine grüne Oase unter den steingrauen Hängen ringsum aus. Die Bucht von Pédi wirkt wie ein großer flacher Binnensee und ist nur durch eine schmale Ausfahrt mit dem Meer verbunden. Der Strand beim Hotel Pédi Beach und den Tavernen ist zwar nicht so schön, doch startet in der Buchtmitte täglich ein Badeboot zu den Stränden der Südküste.

Strände

Nimborió: ca. 4 km hinter dem Evangelísmos-Kloster, schmaler, kieseliger Strand mit Tavernen und auch einfachen Kleinhotels. Im Hinterland liegen drei weiß gekälkte Kapellen, neben denen unter einem Schutzdach der Mosaikboden einer frühchristlichen Basilika zu sehen ist.

Ágios Nikólaos: rechte Seite der Pédi-Bucht (zu Fuß etwa 20 Min.). Kleine, schmale Bucht mit vielen Kieseln.

Agía Marína (›Santa Maria‹): linke Seite der Pédi-Bucht (zu Fuß etwa 25 Minuten über einen steinigen Ziegenpfad). Ein Inselchen mit einer Marienkapelle schützt den Meeresarm vor den Nordwinden. Am Sand-Kies-Strand werden Liegen und Sonnenschirme vermietet, es gibt auch eine Taverne. In der Saison gut besucht von den Gästen der Hotels von Pédi.

Nánou: Lange Strandsichel mit Sand-Kies-Gemisch, gutes Schnorchelrevier, wenig Schatten, aber Olivenhaine im Hinterland, eine kleine Taverne. Ist der beliebteste und schönste Strand.

Georgioú Disálona: Schmaler Uferstreifen mit Sand/Kies-Strand, wenige Bäume vor beeindruckenden, ca. 200 m steil abfallenden Felshängen, keine Taverne, kleine Kapelle im Inland.

Wanderungen

Obwohl die steinigen Hänge über Sými-Stadt keinen besonders einladenden Eindruck machen, sollten sich die, die länger auf der Insel bleiben, Wanderungen zum Kloster Roukouniótis und hinauf zum Vígla-Berg nicht entgehen lassen. Hoch oben vom Vígla kann man sogar gleichzeitig in alle Buchten des nördlichen Teils von Sými blicken.

Etwa 1 Stunde läuft man zum **Kloster Roukouniótis:** Vom Platz bei der Fischhalle ins Inland zur Schlucht mit

Klassizistische Fassaden in den typischen Sými-Farben

dem Regenwasserwehr, dort steigt der Fußweg empor. Auf halber Strecke liegt die verschlossene Kapelle Ágios Fanoúrios am Weg, wo man wieder auf einen geschotterten Feldweg stößt. Das Kloster ist mit seiner mächtigen Schirmzypresse von weitem auszumachen. Die Kirche hat zwei Stockwerke: Der untere Bau wurde zu Zeiten der Kreuzritter auf den Fundamenten eines antiken Tempels errichtet, darüber baute man im 18. Jh. eine weitere Kirche. Beachtenswert sind die kreto-venezianisch beeinflussten Fresken aus dem 14. Jh. in der Unterkirche, die Oberkirche wird ganz von einer kunstvoll geschnitzten Ikonostase bestimmt. Das Kloster wird noch von einem Viehzüchter und seiner Frau bewirtschaftet, Spenden sind willkommen.

Zurück kann man bei der Fanoúrios-Kapelle nach rechts gehen und dann über das Xíssos-Plateau und den Vígla-Berg zurück nach Áno Sými. Oder man folgt dem Weg hinunter zur Küste nach **Ágios Emilianós,** das ein wenig an das berühmte Kloster Vlacherna auf Korfu erinnert: eine kleine weiße Kapelle, nur durch einen Damm mit dem Land verbunden.

Kloster Panormítis

Reiseatlas: S. 233, E3
Das Kloster Taxiárchis Míchael Panormítis an der sonst unbesiedelten Westküste von Sými war bis vor wenigen Jahren noch eines der meistbesuchten Pilgerziele des Dodekanes. Heute legen hier die täglichen Ausflugsschiffe von Rhodos aus einen Zwischenstopp ein. Das Kloster des Erzengels Michael bestand schon in byzantinischer Zeit, die damaligen Gebäude wurden jedoch durch türkische Piraten zerstört. Erst Anfang des 18. Jh. kam es zu einer Neugründung, gestiftet durch Reeder aus Sými-Stadt. 1923 diente das Kloster als Durchgangslager für die griechischen Flüchtlinge aus der Türkei. Im Zweiten Weltkrieg überfielen deutsche Truppen die Mönche und ermordeten u. a. den Abt.

Das Kloster mit Unterkünften für mehrere hundert Pilger liegt versteckt in einer tiefen Bucht. Das Katholikon, die Klosterkirche, enthält eine wundervolle geschnitzte Ikonostase, die ebenso wie viele rhodische Bilderwände von einem Drachen gekrönt wird.

Besondere Verehrung genießt die überlebensgroße Ikone des hl. Michael. Um das Bild ranken sich viele Legenden, genau zu datieren ist aber das kostbare silberne Oklad, das nach der Inschrift auf dem Schwert 1724 gestiftet worden ist. Am Gürtel des Heiligen hängen zahlreiche Silberplättchen, alles Votivgaben, die die Wunderkräfte der Ikone bezeugen.

Ein kleines **Museum** im Hof zeigt liturgisches Gerät und andere Kirchenschätze. Es empfiehlt sich, erst das Museum und danach die Klosterkirche zu besuchen, wenn sich dort der erste Ansturm der Ausflügler wieder verlaufen hat. Angemessene Kleidung ist erforderlich.

Kalodoukas Holidays, Beginn der Kalístrata, Tel. 22460-71 077, Fax 22460-71 491, www.symi-greece.com (Villen, Boot-Trips); **Symi Tours,** nahe Taverne Meraklis, Tel. 22460-71 307, Fax 22460-70 011; http://symitours.com, simi-tours@rho.forthnet.gr (Zimmervermittlung, Schiffstickets); **The Symi Visitor,** Tel./Fax 22460-72 755, www.symivisitor.com, symi-vis@otenet.gr (Online-Zeitung, viele Anzeigen).
Hafenamt: Tel. 22410-71 205.

Zimmer und **Apartments** vermitteln fast alle Tavernen, z. B. Taverne Vigla (Tel. 22460-72 056, 22460-71 732) und Taverne Neraida (Tel. 22460-71 841)
Aliki: rechts hinter dem Uhrturm, Tel. 22460-71 665, www.simi-hotelaliki.gr. Ein klassizistisches Haus mit stilvollem Komfort, großer Dachterrasse; schön mit Antiquitäten eingerichtet. Das Hotel bietet geführte Wanderungen und Malkurse an. DZ 80 € (NS) bis 160 € (Suite HS).
Agli Perganti: in der Gasse gegenüber Restaurant Trawler, Tel. 22460-71 382. Hübsche, einfache Pension in renoviertem Traditionshaus. DZ ab 35 €.

Albatros: in der Gasse gegenüber dem Anleger der Taxiboote, Tel. 22460-71 707, Fax 22460-72 257, www.albatrosymi.gr. Hotel in sehr harmonischem Country-Stil, einfach, aber nett geführt von einem Griechen und einer Französin. Zimmer mit AC. DZ um 44–54 € inkl. AC.

Dolphin: am Hafen bei der Brücke, eine nette, einfache Pizzeria; beliebt bei den Dauergästen mit Kindern.

Georgios: an der Kalístrata in der Oberstadt. Taverne mit hübscher Veranda unter Weinranken mit Blick auf das Meer, sehenswertem Chochláki-Boden in schattigem Innenhof. Große Auswahl – man kann hier noch in die Töpfe gucken, um zu sehen, was es alles gibt.

O Meraklis: zweite Reihe von der Hafenfront. Eine urige Taverne wie aus dem Bilderbuch; einfach, aber sehr beliebt, leckere Hausmannskost.

Mylopetra: am Rathausplatz, ab 18 Uhr geöffnet. Edelrestaurant unter deutscher Leitung in einem ehemaligen Schwammlager. Für die fantasievolle ›Nouvelle Cuisine‹ zahlt man aber einiges Geld.

Trawler: am Platz, wo die Kalístrata beginnt. Alteingesessenes Restaurant mit guter Auswahl, abends Treffpunkt der jungen Symioten.

Viele Souvenirlädchen! **Schwämme** werden im Sea Sponge Center am Uhrturm-Kai verkauft. Ein **Kräuterladen** hinter Taverne Stathis bietet echten Safran, Mastix-Harz aus Chios und viele Kräuter an. Ausgefallene **Keramik** sowie **Schmuck** bei ›Chouchi‹ gegenüber vom Restaurant Trawler. Große Auswahl griechischer **Weine** beim Restaurant Hellenikon Wine Cellar am Uhrturm-Kai.

Symi Festival von Ende Juni bis September mit Tanzgruppen von den Dodekanes und Musikauftritten.

The Club: Disco Bar am Platz vor der Brücke, die einzige Tanzveranstaltung der Insel.

Vapori Bar: Am Beginn der Kalístrata, hinter Taverne Trawler. Die blaue Bar mit Bitburger Bier und großen Ouzo-Portionen ist derzeit absolut in; internationale Presse, Internet-Anschluss und Jazz-Musik; meist bis in die frühen Morgenstunden geöffnet.

Badeausflüge: Die abgelegeneren Strände erreicht man in der Saison täglich mit den verschiedenen Taxibooten oder Fischer-Kaiks, die an der Schmalseite des Hafens ankern. Abfahrt um 10, retour um 17 Uhr, an Bord Verpflegung und Getränke.

Türkei-Ausflüge: In der Hauptsaison jeden Sonntag per Ausflugsboot nach Datça, einem beschaulichen Urlaubsort, wo dann der Wochenmarkt stattfindet (Abgabe der Ausweispapiere schon am Vortag).

Banken mit EC-Automat am Hafenkai (Automat nur zu Geschäftszeiten zugänglich), **Post** im Hafengebäude am Uhrturm, öffentliches **Telefon** am Kiosk bei der Fischhalle.

Ausflugsboote: Täglich bis zu vier Ausflugsboote von Rhodos-Stadt (Mandráki-Hafen), Abfahrt zwischen 9 und 10 Uhr, retour zwischen 15 und 16 Uhr. Wer auf den Stopp in Panormítis verzichten will, nimmt die Symi II (ab Rhodos 8, retour 18 Uhr), 2 x die Woche fährt zu diesen Zeiten auch ein schneller Catamaran. Wer nur one-way zahlt, kann mit jedem beliebigen Boot zurückfahren.

Fähren: Regulär 2 x wöchentlich mit der Níssos Kálymnos, 2 x wöchentlich eine Autofähre der Route Pireas – Kykladen – Rhodos, davon einmal mit Weiterfahrt nach Tílos u. Níssyros.

CHÁLKI – DIE SCHWAMMTAUCHER SIND FORT

Die Insel nahe der Westküste von Rhodos ist ein karges Eiland. Außer einem recht hübschen Hafenort und dem Strand von Pondamos gibt es auf Chálki nicht viel zu sehen. Wer trotzdem vom kleinen Hafen Kámiros Skála hinüberfahren will, muss zumeist eine Übernachtung einkalkulieren, nur am Sonntag fährt ein Ausflugsboot.

Die kleine Insel Chálki verschanzt sich hinter kahlen Felswänden. Lange Zeit, bis der Tourismus für einen kleinen Aufschwung sorgte, war das Eiland die ärmste Insel des Dodekanes. Das Innere ist fast völlig verkarstet, nur in dem kurzen Tal unterhalb von Chorió wachsen Oliven und einige Feigenbäume. Die Insel besitzt keine Quellen, so dass sie im Sommer durch Tankschiffe von Rhodos versorgt werden muss.

Der Hauptort Emborió oder Chálki entwickelte sich erst im letzten Drittel des 19. Jh., bis dahin war Chorió Hauptstadt. Die Insel konnte damals, als die Damen in Paris, London und Berlin die Schönheitspflege entdeckten, von der großen Nachfrage nach Schwämmen gut leben. Vom damaligen Reichtum künden heute noch die schönen klassizistischen Giebelhäuser in der Hafenstadt. Der Niedergang setzte mit dem Aufkommen des Synthetikschwamms ein. Während Chálki 1912, zur Blütezeit der Schwammfischerei, etwa 4000 Einwohner zählte, leben hier heute gerade noch 300 Einwohner. In den 50er Jahren wanderten viele Chalkioten nach Tarpon Springs in Florida aus; sie beliefern heute die Inseln mit karibischen Muscheln, Kugelfischen und anderen ›Meeressouvenirs‹, deren Handel zumindest teilweise das Washingtoner Artenschutzabkommen verletzt.

Emborió

Reiseatlas: S. 232, B4

Der Hafenort liegt in einer tiefen Bucht, vor die sich schützend das Inselchen Nissáki (›kleine Insel‹) lagert. Aus dem Hafenrund steigen farbenfrohe Häuser im Stil des Inselklassizismus (S. 54) empor, über roten Giebeldächern setzen zwei Türme Akzente. Der rechte gehört zur Hauptkirche Ágios Nikólaos, der andere ist ein Uhrturm, der vor dem klassizistischen Rathaus mit seiner ausladenden Fassade steht. Es ist ein ruhiges Städtchen, in dem man dem hektischen Rummel von Rhodos entfliehen kann. Nachdem es lange Zeit

EIN GANZ NORMALES HELDENLEBEN

Alexandros Diakos

Wie wird man ein Held? In Griechenland, wo militärische Tradition und nationales Pathos bis heute ungebrochen blieben, sind Helden noch weniger abstrakt. Wie etwa Alexandros Diakos, dem am Mandráki-Hafen in Rhodos-Stadt ein Denkmal errichtet ist und dessen Name eine Straße in der Neustadt trägt. Auch auf Chálki begegnet man dem Namen wieder – der große Platz am Anleger ist nach ihm benannt. Dort steht eine Büste, die Alexandros in der griechischen Uniform zeigt.

Geboren wurde der dort so martialisch erscheinende Mann 1908 auf Chálki, in dem Haus, in dem heute sein Neffe Alex Sakellaridis die Pension ›Captain's House‹ betreibt. Der jedoch macht wenig Aufhebens um seinen berühmten Onkel – fast scheinen ihm die Fragen ein wenig lästig. Dann erzählt er doch, von einer ganz normalen Lebensgeschichte, die oben in den balkanischen Bergen endete. Alexandros ging zuerst auf Chálki zur Schule, dann in Rhodos, wo sich inzwischen die Italiener etabliert hatten. 1923 wird für den 15-Jährigen die Massenflucht der Griechen vom Festland zum prägenden Erlebnis, das Elend der Durchgangslager, die Ohnmacht der griechischen Armee. 26-jährig meldet sich Alexandros zum griechischen Militär. Dass dabei nicht nur Vaterlandsliebe eine Rolle spielte, dürfte klar sein, die beruflichen Chancen gut ausgebildeter Griechen waren unter den Italienern fast gleich Null – und wer nicht nur Fischer oder Bauer sein wollte, musste damals die Heimat verlassen. Dann kommt das Jahr 1939, und im fernen Europa beginnt der Krieg. Griechenland ist in Südeuropa in der Rolle Polens, unverhohlen zielt die italienische Politik auf die Annexion griechischen Territoriums. Als Widerpart Mussolinis agiert Ioannis Metaxas, der zwar selbst als Diktator das Land regiert, aber eher auf seiten der westlichen Demokratien Bündnisse sucht.

1940 nehmen die Provokationen zu. Der Gouverneur von Rhodos, de Vecchi, verbietet – aus Schikane – die griechische Osterprozession, am 15. August wird der Kreuzer Elli während der Himmelfahrtsprozession vor Tílos von einem U-Boot ›unbekannter‹ Nationalität versenkt, am 28. Oktober schließlich kommt es zu dem berühmten griechischen ›Nein‹: Mussolini lässt Metaxas nachts um 3 Uhr auffordern, den Italienern Stützpunkte in Griechenland abzutreten, was dieser unverzüglich zurückweist. Das bedeutete Krieg.

Doch erstmals in diesem Krieg siegt die ›Achse‹ nicht. Die Griechen bringen die Italiener am Pindos-Gebirge zum Stehen und können zum Gegenangriff übergehen. Da aber lebt Alexandros Diakos schon nicht mehr. Er gehörte einer vorgeschobenen Einheit an, die als erste Feindberührung hatte. Der Trupp von 30 Mann schaffte es, den Vormarsch der Italiener an strategisch wichtiger Stelle so lange aufzuhalten, bis Verstärkung eintraf. Alexandros starb Ende Oktober 1940 mit 32 Jahren als erster Grieche im Krieg gegen die Italiener.

Emborió, der Hafen von Chálki

schien, als würde Emborió zu einer Ruinenstadt werden, investiert nun der britische Reiseveranstalter Laskarina viel in die Renovierung der alten Häuser. So ist Chálki zumindest im Sommer wieder ein lebendiges Dorf – ohne die hässlichen Betonkästen, die heute so typisch für Griechenland sind.

Bei einem Rundgang kann man das Rathaus und den Uhrturm ansehen, vor dem die alte überkuppelte Zisterne liegt. Einen Blick lohnt auch der schöne Chochláki-Boden aus Kieselsteinen bei der Kirche Ágios Nikólaos: Hinter der Apsis erkennt man eine lustige Szene mit einer schiefen Zypresse, auf der ein roter Vogel sitzt. In der Kirche ist eine vergoldete Ikonostase zu sehen, die im 18. Jh. von den berühmten Holzschnitzern aus Sými angefertigt wurde.

Im Westen, hinter dem Mühlenhügel, liegt der **Póndamos Beach;** dorthin geht man etwa 10 Minuten. Mit seinem feinen Sand und flach abfallenden Ufern ist er auch für Kinder gut geeignet; eine Taverne sorgt für Speis' und Trank.

Chorió, Kástro & Johannes-Kloster

Reiseatlas: S. 232, B4, A4
Durch das grüne Tal von Póndamos führt eine Betonstraße – von den Emigranten aus Amerika gestiftet und auf einer Marmortafel als ›Boulevard Tarpon Springs Florida‹ ausgewiesen – hinauf zur Ruinenstadt **Chorió.** Die alte Hauptsiedlung duckte sich in den Schutz des Kástros und war vom Meer aus nicht sichtbar, dem Blick der Piraten, die die Ägäis im 15. bis 17. Jh. durchkreuzten, verborgen. Von den einfachen Einraumhäusern stehen nur noch Mauerreste aufrecht, einzig vier Kirchen stechen weiß getüncht aus den Ruinen heraus.

Markant ist die Kirche **Panagía** mit ihrer riesigen Zypresse, bei der jedes Jahr am 15. August ein großes Panigíri-Fest stattfindet. Hinter ihr beginnt der Pfad hinauf zum Kastell, wobei man die älteste Kapelle der Insel passiert, die **Pália Panagía** aus dem Jahr 890 mit einer winzigen Pforte.

Vom **Kástro,** einst die Akropolis, ist die gesamte Nordmauer gut erhalten. Man erkennt noch die hellenistische

Quadermauer als Basis, darüber folgen byzantinisches Mauerwerk und zum Schluss die Schwalbenschwanz-Zinnen der Ritter. Über der Pforte sieht man das Wappen des Großmeisters Pierre d'Aubusson (1476–1503). Von der Burg hat man einen schönen Panoramablick über den Hafen Emborió und das Inselchen Alimiá bis hinüber zur rhodischen Burg Kámiros (am besten bei Abendlicht).

Eine längere Wanderung führt zum Kloster **Moní Ágios Ioánnis** ganz im Westen von Chálki. Man nimmt den rechten Abzweig der Betonpiste bei Chorió, die dann bald in eine Schotterpiste übergeht. Nach einer Stunde liegt rechts die Ruine einer Windmühle am Weg, in etwa 2,5 Stunden hat man das Kloster erreicht. In der Klosterkirche sind einige Ikonen aus dem 17. Jh. zu sehen, im Klosterhof kann man sich am quellklaren Wasser aus dem 25 m tiefen Brunnen laben. Um den 29. August feiern die Chalkis hier ein großes Kirchweihfest mit Musik und Tanz.

Infokiosk am Hafenplatz, vormittags und frühabends geöffnet. Internet: www.halkivisitor.com mit Unterkunftbuchung (Preise aber deutlich teurer als vor Ort). Schiffstickets und Unterkünfte auch bei **Zifos Travel** an der Uferstraße, Tel./Fax 22460-45 028, E-Mail: Zifos-travel@rho.forthnet.gr. Freie Zimmer evtl. auch über Laskarina (s. Unterkunft), Büro an der Uferplatia.
Hafenamt: Tel. 22460-45 220

Die meisten Studios sind vom britischen Veranstalter Laskarina gebucht (www.laskarina.co.uk). In der Saison wird es schwierig mit der Zimmersuche, am besten bei den Tavernen fragen.

Captain's House: hinter der Kirche in der dritten Häuserreihe, Tel. 22460-45 201, captainshouse@ath.forthnet.gr. 3 Zimmer, Du/WC in einem Anbau, schattiger Innenhof. Captain Alex und seine englische Frau sorgen für familiäre Atmosphäre. Gemütliche, mit Traditionsmöbeln eingerichtete Zimmer. DZ ca. 30–40 €.
Pension Cleanthe: An der Straße nach Póndamos, Tel. 22460-57 334. Schönes Bruchsteinhaus mit modernem Anbau, nur 3 Min. zum Strand, DZ mit Du/WC. ca. 40–50 €.
Adelais & Paola Rooms: Tel./Fax 22460-28 858, polina-red@hotmail.com. 6 Studios in zwei Gebäuden, rustikal eingerichtet mit Doppelbett, Miniküche, Veranda oder Balkon. Gepflegt und sauber, DZ ca. 40–50 €.

Alle Tavernen liegen an der Paralia, beiderseits vom Hafengebäude.
Taverne Chouvardas: Großes Angebot von Spezialitäten, besonders große Auswahl ausländischer Biere.
Taverne Omonoia: Urige Taverne, wo man noch in die Töpfe gucken kann.

Post: im Hafengebäude, 1. Stock, Mo–Sa 7–14 Uhr. **Banken** gibt es auf Chálki nicht, auch keine Automaten.

Anreise: In der Saison täglich ein Versorgungsschiff (nur Personen) ab **Kámiros Skála** (Skála Kamírou): Abfahrt ca. 15, zurück ca. 6 Uhr am nächsten Morgen; ab Rhodos-Stadt hält der Bus nach Kritinía passend zur Abfahrt in Kámiros Skála. Nur So geht die Fähre als Ausflugsschiff gegen 9 und kehrt gegen 16 Uhr (ab Chálki) zurück.
Ab Rhodos 3 x wöchentlich eine **Autofähre** der Route über Kárpathos und Kreta nach Pireas (Abfahrt ca. 4.30 Uhr morgens), in der Saison auch 2 x wöchentlich **Hydrofoils** ab Mandráki-Hafen.

KASTELLÓRIZO – DER ANFANG EUROPAS

Kastellórizo ist weit entfernt, weit von Rhodos und weit von Athen. Im einzigen Reisebüro der Insel hängt eine Landkarte der EU-Verwaltung, die ganz Europa zeigt, von den nördlichen Orkney-Inseln bis zum südöstlichsten Punkt – und das ist Kastellórizo, die (fast) vergessene Insel vor der türkischen Küste.

Normalerweise findet man die Insel aber auf keiner Karte, nicht einmal auf den griechischen. Doch ihre Zugehörigkeit zu Europa bringen die Insulaner, die da knapp 5 km vor der türkischen Küste wohnen, noch ganze sieben Fährstunden von Rhodos entfernt, in einem Schild an der Dorfplatia zum Ausdruck: »Europe starts here!« heißt es da stolz. Was für den Besucher wohl eher bedeutet, am Ende Europas angekommen zu sein.

Doch ist Kastellórizo andererseits eine ganz und gar griechische Insel. Seit dem 10. Jh. v. Chr. war sie ein Sprungstein des griechischen Seeverkehrs entlang der Küste. Während der Kreuzzüge errichteten Ritter des Johannesordens eine Burg, das *Castello Rosso,* dem die Insel ihren Namen verdankt. Seit dem 17. Jh. kam Kastellórizo, damals noch Megíste genannt, durch den Handel zu Wohlstand; im 19. Jh. besaß es eine Handelsflotte von 300 Frachtseglern und war eine der reichsten Inseln des Mittelmeeres. *Mikró Paríssi,* »Klein-Paris«, hieß es damals bewundernd bei den Seemännern, denen es hier an keinem Vergnügen mangelte. Von dieser Zeit, als Megísti etwa 14 000 Einwohner hatte, zeugen noch die dreistöckigen Häuser mit ihren klassizistischen Fassaden am Hafen, die große Balkone, aber auch vergitterte Fenster besaßen …

Die großen Zeiten waren freilich schnell vorbei, als Dampfschiffe aufkamen und die Zwischenhäfen für die Segler überflüssig wurden. Doch der Niedergang begann erst nach dem Ersten Weltkrieg, als alle Griechen die Türkei verlassen mussten und die Megistier ihre Ländereien auf dem Festland verloren. Zu dieser Zeit setzte die erste Auswanderungswelle ein.

1943 richteten die Briten einen Stützpunkt gegen die deutschen Truppen auf Rhodos ein und evakuierten wegen der drohenden Bombenangriffe fast alle verbliebenen 1500 Einwohner nach Ägypten. Beim Angriff geriet dann die halbe Stadt in Brand, weil niemand mehr da war, der löschen konnte. Nach dem Krieg nahmen die meisten Megistier das Angebot der Briten an, nach Australien auszuwandern. 1960 hatte die Insel noch etwa 300 Einwohner, heute sind es 150 Menschen, die ständig auf Kastellórizo leben. Doch die Emigranten haben ihre Heimat nicht vergessen; viele kommen bis heute mit ihren Kindern in den Sommerferien zurück. Und die gesamte Gemeinde von Kastellórizo, ob in Australien, in den USA, in Kanada oder in Athen, ist über zwei Zeitungen miteinander verbunden, die ›Lokalnachrichten‹ in alle Welt verbreiten.

Hafenort Megísti

Reiseatlas: S. 239, E3
Der Hauptort, der unterhalb eines steilen Hangs der Vígla-Hochebene liegt, wird heute noch Megísti genannt. Die wenigen erhaltenen Häuser erstrecken sich in langer Reihe einmal rund um die große Bucht. Genau in der Mitte liegt die winzige **Platia Ethelonton** mit zwei Tavernen, vor denen im Sommer die Yachten ankern. Für die vor der türkischen Küste schippernden Segler ist Kastellórizo eine beliebte Station. An der linken Buchtseite führt die Uferstraße zur Kirche Ágios Geórgios tou Pigádiou, der Kirche des hl. Georg zum Brunnen aus dem 19. Jh. **Platia Afstralia** heißt der Platz dort, eine Hommage an die vielen tausend Kastellórizoten, die in *down under* eine neue Heimat gefunden haben.

Am Ende der Welt

ist man in Kastellórizo nicht, aber doch ist alles etwas schwieriger. Da es keine richtige Bank gibt, muss man genügend Bargeld für diese keinesfalls billige Insel mitnehmen. Und wer mit dem Flugzeug zurück nach Rhodos will, sollte nicht zu eng planen: Schon bei etwas stärkerem Wind müssen die Flüge aufgrund der sehr kurzen Landebahn storniert werden, die Gäste dürfen noch bleiben …

Auf der anderen Seite der zentralen Platia führt die Paralia, die Uferstraße, zur Markthalle, zum Fähranleger, um dann beim Hafengebäude und einer kleinen **Moschee** zu enden. Das islamische Bethaus, Zeugnis des engen Miteinanders von Griechen und Türken bis in die 20er Jahre dieses Jahrhunderts, wird schon lange nicht mehr benutzt. Es ist aber relativ gut erhalten, ein deutliches Zeichen des inoffiziellen *gentlemen agreements* zwischen den Einwohnern von Megísti und denen von Kaş gegenüber in der Türkei, die sich – der großen Politik zum Trotz – seit Jahrzehnten kennen und auch beim Vornamen rufen. Offiziell ist es verboten, ohne Grenzformalitäten hinüberzufahren, doch zum Wochenmarkt fährt fast immer ein Boot.

Oberhalb der Moschee liegt das **Inselmuseum** (Di–Sa 8.30–15.00 Uhr, So 9–13 Uhr) in einem wehrhaften Haus aus dem Mittelalter. Zu sehen sind archäologische Funde, Fresken aus alten Kirchen, Keramik, Trachten und Fotos aus der großen Zeit der Insel.

Von hier kann man zum **Kastell** mit seinem klotzigen Wehrturm auf der Hügelkuppe hochgehen. Unterhalb liegt die **Mandráki-Bucht** mit einer (stillgelegten) Meerwasserentsalzungsanlage, wo man ebenfalls baden kann. Steigt man hinter dem Museum eine steile

Megisti auf Kastellórizo

Treppe hinunter, erreicht man einen Pfad in der Felswand über dem Meer, der zum ›**Lykischen Grab**‹ führt. Es ist eine in den Fels gehauene Grabkammer, der eine Schmuckfassade in Form einer dorischen Tempelfront vorgesetzt wurde. Solche Gräber findet man auch auf dem türkischen Festland, wo sie im 5. bis 4. Jh. v. Chr. in der antiken Region Lykien entstanden. Die lykische Kultur war zwar von der griechischen unabhängig, wurde jedoch von der ionischen Kunst beeinflusst. Dass hier eine dorische Tempelarchitektur verwendet wurde, wird als Beweis gedeutet, dass dorische Kolonisten, also vermutlich Rhodier, das Grab bauen ließen.

Nahe dem Fähranleger führt eine breite Treppe hinauf in die Oberstadt. Dies war einstmals die ›Hauptstraße‹ der reichen Stadt, die den Hafen mit dem Hauptplatz, der **Platia Louca Santrape,** verband. Noch heute stehen dort drei große Kirchen und das alte Lyzeum der Insel, das nun als eine Art Gesamtschule genutzt wird, damit nicht noch mehr junge Leute abwandern müssen, um ihren Kindern eine Schulausbildung zu ermöglichen.

Ausflüge

Fischerboote fahren zur **Fokialikamára** (›Seehundgrotte‹), einer Tropfsteinhöhle, die als Blue Grotto bekannt ist. Die namengebenden Mönchsrobben sind heute zwar selten geworden, die Lichteffekte am frühen Morgen be-

DIE FRAU VON RÓ

Ganz nah, gefährlich nah liegt Kastellórizo vor der türkischen Küste, und wirklich würden türkische Offizielle allzu gern diese Insel dahin bringen, wozu sie ihrer Meinung nach gehört: zur Türkei. Doch weit entfernt von der großen Politik geht man lockerer miteinander um. Der ›kleine Grenzverkehr‹ ins Örtchen Kaş, eine Seemeile gegenüber an der Festlandsküste, floriert, auch wenn er als illegaler Grenzübertritt verboten ist. Aber man kennt sich, und der jeweilige Ortspolizist schaut lieber woanders hin, als sich der Feindschaft seiner Gemeinde auszusetzen. Selbst der touristische Verkehr ist mit der Entspannung zwischen Griechenland und der Türkei seit 1999 unproblematischer geworden. Doch waren die Zeiten auch einmal anders, und selbst Kastellórizo hat eine Heldenlegende – sogar eine mit einer weiblichen Hauptfigur.

Diesmal geht es um eine einfache Bäuerin. Despina Achladioti war in den 1920er Jahren, noch in italienischer Zeit, von Kastellórizo nach Ró, der kleinen Insel etwas weiter westlich übergesiedelt, wo sie mit ihrem Mann in der Einsamkeit Ziegen züchtete. Sie blieb auch dort, als die Italiener abzogen, als die Briten kamen, als die Bomben fielen – und sie war immer noch dort, als die Dodekanes-Inseln zu Griechenland geschlagen wurden. So waren die Ansprüche der Türkei auf das Eiland mit Blick auf die ›lange‹ griechische Besiedlung chancenlos. Als Zeichen ihres Patriotismus hißte Despina nun täglich die selbstgenähte griechische Fahne, tagaus, tagein: ein ständiges Ärgernis für die Türken, dem die passierenden griechischen Schiffe tutend die Ehre bezeugten. Erst 1962, der Mann war inzwischen gestorben, sie selbst gebrechlich, zog *I Kýra tís Ró,* die Frau von Ró, wie sie längst genannt wurde, zurück nach Megísti.

Die Sache wäre wohl in Vergessenheit geraten, hätten die Türken nicht während der Zypernkrise erneut versucht, die Insel zu besetzen. Doch wieder konnten die Griechen auf die Frau von Ró verweisen, und die Insel blieb griechisch. Doch nicht nur das. Despina wurde von dem ersten republikanischen Ministerpräsidenten Karamanlis mit dem Nationalen Verdienstkreuz ausgezeichnet und erhielt bis zu ihrem Tod 1981 eine Ehrenrente. Heute hängt ihr Porträt in vielen Häusern von Megísti, ebenso wie im Flughafengebäude: ein wettergegerbtes Gesicht, kantig, eigenwillig und sehr stolz.

eindruckten aber schon den italienischen König Vittore Emanuele III, der die Höhle mit der Blauen Grotte von Capri verglich.

Ein Spaziergang führt hinauf zur **Vígla-Hochebene** über der Stadt. In der Felswand auf Höhe der zentralen Platia beginnt der uralte Plattenweg, auf dem früher die Bauern mit ihren Eseln zu den hochgelegenen Feldern ritten. Oben erreicht man das verlassene **Kloster Ágios Ioánnis,** kurz davor liegt links ein mykenisches Kammergrab, das heute als Ziegenpferch genutzt wird. Weiter geradeaus kommt man zurück zur Steilwand und steigt auf einem Parallelpfad wieder hinab.

Eine etwas längere Wanderung führt zum **Paliókastro,** zur alten dorischen Akropolis westlich des Orts. Man folgt der einzigen Asphaltstraße (Richtung Flughafen), bis hinter einem Militärposten eine Betontreppe den Pfad empor markiert. Innerhalb der Mauer liegen drei Kirchen, von deren Dächern misstrauisch die Ziegen herunterblicken, ein mächtiger Turm aus Quadersteinen und eine Zisterne, in die eine kleine Treppe hinunterführt.

Paputsi Travel: Tel. 22460-49 281, Fax 22460-49 286, paptrv@rho.forthnet.gr; an der Uferstraße. Auch Vermietung, z. B. Apartment 100 € (NS), 130 € (HS), DZ 40–50 € (NS), 60–80 € (HS).
Hafenamt: Tel. 22460-49 270

Vermieter mit freien Zimmern stehen bei Ankunft der Fähre am Kai.
Megisti Hotel: gegenüber dem Anleger auf der Nordseite der Bucht, Tel. 22460-49 272, www.megistihotel.gr. Hotel mit 17 Zimmern und großer Badeterrasse; leider etwas abgelegen. DZ mit Frühstück ca. 65–90 €.
Karnayo: Platia Australia, Reserv. über sarantiv@otenet.gr, Tel. in Rhodos 22410-87 401. Zimmer und Studios in drei renovierten Häusern der Jahrhundertwende, traditionell und höchst geschmackvoll, aber doch komfortabel (mit AC) eingerichtet. DZ ab 33 €, Apartments 58–99 €.
Caretta Apartments: im Ort, Tel. 22460-49 028, Fax 22460-49 028, damien@kastellorizo.de. Hübsch eingerichtete Studios unter griechisch-deutscher Leitung. Kontakt auch über Souvenirshop Caretta bei der Markthalle. DZ ca. 32–40 €, Apartment 40–50 €.

Taverne Thalassina: (Sea Food Restaurant), am Yachtanleger, moderat, Fisch teuer. Beliebte Taverne mit großer Auswahl, viele Fischgerichte. Inhaber Apostoulos Mavros ist Urenkel des letzten Bürgermeisters von Kastellórizo vor seiner Zerstörung und kann viele Geschichten aus der alten Zeit erzählen.
Orea Ellada: im Hintergrund der Paralia Platia, moderat. Große Auswahl, nette Stimmung. Manchmal kann man hier den auf Kastellórizo gedrehten Film ›Mediterraneo‹ auf Video sehen.

Anreise: in der Saison 3 x wöch. per Autofähre, 1 x wöch. per Catamaran (Mo, h/z 40 €), im Winter nur die Fähre. Retour jeweils direkt nach Ankunft. Fahrplan unter: www.megistihotel.gr
Per Flugzeug von Rhodos mit Olympic Airlines im Sommer 5 x, sonst 3 x wöch. Die 18-sitzigen Propellermaschinen starten morgens gegen 7 Uhr, retour geht es direkt anschließend. Flugzeit ca. 45 Min. Der Preis ist mit 40 € one-way etwa doppelt so hoch wie bei regulären Fähren.
Buchung: Olympic Airlines
Ierou Lochou 9, Rhodos-Neustadt,
Ticket-Reservierung: Tel. 22410-24 555

NÍSSYROS – EIN GRÜNER VULKAN

Mit den sanft abfallenden, grünen Hängen von Níssyros betritt der Besucher einen Vulkan. Die Insel erhebt sich als gleichmäßiger Kegel bis zu 600 m Höhe empor, fällt in der Mitte jedoch zu einer weiten Caldera ab, dem alten Vulkankrater, der vor weniger als 1 Mio. Jahren ausgesprengt wurde.

An Vulkanismus erinnert jedoch zunächst wenig. Der große Krater ist auf fruchtbarer Vulkanerde üppig bewachsen; nur im hinteren Teil der Caldera klafft ein kreisrundes kleineres Loch, das noch so aussieht wie ein Vulkan. Hoch auf der Abbruchkante der Caldera thronen die Dörfer Emborió und Nikiá. Hauptort und Hafen ist Mandráki unterhalb der antiken Akropolis.

Auf die Insel kommen hauptsächlich Tagesausflügler – aus Kós und aus Rhodos. Als Badeinsel ist Níssyros kaum geeignet: Die wenigen Strände sind nicht gerade schön.

Mandráki

Reiseatlas: S. 232, B2
Die Inselhauptstadt ist eine Mischung aus Mýkonos und Pátmos. Weiß getünchte Häuser mit bunten Balkonen klettern vom Meer die terrassierten Vulkanhänge empor, auf denen Olivenbäume, Steineichen und Feigenbäume wachsen. Über der Stadt erhebt sich weithin sichtbar ein Kloster, dessen strahlendes Weiß sich grell von dem schwarzen Lavastein des Hügels abhebt.

Mandráki ist eine Stadt mit zwei ganz unterschiedlichen Gesichtern. Mittags sorgen die Tagesausflügler für etwas Leben, abends sind dann die Einheimischen und die wenigen festen Gäste unter sich. Und wenn die Sonne glutrot im Meer vor der Stadt versinkt, hat man mit Blick auf das Inselchen Gialí (sprich *jali*) und den Höhenrücken von Kós einen der schönsten Sonnenuntergänge Griechenlands vor sich.

Der Ort entstand im Mittelalter am landseitigen Hang des Burgbergs. Die ursprüngliche Platia, umgeben von weinberankten Kafénia, liegt denn auch weiter landeinwärts hinter dem Hotel Porfyris. Erst die Italiener bauten den heutigen Hafen aus, von dem eine lange Betonpiste am Meer entlang bis in das eigentliche Ortszentrum führt. Am Anleger, wo heute die meisten Hotels stehen, beginnt eine lange Tavernen-Meile.

Meistens fährt man gleich nach Ankunft der Fähre hoch zum Vulkan (s. S. 195), doch danach lohnt ein kleiner Ortsbummel. Folgt man der Hauptgasse vom Anleger aus, kommt man zur hübschen Platia Ilikiomeni, mit ihren Tavernen und dem traditionellen Kafenió der Mittelpunkt des Dorfes. Am nächsten Platz liegt das klassizistische Rathaus; dahinter beginnt der weiß getünchte Treppenweg zum Kloster.

Kloster Panagía Spiliáni

Auf dem schroffen Felsen über der Stadt wurde schon seit frühchristlicher Zeit die Panagiá Spiliáni verehrt. Die ›Allheilige zur Höhle‹ geht vielleicht sogar auf eine antike Kultstätte zurück. In spätbyzantischer Zeit errichtete man ihr eine Kirche, deren alte Marienikone mit schönem Oklad bis heute ein häufig besuchtes Wallfahrtsziel ist. Erst 1312 ließen die genuesischen Assanti, Gefolgsleute des ›Piraten‹ Vignoli (s. S. 31), zum Schutz des Hafens eine Burg bauen, verschonten aber die Kirche. Erhalten sind noch Mauern des Donjons und das alte Tor der Festung.

Im 18. Jh., die Burg war schon längst verfallen, entstand auf dem Felsen ein Kloster, das heute aber nur noch von einem Priester gehütet wird. Das thront nun blitzweiß über der Stadt und gibt Mandráki nachts mit seinem Neonkreuz den Segen.

Die Akropolis

Vom Beginn des Treppenwegs zum Kloster erreicht man nach links gehend den Pfad zur antiken Akropolis, hier Palékastro genannt. Die dorische Burg ist von einer etwa 3,5 m breiten Mauer aus vulkanischen Trachytquadern umgeben, der stärksten erhaltenen antiken Befestigungsanlage Griechenlands.

Die Quaderblöcke des mächtigen Steinwalls aus dem 5. oder 4. Jh. v. Chr. sind rechteckig, jeweils imposante 80 cm hoch und bis zu 2 m lang. Sogar der Eingang blieb unversehrt und scheint auch heute noch durch nichts erschüttert werden zu können. Dahinter führt eine Treppe auf die Mauerkrone; sonst ist die Akropolis leer, nur gelegentlich blitzt ein Marmorkapitell durchs Gebüsch.

Die Caldera

Reiseatlas: 232, B2

Hinter Emborió, einem Dorf auf der Abbruchkante zum Vulkankrater, das durch das Erdbeben von 1933 schwer zerstört wurde und heute fast völlig entvölkert ist, biegt die Straße in die Caldera, den Vulkankrater ab (s. S. 194). Im vorderen Teil wachsen noch Obst- und Olivenbäume, dann wird die Landschaft immer trostloser und schließlich schweflig gelb. Ein Pfad führt von der

Per Bus zum Vulkan

Jeweils bei Ankunft der Ausflugsboote fahren Busse vom Hafenplatz direkt zum Vulkankrater (ca. 6 €). Zum Mittagessen ist man dann wieder zurück in Mandráki. Der normale Inselbus fährt nur bis Emborió, doch als Alternative kann man auch an der Uferstraße ein Moped mieten und auf eigene Faust losfahren.

WO POLYBOTES SCHLUMMERT

Der Vulkan von Níssyros

Níssyros ist ein heißes Pflaster: Die Insel liegt ziemlich genau auf dem Schnittpunkt der beiden ägäischen Vulkanbögen. Der südägäische Bogen reicht von Methana auf der Peloponnes über Mílos und die berühmte Vulkaninsel Santorin (Thíra) nach Níssyros, wo sie auf die ostägäische Vulkanzone entlang der Westküste Kleinasiens trifft, die über Sámos, Pátmos und Kós nach Níssyros verläuft. Während die kleinasiatische Zone an der Grenze zur Türkei hauptsächlich durch kleinere bis mittlere Erdbeben von sich reden macht, hat der südägäische Vulkanismus in Santorin und Mílos fantastische Zeugnisse roher Naturgewalt geschaffen.

Im Vergleich dazunpräsentiert sich die Insel Níssyros weniger spektakulär. Doch sind die geologischen Zeichen nicht weniger spannend. Zunächst ein Blick zur Karte. Verlängert man die Konturen von der Nordküste von Níssyros und der Südküste der kleinen Insel Gialí, treffen sich beide Linien zu einem Kreis – der annähernd die Form eines großen untermeerischen Kraters beschreibt. Dies war die erste Caldera, die beim Ausbruch eines sehr viel größeren Vulkans vor vielen Millionen Jahren entstand – vergleichbar jener Katastrophe von Santorin, bei der um 1600 v. Chr. die ganze Insel zerriss und nur die Ränder stehen blieben.

Bimssteintuffe und Aschen dieser und einer weiteren älteren Eruption, bei der die große, ellipsenförmige Caldera im Inneren von Níssyros entstand, bedecken heute die meerseitigen Hänge der Hauptinsel und ihres Trabanten Gialí. Dieses Tuffgestein hat bis heute ökonomische Bedeutung für Níssyros. Aus dem früher bei Loútra, heute auf Gialí abgebauten Gestein, Puzzuolana-Erde oder nach dem früheren Hauptabbaugebiet auch Santorin-Erde genannt, wird ein besonderer Mörtel hergestellt. Im Verhältnis 8 : 1 mit Kalk gemischt, bindet das Bimssteinmehl auch unter Wasser ab und wird äußerst widerstandsfähig gegen Seewasser. Heute ist Gialí das einzige noch aktive Bimsabbaugebiet Griechenlands.

Fährt man vom Caldera-Rand hinunter auf den Krater zu, nähert man sich zwar einer grauweißen Mondlandschaft, eine regelrechte Vulkantätigkeit lässt sich jedoch nicht erkennen. Das erste Zeichen ist der Geruch – deutlicher gesagt: Es stinkt erbärmlich nach faulen Eiern, also Schwefelwasserstoff. Unten im Krater zischt es dann aus gelb-schwefligen Löchern, die im Frühjahr noch mit köchelndem Schlamm gefüllt sind. Kochendheiße Luft dampft auf, Schwefelablagerungen färben die Steine in weitem Umkreis glitzernd grell-gelb. Im 19. Jh. sind die Schwefelvorkommen des zweiten, heute erloschenen Kraters noch wirtschaftlich ausgebeutet worden. Heute gelten die gelben Schwefelkristalle nur noch als beliebte Souvenirs.

Auch wenn der Vulkan inzwischen nur noch auf Sparflamme kocht, ist der letzte Ausbruch noch gar nicht so lange her. 1933 war Níssyros das Epizentrum des großen Erdbebens, das die Altstadt von Kós in Trümmer legte; 1888 gab es die letzte richtige Eruption, wobei der Vulkan eine Wolke ausspie, die bis nach Rhodos sichtbar war. Polybotes, der Gigant, scheint also immer noch lebendig. Strabo, der Geograph der frühen römischen Kaiserzeit, überliefert uns über Níssyros nämlich folgendes: Nach dem Sieg in der Gigantenschlacht, dem Kampf der olympischen Götter im Bündnis mit Herakles gegen die Söhne der Erdmutter Gea, habe der Meeresgott Poseidon den Polybotes verfolgt. Über Kós riss der Gott mit seinem Dreizack ein mächtiges Landstück ab, packte es und schleuderte es auf den fliehenden Giganten. So entstand, glaubten die Alten, die Insel Níssyros, unter der nun der Polybotes begraben liegt. Wahrscheinlich erschüttert der Riese bis heute die Insel, zuletzt bei Erdbeben 1998. Vielleicht betritt man in diesem Wissen den Krater doch etwas vorsichtiger?

Auf dem Vulkan von Níssyros

Kantina auf den Boden des größten Sekundärkraters hinab. Dort pfeift aus Spalten und Löchern heißes Gas, auf den Steinen kann man Spiegeleier braten, und wenn man hüpft, scheint der Boden wie ausgehöhlt zu vibrieren.

Nikiá

Reiseatlas: 232, B/C2
Im Gegensatz zu Emborió ist das 50-Seelendorf Nikiá der malerischste Ort der Insel. Er liegt gegenüber Emborió auf dem Rand des Vulkankraters, etwa 14 km von Mandráki entfernt. In schmuckem Weiß drängen sich die Häuser aneinander, auf der einen Seite der Vulkan, auf der anderen die steilen Terrassenhänge zum Meer.

Ein Spaziergang durchs Dorf führt durch die Hauptgasse an mehreren Tavernen entlang, ein zweiter Weg verläuft am Rand des Kraters mit schönen Aussichten bis zum verfallenen Kástro am Ortsende. Die Hauptgasse endet auf der Dorfplatia bei der weiß-blauen Kirche, flankiert vom Kafenió und einer großen Zisterne, wo die Frauen früher die Wäsche wuschen.

Vom Bushalteplatz vor dem Dorf kann man zu einer Aussichtsplattform mit schönem Blick über den Vulkan absteigen. Dort beginnt auch ein Fußweg zum Kloster Ágios Ioánnis Theológos am Hang der Caldera-Wand. Von diesem Pfad zweigt ein Fußpfad hinunter zum Vulkan ab. Nimmt man den Morgenbus nach Nikiá, kann man hier etwa 250 m zur Caldera-Sohle absteigen und mit einem der Direktbusse zum Vulkan zurückkehren.

Strände

In Mandráki gibt es nur den kleinen **Chochláki Beach** hinter dem Klosterberg (Zugang entlang der Küste). Wegen der sehr großen Kiesel hat man dort ohne Badeschuhe wenig Freude.

Kurz vor Páli, in einer vom Bimsabbau zerfurchten Gegend, liegt der **White Beach,** den ein Großhotel in Beschlag genommen hat.

Das kleine Fischerdorf **Páli,** 4 km östlich von Mandráki ist bei Yachturlaubern ein beliebter Hafen. An der Uferstraße reihen sich Tavernen und Pensionen; an der Ostseite erstreckt sich ein graubrauner Sand-Kiesstrand.

Info über die Reiseagenturen **Polyvotis** am Hafen (Tel./Fax 22420-31 204) und **Enetikon** an der Küstenstraße (Tel. 22420-31 180, Fax 22420-31 168); Enetikon verkauft auch Schiffstickets.

Hotel Romantzo: am Hafen hinter Hotel Three Brothers, Tel. 22420-31 340. Einfache Zimmer, aber mit eig. Bad; große Gemeinschaftsterrasse vor den Zimmern. Eine beliebte Adresse bei Rucksacktouristen. DZ ca. 20–32 €.
Hotel Porfyris: im Ortszentrum kurz vor der Platia Ilikiomeni, Tel. 22420-31 176, Fax 22420-31 176, diethnes@otenet.gr. Komfortables Mittelklassehaus mit Pool, ansprechend eingerichtet, ruhig gelegen, schöner Meerblick. DZ etwa 30–45 €.

Iríni: Platia Ilikiomeni, moderat. Alteingesessene traditionelle Taverne, viele Schmorgerichte aus dem Ofen, netter Service, man sitzt schön im Schatten unter dem Blätterdach der Platia.
Kleánthes: an der Ufergasse kurz vor dem Kástro-Felsen, preiswert. Traditio-

Am Kirchplatz in Nikiá

nelle, einfache Taverne mit großer Auswahl und Inselspezialitäten wie *fáva,* in Rotwein eingelegter Ziegenkäse.
Ouzeri Fambrika: an der Hauptgasse nahe dem Rathaus, meist nur abends geöffnet, teuer. Urige Kellertaverne und Bar in einer alten Weinkelterei. Zu Retsina vom Fass oder Ouzo und dem kretischen Tresterschnaps Raki gibt es gute Meze (Appetithappen), aber auch Fisch und Fleisch vom Grill.

Am Krater wird **Bimsstein** verkauft – den man aber bei Páli am Straßenrand auflesen kann. In den Tavernen erhält man ein süßes Mandelgetränk, **Soumáda,** das man in einem Geschäft an der Meerplatia auch kaufen kann.

14./15. August: großes Kirchweihfest des Klosters Panagiá Spiliáni; viele Pilgergäste von anderen Inseln.

Zwei **Banken** an der Hauptgasse in Mandráki, es gibt aber keinen EC-Automat. **Postamt** im Hafengebäude am Anleger. **Telefonbüro** der OTE in der Agentur Enetikon.

Anreise: von Rhodos bis zu 3 x wöchentlich eine Fähre der Route Rhodos – Kós – Pireas; 1 x wöchentlich eine Fähre der Route Rhodos – Kykladen – Pireas; dazu 2 x wöchentlich mit der kleineren Níssos Kálymnos (über Tílos und Sými, bei der Rückfahrt bis Kastellórizo).
Schnellboote: per Hydrofoil 1 x wöchentlich von Rhodos (Mandráki) mit der Kálymnos–Rhodos-Linie; 1 x wöchentlich mit der Kós–Rhodos-Linie.
Hafenamt: Tel. 22420-31 222.
Busse: mehrmals tgl. ein Inselbus vom Hafen nach Páli, Emborió und Nikiá, ca. alle 2 Std. Ausflugsbusse zum Vulkan.

KÓS – AUF DEN SPUREN DER ANTIKE

Im Zeitalter der Catamaran-Fähren ist selbst ein Ausflug nach Kós als Tagestour möglich, und für alle, die sich für die Antike interessieren, ist das eine sehr lohnende Sache. In Kós-Stadt, das von türkischen Moscheen und verspielten italienischen Bauten geprägt ist, finden sich die größten antiken Ausgrabungen der griechischen Inseln.

Kós war im Altertum nicht weniger berühmt als Rhodos. Es gehörte mit den drei rhodischen Städten Líndos Kámiros und Ialyssós zum Städtebund der dorischen Hexapolis, in der auch noch Knidos und Halikarnassos (heute Bodrum) auf dem kleinasiatischen Festland vereint waren. Hier wurde 460 v. Chr. der berühmte Arzt Hippokrates geboren, dessen Eid noch die Mediziner von heute beschwören. Aus einem Tempel für den Heilgott Asklipios entwickelte sich dann im Hellenismus und in der Römerzeit eine der angesehensten und beliebtesten Kur- und Heilzentren der Antike; reiche Römer ließen sich im Asklipion mit Heilschlaf, Wassergüssen und Kräutersäften behandeln.

Während des Mittelalters zählte auch Kós zum Reich der Johanniter-Ritter, die den Hafen mit einer Burg schützten, wofür ein Goßteil der Steine des antiken Asklipions verwendet wurden. Unter den türkischen Osmanen war Kós die zweite Stadt des Dodekanes, in der Türken angesiedelt wurden; daher entstanden etliche Moscheen, die noch heute mit ihren Minaretten des Stadtbild prägen. Wie Rhodos wurde auch Kós Anfang des 20 Jh. von den Italienern besetzt.

Genau wie in Rhodos war damals die antike Stadt mittelalterlich überbaut, doch als 1933 ein schweres Erdbeben große Teile der Altstadt zerstörte, nutzten italienische Archäologen die Gelegenheit zur Ausgrabung. So liegen heute weite Areale des antiken Kós frei und können in einer Art Architekturpark besichtigt werden.

Die Ausgrabungen in Kós-Stadt

Die Hydrofoils und Catamarane ankern vor dem markanten italienischen **Justizpalast** im orientalisierenden Stil, direkt vor dem Gelände der freigelegten **antiken Agora** [1]. Als Zentrum der antiken Stadt war dieser Platz gesäumt

Blick über die antike Agora von Kós-Stadt

von Tempeln, u. a. für die Liebesgöttin Afrodite und von einer 150 m langen Säulenhalle mit zahlreichen Läden und Weinschenken.

Auf der anderen Seite der Agora liegt der heutige Zentralplatz, die Platia Eleftherias, mit dem **Archäologischen Museum** 2 (Di–So, 8–14.30 Uhr). Hier sind viele Mosaiken und vor allem zahlreiche Statuen und andere Kleinfunde zu sehen, die aus den Ausgrabungen geborgen werden konnten.

Über die Straßen Ifestou und Apellou erreicht man dann das **westliche Ausgrabungsareal.** Hier sind entlang einer der antiken, früher von Säulenhallen gesäumten Hauptstraßen zahlreiche Bodenmosaiken aus den früheren Villen zu sehen (z. B. **›Entführung der Europe‹** 3).

Vorbei an römischen Thermen und einer Säulenhalle der **Palaestra** 4**,** einer Art Sporthof (auch als Gymnasium bezeichnet) gelangt man zu einem monumentalen **Nymphaeum** 5**:** Dieses Brunnenhaus besaß einen von Säulenhallen umgebenen Innenhof und eine von Nischen gegliederte Fassade, wo das über den Aquädukt an der Odos Ampavris herbeitransportierte Wasser in drei Becken plätscherte. Hinter dem Bau, am westlichen Rand des Areals sind weitere Mosaiken freigelegt, u. a. ein ›Urteil des Paris‹.

Sehenswürdigkeiten
1 antike Agora
2 Archäologisches Museum
3 Mosaik ›Entführung der Europe‹
4 Palaestra
5 Nymphaeum
6 Odeon
7 Casa Romana
8 Zentralthermen
9 Alexander-Altar
10 Platane des Hippokrates

Unterkunft
11 Pension Aléxis
12 Rooms to let Maria Karagiánni

Essen & Trinken
13 Caffè Ciao
14 Taverna Olimpiada
15 Restaurant Petrino

Jenseits der viel befahrenen Straße Grigoriou E' liegen noch das antike **Odeum** 6, ein kleines Musiktheater, das unlängst restauriert wurde, sowie die **Casa Romana** 7 (Di–So 8–14.30 Uhr), das sehenswerteste antike Relikt in der Stadt Kós. Es handelt sich um eine große Villa eines wohlhabenden Bürgers aus römischer Zeit, die von den Italienern rekonstruiert worden ist. Die Räume gruppieren sich um drei mit Mosaiken und Marmorplatten geschmückte Innenhöfe, die Wände sind aufwendig mit Wandmalereien geschmückt. Hier kann man sich das angenehme Leben der Oberschicht in der Römerzeit gut vorstellen.

Links neben der Villa liegen die Reste der **Zentralthermen** 8; anschaulich lässt sich das System der Hypokausten nachvollziehen, jener im Boden und in den Wänden eingebauten Hohlräume, durch die heiße Luft geleitet wurde, um die Baderäume zu heizen.

Wenn jetzt noch Zeit bis zur Rückfahrt bleibt, sollte man einfach durch die Stadt zurück bummeln. Ein kleiner Schlenker Richtung Neustadt führt dabei zum **Alexander-Altar** 9 an der Odos Tsaldari. Das neuzeitliche Monument ehrt den großen makedonischen König und zitiert eine programmatische Rede, in der er die Völker in dem von ihm eroberten Reich zu friedvollem Zusammenleben und Vermischung auffordert. Doch nach Alexanders Tod hatte solche Multikulturalität kaum Chancen, das Reich brach auseinander.

Auf dem Rückweg zum Fähranleger lohnt dann noch die so genannte **Platane des Hippokrates** 10 neben dem Kastell Neratzia einen Blick. Dass der berühmte Arzt hier, unter dem bizarr vom Alter gebeugten Baum, gelehrt hätte, ist aber nur Legende, denn zu seinen Lebzeiten lag die Stadt Kós noch auf der westlichen Inselhälfte.

Das Asklipion

Eine Fahrt zum Asklipion ist auch innerhalb eines Tagesausflugs machbar, doch bleibt dann recht wenig Zeit für die Grabungen in Kós (zumal das Museum und die Casa Romana schon um 14.30 Uhr schließen). Doch fährt direkt nach Ankunft vom Hydrofoil-Anleger ein Traktorbus dorthin.

In der baulichen Gestalt entspricht das Asklipion einer typischen, stark auf die Landschaft bezogenen Anlage des Hellenismus, wofür auch die Stoa von Líndos ein gutes Beispiel ist (s. S. 145). Wie dort erstrecken sich die Bauten über mehrere Terrassen und sind so übereinander gestaffelt, dass sich ein theatralischer Effekt ergibt.

Die **erste Terrasse** war von einer Stoa umgeben, einer über eine Säulenkolonnade zum Terrassenhof geöffneten Halle mit rückwärtigen Räumen, wo man Ärzte konsultieren oder Devotionalien kaufen konnte, evtl. waren dort auch die Kranken untergebracht. Heute sind nur noch die Grundmauern und einige wenige Säulentrommeln zu sehen.

Auf der **zweiten Terrasse** lag ein Asklipion-Tempel des 3. Jh. v. Chr. im ionischen Stil, von dem zwei Säulen wieder aufgerichtet wurden. Wenn man die Treppe emporsteigt, kommt man direkt zum freistehenden Altar, rechts davon lag der Tempel. Ein zweiter, Apollon geweihter Tempel mit korinthischen Säulen erhob sich auf der anderen Seite, hinter einer halbkreisförmigen Exedra.

Die **oberste Terrasse** war wie die unterste an drei Seiten von einer Säulenhalle umgeben; in der Mitte erhob sich ein großer dorischer Tempel, der im 2. Jh. v. Chr. entstand und ebenfalls Asklipios geweiht war. Effektvoll führte die Freitreppe auf die Frontfassade mit sechs Säulen unter einem Dreiecksgiebel empor. Der Tempel gehörte also zu der späteren Ausbaustufe; in byzantinischer Zeit wurde er in eine Kirche umgewandelt: davon zeugt noch der improvisierte Altar aus einem Kapitell, in das die christlichen Symbolbuchstaben ICXC eingemeißelt wurden. In den Räumen der umlaufenden Stoa suchten die Kranken, vermutlich mit Drogen berauscht, im Heilschlaf durch den Gott Erlösung von ihrer Krankheiten zu erlangen.

Tourist Information: Akti Vas. Georgiou 1, Tel. 22420-24460, Fax 22420-21111, in der Saison bis 20 Uhr geöffnet.

Aléxis 12**:** Odos Irodotou 9, Ecke Odos Omirou, Neustadt, Tel. 22420-28798, Fax 22420-25797. Pension in einer alten Villa mit schönem Garten. Auf der Gemeinschaftsterrasse trifft man Traveller aus aller Welt. Einfache Zimmer, nur Etagenduschen. DZ ca. 25–35 €.

Rooms to let María Karagiánni 11**:** Platia Diagora, Tel. 22420-24548, Mob. 694-4955872. Kleine Pension bei einer gastfreundlichen Familie, DZ 20–30 €.

Schön sitzt man am Hafen, doch sind die Tavernen hier vergleichsweise teuer; einfache Snackbars reihen sich an der vielbefahrenen Meg. Alexandrou. Besondere Tipps:

Caffe Ciao 13**:** Odos Ifestou, Altstadt. Modernes Café im italienischen Stil, große Auswahl an Gebäck und Kuchen.

Olimpiada 14**:** 2 Kleopatras, Altstadt, nahe der Station der Inselbusse, moderat. Beliebte, einfache Taverne mit recht günstiger, aber authentischer griechischer Küche. Was es zu essen gibt, kann man in Warmhaltewannen anschauen; der Service ist nett, aber nicht übertrieben.

Petrino 15**:** 1 Platia Theologou, Altstadt, nahe der westlichen Ausgrabung, ab 18 Uhr, Reserv. empfohlen, Tel. 22420-27251, gehobene Klasse. Eines der Spit-

Zweite Terrasse des Asklipions mit den Säulen des Apollon-Tempels

zenrestaurants von Kós, in einem jahrhundertealten Bruchsteinhaus, große Terrasse mit Blick über die antiken Ruinen. Man serviert in elegantem Rahmen griechische Spezialitäten, z. B. ein wunderbares Bekri Meze (scharf eingelegtes Schweinefleisch). Sehr gute Weinauswahl.

Anreise: regulär bis zu 2 x täglich eine Autofähre der Route Pireas – Dodekanes – Rhodos, 2 x wöchentlich mit der Níssos Kálymnos.

Schnellboote: in der Saison 5 x wöchentlich ein Hydrofoil, ab gegen 8/8.30 Uhr, retour gegen 16/16.30 Uhr, Fahrtzeit je nach Stopps 60–120 Min.

Tipp: 3 x wöchentlich gibt es auch ein Nachtboot, die Aeolos Kenteris der Gesellschaft NEL, ab Kós gegen 22 Uhr, an Rhodos kurz vor Mitternacht.

Hafenamt: Tel. 22420-26 594 und 22420-26 595

Busse: Vom Hydrofoil-Anleger neben der Tourist Info fährt nach Ankunft der Schnellfähren eine Art Traktorbus zum Asklipion. Stadtbusse fahren vom Mandráki-Hafen etwa im Stundenrhythmus nach Plataní (und evtl. auch weiter zum Asklipion).

MARMARIS – EIN TÜRKISCHER BASAR

Der türkische Urlaubsort auf dem Festland gegenüber von Rhodos-Stadt ist eines der Zentren des mittelmeerischen Massentourismus. Als Ausflugsziel bringt er nicht viel, es sei denn, man ist auf Shopping aus – denn Marmaris hat eines der größten touristischen Basarviertel der Türkei.

Um es also gleich vorweg zu sagen: Der Bootstrip ins türkische Marmaris kann – im Vergleich zu Inseln wie Sými, Níssyros oder Kós – nicht als erste Wahl gelten. Denn der auch bei der türkischen Schickeria beliebte Ferienort ist lediglich ein Kunstprodukt des Tourismusgeschäfts; im Gegensatz zu Sými, Ende des 19. Jh. die größte Stadt der Region (s. S. 176), war Marmaris bis zum Bau der zahlreichen Großhotels am Weststrand ein mehr oder minder bedeutungsloses Fischerdorf. Andererseits nennt Marmaris einen riesigen Basar sein Eigen, in dem man sich für ein paar Stunden restlos verlieren kann: Einkaufen in der Türkei ist relativ preiswert, Kreditkarten nehmen fast alle Geschäftsleute; auch in Euro kann man fast überall zahlen.

Für den Shopping-Bummel bleibt auch recht viel Zeit, denn mit den modernen Tragflächenbooten (Hydrofoils) braucht man für die Fahrt bloß 45 Min. Sehenswürdigkeiten gibt es so gut wie nicht: lediglich die Burg **Marmara Kalesi** auf dem Altstadthügel, die im 16. Jh erbaut wurde und heute als Museum zugänglich ist (8–12, 13–15 Uhr). Der Besuch lohnt aber eher der Aussicht über den Hafen als der wenigen antiken Exponate wegen.

Als Hafen war und ist Marmaris übrigens berühmt. Schon die Lage, in einer fast vollständig zum Meer hin geschlossenen weiten Bucht, ist grandios. In diesem Naturhafen zog Sultan Süleyman 1521 seine Flotte für den großen Angriff auf Rhodos zusammen, heute ankert in der neuen Marina für rund 1000 Boote die größte Yacht-Flotille der Türkei. Der Abschirmung gegen die Meereswinde verdankt der Ort einen Gutteil seiner heutigen Beliebtheit, denn schon Anfang Mai, beim Yachtfestival, kann man hier hochsommerlich warme Abende und (in den Discos) heiße Nächte genießen.

Die Hydrofoils aus Rhodos legen östlich des Ortes, bei der Einfahrt links vom Yachthafen an. Rechts erhebt sich flach und gedrungen die Burg, dahinter beginnt der **Basar:** Orient-Teppiche, aber auch Pelzmäntel und Lederkleidung sind die auffälligsten Waren, die im von grünem Tuch gegen die Sonne geschützten Gassengewirr angeboten werden: Da heißt es, nach Kräften zu feilschen. Auffällig sind die vielen Textilien, die mit den großen internationalen Modenamen bedruckt sind: die meisten sind aber nicht echt, sondern nur Kopien; sehr günstig, aber qualitativ doch nicht das Original.

Meerseitig zieht sich eine breite Uferstraße, hier Kordon genannt, einmal rund um die Halbinsel der Altstadt bis zum Yachthafen. An dieser Promenade reiht sich ein Restaurant ans nächste, davor liegen die Yachten und Ausflugsboote. Seitdem die illegalen Barackenvorbauten abgeräumt wurden, ist nun auch wieder der Charme des alten Fischerviertels erkennbar. Durch Gassen kann man zur Burg aufsteigen, dort laden Panorama-Restaurants zur Rast mit schönem Ausblick.

Der Kordon endet zuletzt an der **Netsel Marina,** wiederum mit großem Einkaufszentrum: Dort ist in schickem Ambiente die echte internationale Mode zu finden. Doch wer nun endgültig dem Kaufrausch zu verfallen droht, sollte lieber rasch an den deutschen Zoll denken – nur Waren bis 175 € sind bei der Rückreise steuerfrei.

Übernachten kann man in Marmaris nicht, denn in diesem Fall verliert das Charterticket seine Gültigkeit; die Griechen kontrollieren das recht genau.

Der Kordon ist eine einzige Restaurantmeile, doch am Rand des Basars gibt es auch preiswerte Lokale mit türkischer Hausmanskost.

Dede: am Kordon, tgl. ab 10 Uhr. Recht schickes Hafenrestaurant mit langer Geschichte, toll renoviertes Althaus, türkische Klassiker vom Feinsten.

Drunken Crab: hinter der Burg nahe Eski Dschami. Kleine, bei Kennern beliebte Taverne, spezialisiert auf Fisch und Meeresfrüchte. Die Tische stehen auf der Gasse und sind einfach mit Papier gedeckt. Tipp: zum Essen kein Bier oder Wein bestellen, sondern *Raki:* Anis-Schnaps, der mit Wasser verdünnt wird.

Liman Restoran: 40 Sokak. Typisch türkisches Lokanta mitten im Basar mit vielen Traditionsgerichten und auch Fisch vom Grill.

Anreise: in der Saison tgl. ein Hydrofoil und ein Catamaran vom Embóriko-Hafen in Rhodos (gegenüber Hafenamt). Die Kosten sind aufgrund der Hafengebühren recht hoch (um 55 € hin und zurück); man benötigt den Pass oder Personalausweis. Abfahrt ist gegen 9.30 Uhr, retour geht's um 16.30 Uhr.

Am Hafenkai von Marmaris

VERFEINDETE BRÜDER

Zwischen Griechen und Türken herrscht Misstrauen

Nur wenige Kilometer östlich von Rhodos zieht sich eine der heikelsten Grenzlinien der Welt durch die Ägäis: Der fast militärisch eskalierte Konflikt um das Inselchen Imía im Jahr 1995 war nur ein letztes Beispiel für den schon jahrzehntelang schwelenden Konflikt, der um so heikler ist, als beide Staaten der NATO angehören und beide wirtschaftlich stark mit der EU verflochten sind: Griechenland als Eu-Mitglied, die Türkei in Assoziationsverträgen, wobei die Griechen pikanterweise sehr lange jegliche Beitrittsdiskussionen mit der Türkei durch ihr angedrohtes Veto verhinderten. Schon 1992 hatten die Politiker in Griechenland und der Türkei – von der Weltöffentlichkeit kaum bemerkt – auch den Tourismus als Kampfplatz entdeckt. Auf beiden Seiten wurden die Kosten für Ausflüge zu den gegenüberliegenden Küsten durch Steuern und Hafengebühren drastisch hochgeschraubt. Für die Spritztour von Rhodos ins türkische Marmaris musste der unternehmungslustige Urlaubsgast umgerechnet gute 60 € hinblättern – über die Hälfte davon fielen als Steuern an! Der ›kleine Grenzverkehr‹, der seit der Abschaffung der Visumspflicht durch die Nea Demokratia-Regierung 1989 kräftig boomte, brach wieder fast völlig zusammen.

Schiffseigner und Tavernenwirte auf beiden Seiten der teils nur 8 km breiten Wassergrenze schüttelten die Köpfe und fluchten auf die Regierung – bezeichnenderweise aber auf die der anderen Seite. Wie immer in solchen Fällen, besinnt man sich hüben wie drüben einer ›Erbfeindschaft‹, die ebenso tief sitzend wie lächerlich scheinen möchte. Tatsächlich gibt es in der Geschichte dieser beiden kulturell so ähnlichen Völker historisch weit zurückreichende Wurzeln dieses kollektiven ›Frontsyndroms‹.

Im 14. Jh. begann die Eroberung des griechischen Reiches von Byzanz durch das türkische Osmanenreich, die schließlich mit der vollständigen Besetzung Griechenlands endete. Unter türkischer Fremdherrschaft ging es den Griechen zwar nicht unbedingt schlecht, doch wurde der Hass durch die ›Knabenlese‹ geschürt: Tausende von jungen Griechen wurden für das Janitscharen-Korps zwangsrekrutiert und erhielten eine islamische Eliteausbildung. Dass muslimische Griechen an der Hohen Pforte bald einflussreichste Positionen innehatten, erbitterte nicht nur die Türken, auch die orthodoxen Griechen fürchteten um den Bestand ihrer christlichen Volkstradition.

Das Motto ›Wer nicht für uns ist, ist gegen uns‹ legte die Grundlage für den verlustreichen Kampf, den die Griechen ab 1824 um ihre Befreiung – und nach der Staatsgründung 1832 um die Ausweitung ihres Territoriums führten. Über 100 Jahre zog sich die Kette der Aufstände, Kriege, Vergeltungsschläge und Unterdrückungsaktionen hin, sehr ähnlich übrigens den ›ethnischen Säuberungen‹ der jüngsten Zeit auf dem Balkan. Bis schließlich Eleftherios Venizelos, der griechische Bismarck, für Kreta und Nordgriechenland (1913), Westthrakien und die Nordägäischen Inseln (1923) die ›Enossis‹ erreicht hatte, den Anschluss an das Mutterland. Für die Griechen reichte die politische Doktrin der ›Megali Idea‹, der ›Großen Vorstellung‹ von der Wiederherstellung des Byzantinischen Reichs, aber noch weiter. Doch griechische Truppen erlebten 1922 eine furchtbare Niederlage bei dem Versuch, die anatolische Küste zu besetzen; diese ›kleinasiatische Katastrophe‹ endete mit einem ›Bevölkerungsaustausch‹, wie man die Vertreibung von 1,3 Mio. Griechen und 400 000 Türken aus ihren alten Siedlungsgebieten vornehm-diplomatisch nannte.

Ihren vorläufig letzten Ausbruch fand die Tragödie im Zypern-Konflikt, der seit dem Abzug der Briten 1955 schwelte, 1974 zur offenen militärischen Konfrontation und fast auch zum Krieg zwischen Griechenland und der Türkei führte – und bis heute nicht beigelegt ist. Wer den Konflikt dort verfolgt, weiß, dass ein friedlicher Ausgleich ähnlich schwierig ist wie der zwischen Israelis und Palästinensern. Beim Krieg 1974 verließen jedenfalls auch die meisten türkischstämmigen Einwohner von Rhodos, das mit den anderen Dodekanes-Inseln 1947 ganz friedlich an Griechenland gefallen war, ihre Heimat und flohen in die Türkei.

Seit Mitte der 1970er Jahre erleben jedoch beide Länder einen fulminanten Tourismus-Boom, und der verträgt sich mit allzu martialischem Geklingel nicht. Der Konflikt schwelte jedoch auf unterster Ebene weiter. Da stritt man über die Exploration von mutmaßlichen Erdölreserven in der Ägäis, über das Recht der Luftraumsicherung, über die 12-Meilen-Grenze der Hoheitsgewässer, und ganz unauffällig halten die Militärs ihre Geschützbunker Richtung Osten in Schuss. Charterfliegern mit einem türkischen Stempel im Pass kann es durchaus passieren, dass ihr Flug entsprechend den Buchstaben des internationalen Charterabkommens für ungültig erklärt wird und sie einen Linienflug zurück buchen müssen. In den 80er Jahren brachte es die Papandreou-Regierung sogar fertig, Ausflügler bei ihrer Rückkehr durch Wasserwannen steigen zu lassen: Die Türkei sei doch so dreckig, hieß es zur Begründung.

Die jüngeren Entwicklungen wie die Entspannung im Zypernkonflikt, die Aufgabe der griechischen Unterstützung für die PKK und schließlich die Beendigung der griechischen Veto-Politik gegen einen Beitritt der Türkei lassen für die kommenden Jahre eine Entspannung auch an der ›touristischen Front‹ erhoffen. Auch ist immer noch ein Verfahren vor dem EU-Gerichtshof anhängig, wobei der zuständige Generalstaatsanwalt bereits erklärt hat, die griechische Regelung der Hafengebühren verstoße offensichtlich gegen das Gemeinschaftsrecht. Doch bis sich wirklich etwas ändern wird, dürfte noch einige Zeit vergehen, zumal die Beziehungen der EU zur Türkei wohl aktuell (2005) vor einem Paradigmen-Wechsel stehen. Offene Grenzen aber könnten der Region in der Tat ganz neue Impulse geben, nicht nur in touristischer Hinsicht.

REISEINFOS VON A BIS Z

Alle wichtigen Informationen rund ums Reisen auf einen Blick – von A wie Anreise bis Z wie Zoll

Extra: Ein Sprachführer mit Hinweisen zur Aussprache, wichtigen Redewendungen und Zahlen

Kastell Kritiniá an der Westküste bei Kamíros Skala

REISEINFOS VON A BIS Z

Griechische Adressen

In Griechenland werden die Hausnummern wie in Frankreich vor den Straßennamen gestellt. In Adressangaben entfällt häufig der Begriff ›Straße‹ (gr. *odós)*, man gibt nur den Eigennamen an (z. B.: 62 Omirou). In großen Städten wie z.B. Ródos (Rhodos-Stadt), gibt man immer auch den Stadtteil an, der häufig nach der lokalen Kirche benannt ist (z. B. Analypsi, Rodini, Old Town = Altstadt). Bei den Telefonangaben herrscht derzeit noch verwirrendes Durcheinander. Seit der Umstellung 2002 sind alle Nummern zehnstellig, doch werden auf Karten und Prospekten vielfach weiterhin nur die letzten fünf Nummern, der eigentliche Anschluss, angeben. Davor muss man immer wählen: 2 + die letzten drei Ziffern der alten Vorwahl + 0.

Anreise

Mit dem Flugzeug

Im **Charterverkehr** fliegen alle großen Reiseveranstalter zwischen Anfang Mai und Ende Oktober mindestens einmal wöchentlich nach Rhodos. Im Winter muss man über Athen fliegen, von dort fliegt Olympic Airlines 3–4 x tgl., Aegean Airlines 2 x tgl. nach Rhodos (oneway ca. 100 €). In der Hochsaison bekommt man oft günstige Last-Minute-Flüge nach Athen (was sich inklusive Fährpassage noch lohnen kann).

Olympic Airlines: www.olympic airlines.com

Aegean Airlines: www.aegeanair.com

Der **Flughafen** von Rhodos (Diagoras Airport) liegt beim Ort Paradísi, etwa 14 km von Rhodos-Stadt entfernt. Es gibt zahlreiche Büros von Mietwagenfirmen, die zu allen Flugankünften geöffnet sind. Wenn man nicht von einem Hotelbus abgeholt wird, fährt man am schnellsten mit dem Taxi zur Néa Agorá in Rhodos-Neustadt (ca. 14 €), wo die Buslinien in die Badeorte der Ostküste starten. Linienbusse nach Rhodos-Stadt fahren aber auch ab Paradísi (3 Min. zu Fuß vom Flughafen).

Mit dem Auto

Die Anreise mit dem eigenen Auto ist kaum empfehlenswert. Die Route über den Balkan nach Athen beträgt von Frankfurt etwa 2400 km. Die Alternativ-Strecke zum italienischen Hafen Ancona (etwa 1050 km), dann mit der Fähre nach Patra, von dort weiter nach Piréas (Piräus) und zuletzt mit der Fähre nach Rhodos dauert mind. 5 Tage. Auskunft über Fährlinien ab Ancona, Piréas und Thessaloníki erhält man in den Reisebüros. Die Automobilclubs geben Auskunft über die Balkanstrecken.

Fährpassage von Pireas (Piräus)

Vom Athener Flughafen fährt tagsüber etwa stündlich ein Express-Bus direkt nach Pireas. Von der Innenstadt aus fährt man mit der Metro vom Omónia-Platz. Fährtickets erhält man an der Platia Karaiskáki und der Aktí Miaoúli bei den Fähranlegern, aber auch direkt am Kai vor den Schiffen.

Im Sommerhalbjahr fahren täglich zwei Autofähren von Pireas nach Rhodos, im Winter 1 x tgl. Fahrpläne im Internet: www.gtp.gr. Die beiden Schifffahrtsgesellschaften sind **Dane Sea Lines** (92 Australias, Rhodos, www.helios.gr/dane) und **G.A. Ferries** (14 Eth. Dodekanision, Rhodos)

Die Preise sind recht günstig, z. B. Pireas-Rhodos für ca. 25 € in der Deckklasse (ohne Kabine). Kinder unter 4 Jahren reisen umsonst, bis zu 10 Jahren für nur 50 %.

Ärztliche Versorgung

Bei kleineren Malessen muss man nicht zum Arzt gehen, da hilft auch die **Apotheke** *(farmakíon,* gr. ΦΑΡΜΑΚΕΙ-ON, mit grünem Kreuz gekennzeichnet), denn der Apotheker übernimmt auch beratende Aufgaben. Man erhält viele Medikamente (Pille, Viagra etc.) rezeptfrei zu günstigen Preisen. Geöffnet Mo, Di, Do, Fr 8–13, 17–21 Uhr sowie Mi, Sa 8–14 Uhr; Notdienst-Adressen hängen jeweils im Fenster aus.

Im **Notfall** wendet man sich am besten an den Hotelier, der das nächste

Erste-Hilfe-Zentrum *(Kentro Ygieias)* benachrichtigen kann. Alle kleinen Inseln wie Sými oder Chálki verfügen über ein solches Arztzentrum, wo man im Notfall kostenlos behandelt wird.

Ein gutes **Krankenhaus** gibt es nahe Rhodos-Stadt oberhalb von Ixiá (24 Std.-Notdienst-Ambulanz). Anfahrt mit dem Auto von Rhodos-Stadt Richtung Akropolis, dann Richtung Pastída (ausgeschildert: *Nosokomio).* Von der Néa Agorá fahren die Stadtbusse Nr. 2 und Nr. 6. Tel. Zentrale: 22410-80 000

Autofahren

Alle touristisch wichtigen Straßen sind in den letzten Jahren gut ausgebaut worden. Dabei gelten die ›Rennstrecken‹ entlang den Küsten, von Rhodos-Stadt bis Líndos und Gennádi oder nach Kámiros und Émbona, ebenso die Schnellstraße vom Flughafen nach Faliráki, als ›dreispurig‹, die mittlere dient als Überholspur für beide Richtungen. Schnelleren Fahrern ermöglicht man dort unproblematisches Überholen, indem man weit rechts fährt.

Im Landesinneren gibt es vielfach nur ungedeckte oder notdürftig asphaltierte Pisten. Man muss dort mit Schlaglöchern, auf Erdpisten auch mit tief ausgewaschenen Spurrinnen rechnen. Doch sind auch diese Straßen in der Regel im Sommer mit einem Pkw befahrbar (nicht nach starken Regenfällen!).

Moped- oder Rollerfahrer sollten, besonders bei Nässe, vorsichtig sein und auch besser nicht zu zweit ein Gefährt benutzen, da mit der schwachen Leistung die Unfallgefahr noch größer ist. Und obwohl die meisten Touristen halbnackt fahren: Was passieren kann, wenn man ohne Hose und Jacke auf Schotter ins Rutschen kommt, sollte man besser nicht ausprobieren wollen. Solche Unfälle sind keinesfalls selten! Vorsicht auch auf dem Líndos-Highway: Einbiegenden Lastwagen *immer* Vorfahrt lassen, die Fahrer gehen davon aus, dass Motorräder als die Schwächeren schon bremsen!

Verkehrsregeln: In Griechenland gelten die allgemeinen europäischen Verkehrsvorschriften, also auch Gurtpflicht und für Motorradfahrer die Helmpflicht. Die **Höchstgeschwindigkeit** beträgt innerorts 50 km/h, auf Landstraßen 80 km/h und auf Autobahnen (des Festlands) 100 km/h. Motorräder dürfen nicht schneller als 70 km/h fahren. Die **Promillegrenze** liegt bei 0,25 für Autofahrer, 0,1 für Motorradfahrer. Bis 0,60

Entfernungstabelle
in km von Rhodos-Stadt

Ostküste	
Faliráki	14 km
Archángelos	29 km
Líndos	44 km
Lárdos	47 km
Gennádi	59 km
Kattaviá	78 km
Westküste	
Ialyssós	7 km
Kremastí	12 km
Alt-Kámiros	50 km
Apollakiá	84 km

Promille ist ein Bußgeld von 156 €, danach ein Gerichtsverfahren fällig.
Parken: Während auf der ganzen Insel Parken eigentlich kein Problem darstellt, hat Rhodos-Stadt ein sehr rigides Parksystem eingeführt. An gelben Linien besteht jetzt absolutes Halteverbot, an blauen Linien dürfen Anwohner parken, Besucher hingegen nur an weißen Linien, müssen aber einen Parkschein an den an Kreuzungen zu findenden Automaten lösen. Die Geldbußen sind drastisch; ohne Ticket kann man bis zu 75 € zahlen.
Tankstellen: Häufig an den Küstenstraßen, selten in Inlandsdörfern. Die Preise sind etwa 25 % günstiger als in Deutschland. Benzin heißt *venzíni,* bleifrei *amólivdi,* Diesel *petrélio.*

Behinderte

Nur die Top-Hotels sind behindertengerecht gebaut. Ansonsten ist Rhodos ein sehr schwieriges Terrain, weder Busse noch Museen oder Restaurants sind auf Rollstuhlfahrer eingestellt. Behinderte sind auf jeden Fall auf eine Begleitperson angewiesen.

Diebstahl & Betrug

Griechenland darf zu Recht immer noch als das ungefährlichste Reiseland Europas gelten. Auch Betrügereien von Souvenirhändlern, Taxifahrern etc. sind sehr selten, nur zur Hochsaison in den Touristenzentren sollte man etwas mehr aufpassen.

Kopien aller wichtigen Dokumente (Ausweise, Kfz-Papiere, Flugtickets) sind im Verlustfall hilfreich und sparen viel Zeit bei der Erstellung der Ersatzpapiere.

Diplomatische Vertretungen

… von Deutschland
Honorarkonsulat in Rhodos-Stadt
12, Parodos Isiodou, Monte Smith
Tel. 22410-63 730, auch Fax
Botschaft in Athen
3, Karaoli & Dimitriou, Kolonaki
Tel. 210-728 51 11, Fax 210-725 12 05
… von Österreich
Honorarkonsulat in Rhodos-Stadt
27–33, Odos 25 Martiou, Neustadt
Tel. 22410-20 833
Botschaft in Athen
4, Leoforos Vasileos Sofias
Tel. 210-725 72 70, Fax 210-725 72 92
… der Schweiz
Botschaft in Athen
2, Odos Iassiou
Tel. 210-723 03 64, Fax 210-724 92 09
… von Griechenland
Botschaft in Deutschland
– 10117 Berlin, Jägerstr. 55
Tel. 030/20 62 60, Fax 030/20 62 64 44
www.griechische-botschaft.de
Botschaft in Österreich
– 1040 Wien, Argentinierstr. 17
Tel. 01/505 57 91, Fax 01/505 62 17
Botschaft in der Schweiz
– 3005 Bern, Jungfraustr. 3
Tel. 031 352 16 37, Fax 031 352 05 57

Einreise- & Zollbestimmungen

Zur Einreise mit dem Flugzeug nach Griechenland genügt für Deutsche, Österreicher und Schweizer der Personalausweis oder ein Passdokument.

Zur Anreise per Bahn oder Auto über Ungarn oder Serbien bzw. für einen Türkei-Ausflug ist allerdings immer ein Reisepass erforderlich.

Für **Haustiere** ist der neue EU-Heimtierausweis erforderlich. Die Mitnahme ist aber schwierig, da die meisten Hotels keine Tiere aufnehmen.

Bei Anreise mit dem eigenen Fahrzeug ist die grüne Versicherungskarte nicht vorgeschrieben, aber ebenso wie Vollkaskoversicherung und Auslandsschutzbrief empfehlenswert.

Zoll bei der Ausreise

Im EU-Verkehr dürfen Waren wie Alkoholika und Tabakwaren für den Privatbedarf zollfrei eingeführt werden. Als Mengenobergrenze gelten 800 Zigaretten, 10 l Spirituosen und 90 l Wein pro Person über 17 Jahre. Zollfrei einführen darf man insgesamt aber nur Waren für bis zu 175 €.

Für Schweizer und für Duty-Free-Waren gelten allerdings noch die alten Bestimmungen (200 Zigaretten, 1 l Spirituosen, 2 l Wein).

Elektrizität

Die Netzspannung beträgt 220 Volt. Flachstecker passen in der Regel, für Schukostecker benötigt man aber häufig einen Adapter.

Fährverbindungen

Rhodos-Stadt besitzt drei **Häfen:** den Mandráki-Hafen bei der Néa Agorá, den Embóriko-Hafen sowie den Akándia-Hafen südlich der Altstadt. Alle großen Fährschiffe legen an den Kais des Embóriko-Hafens an, gegenüber dem Katharinen-Tor. Im Mandráki starten die Ausflugsschiffe sowie die schnellen Catamarane und Hydrofoils (nur die Marmaris-Hydrofoils liegen im Embóriko).

Die **Tickets** verkaufen verschiedene Reisebüros, die sich in der Umgebung der Néa Agorá konzentrieren. Allerdings haben nicht alle Agenturen alle Schifffahrtsgesellschaften im Programm. Zur Not kann man ein Ticket auch am Kai lösen. Manchmal wird dafür aber ein Preisaufschlag von 20 % verlangt.

Nur auf den Ausflugsbooten werden Tickets für Hin- und Rückfahrt verkauft, ansonsten muss man die Fahrkarte jeweils im Abfahrtshafen besorgen. Beim ›Inselhüpfen‹ kosten solche Einzeltickets zusammen viel mehr als ein vergleichbares durchgehendes Ticket. Die regulären Fähren sind aber (in der Deckklasse) sehr günstig – günstiger jedenfalls als die Ausflugsfähren.

Beim EOT-Büro an der Papagou ist ein wöchentlich aktualisierter **Fahrplan** erhältlich; aktuelle Information bieten auch die Reisebüros oder das Hafenamt am Embóriko-Kai. Reservierungen sind nur in der Hauptsaison nötig, wenn man einen Pkw-Platz braucht.

Mit den größeren Inseln des Dodekanes, also Pátmos, Léros, Kálymnos und Kós, ist Rhodos zwischen April und Oktober 6 x die Woche durch eine Autofähre verbunden, 3 x die Woche geht eine Fähre über Chálki und Kárpathos nach Kreta (Sitía, Iráklio). Etwa 2 x die Woche erreicht man mit der Fähre ›Marina‹ Tílos und Níssyros, 3 x die Woche Kastellórizo. In der Urlaubssaison werden zudem Catamarane und superschnelle Hydrofoils (Tragflügelboote) eingesetzt.

Fährverbindungen ab Rhodos: s. jeweils bei den Inseln ab S. 174

Feiertage

1. Januar: Neujahr *(protochrónia)*
6. Januar: Taufe Christi *(epiphanía)*
Rosenmontag *(káthari déftera)*: 6. 3. 2006, viele Familien fahren zum Picknick aufs Land oder ans Meer:
7. März: Dodekanes-Feiertag
25. März: Nationalfeiertag
Karfreitag *(megáli paraskévi)*
Ostersonntag *(páska):* 23. April 2006, 8. April 2007
1. Mai: Tag der Arbeit *(protomáia)*
15. August: *Kímissis tís Theotókou*
28. Oktober: Nationalfeiertag
24. Dezember: Heiligabend *(paramóni christoujénnon)*, Feiertag ab Mittag
25. Dezember: Weihnachten *(christoujénna)*
Silvester *(vrádi tis protochrónias)*

Fotografieren

Absolutes Fotografier- und Filmverbot besteht in der Nähe aller militärischen Anlagen. Die griechischen Militärs können auf Verstöße sehr unangenehm reagieren.

In den Museen sind Fotografieren und Filmen erlaubt, mit Stativ und Blitzlicht jedoch nur gegen eine Sondergebühr. In Kirchen sollte man beim Gottesdienst auf den Schnappschuss verzichten. Filme und Zubehör für Digitalkameras sind in Fotoläden erhältlich, vielfach gibt es günstige Schnellentwicklungsangebote, Diafilme sind aber kaum zu bekommen.

Geld & Preisniveau

In Griechenland gilt der Euro, der hier landessprachlich *evró* (oder englisch *juro)* genannt wird, der Cent heißt offiziell *lepta.* Ausländische Devisen dürfen in unbegrenzter Höhe eingeführt werden, übersteigt der Wert mehr als 1000 US-$, sollte der Betrag beim Zoll deklariert werden.

Bargeld erhält man mit der **EC/Maestro-Karte** an Bankautomaten, die es in allen größeren Orten gibt. Allerdings hebt man besser einmal eine größere Summe ab, da die Gebühren pro Transaktion 8 € betragen. Über **Kreditkarten** rechnen die besseren Hotels und Restaurants, viele Modegeschäfte und natürlich die Mietwagenbüros ab.

Preisniveau

Griechenland war vor dem EU-Beitritt ein sehr preiswertes Reiseziel, entspricht heute jedoch fast dem deutschen Niveau. Dazu ist es seit der Euro-Einführung in den touristischen Bereichen zu teils drastischen Preiserhöhungen gekommen – für zwei Liegen plus Schirm am Strand werden heute umgerechnet 16 DM verlangt.

Privatzimmer kosten 25–65 € ohne Frühstück für zwei Personen, in den Hotels der Mittelklasse (S. 221) kommt man für 50–95 € unter. Die Preise einfacher Tavernen liegen unter denen deutscher Restaurants; in touristischen Lokalen nicht selten sogar mehr. Vor allem bei Fischplatten kann man unliebsame Überraschungen erleben.

Gesundheitsvorsorge

Über die Nutzung der ab Dez. 2005 ausgebenen europäischen Krankenversicherungskarte (EHIC, European Health Insurance Card) informiert die jeweilige Kasse. Besser schließt man aber eine **Auslandskrankenversicherung** ab, die auch einen medizinisch notwendigen Rücktransport erstattet (erhältlich in jedem Reisebüro).

Vorbeugung: Stets **Sonnencreme** mit hohem Lichtschutzfaktor (20 bis 30) benutzen. Die häufigste Erkrankung von Urlaubern ist tatsächlich Sonnenbrand. Im Hochsommer ist die Mitnahme von **Moskitonetzen** (v. a. für Kinder!) empfehlenswert.

Um **Durchfall** zu vermeiden, sollten Sie nur mäßig kalte Getränke trinken und nicht zu viel Eis essen (aber: bei Temperaturen über 30 °C muss man täglich 2 l Flüssigkeit trinken!). Zumeist hilft eine leichte Diät mit Salzgebäck und Cola. Halten die Beschwerden länger als drei Tage an, sollte man sich in der Apotheke (s. S. 213) ein Medikament besorgen (Durchfall = *diárria*).

Informationsstellen

Griechische Zentrale für Fremdenverkehr

... in Deutschland
– 60311 Frankfurt/M.
Neue Mainzer Str. 22
Tel. 069/257 82 70, Fax 069/257 82 729
E-Mail: info@gzf-eot.de

... in Österreich
– 1010 Wien, Opernring 8
Tel. 01/512 53 17 (18), Fax 01/513 91 89
E-Mail: grect@vienna.at

... in der Schweiz
– 8001 Zürich, Löwenstr. 25
Tel. 01 221 01 05, Fax 01 212 05 16
E-Mail: eot@bluewin.ch

... auf Rhodos
Tourist Information der Stadt Rhodos: Platia Rimini, gegenüber der Néa Agorá (verteilt Fahrpläne für Busse und Fähren, Veranstaltungskalender etc.). Geöffnet in der Saison Mo–Sa 8–20, So 9–12 Uhr, Tel. 22410-35 945.
EOT-Büro: Papagou, Ecke Makariou, geöffnet Mo–Fr 8–14 Uhr, Tel. 22410-23 255, Fax 22410-26 955.

Info im Internet

www.rhodos-info.de
private Info-Site in Deutsch mit vielen Rubriken; darunter eine Hotel-Kritik

www.rhodos-journal.de
private Site eines Rhodos-Residenten mit vielen nützlichen Tipps und Rhodos-News

www.rhodos-travel.com
Reisetipps, Buchungscenter sowie Online-Shop für Rhodos-Produkte (Wein, Olivenöl etc.)

www.ando.gr/eot
englische Site der Dodekanes-EOT, viele wichtige Daten, leider nicht gut aktualisiert

www.helios.gr/rhodes
englische Site mit vielen Links: Guide, Praktisches, Business

www.rodos.com
allgemeine Infos und Links, umfangreiche Hotelauswahl mit Preisen und Online-Reservierung.

www.gtpnet.com
alle innergriechische Fährverbindungen, relativ aktuell

www.griechenland.net/az
Homepage der deutschsprachigen ›Athener Zeitung‹

Kiosk

Im griechischen Kiosk bekommt man (fast) alles. Der *períptero* ist Mittelpunkt des Dorfes und beliebterTreffpunkt in der Stadt und vom Boden bis zur Decke voll gepropft mit all dem, was man im Alltag so braucht: Zigaretten, Süßigkeiten, Zeitungen, Schreibwaren, bis hin zu Kondomen (gr. *profilaktiká)* und Briefmarken.

Kirchenbesuche

Griechische Kirchen bergen oft wahre Schätze der byzantinischen Sakralkunst, gleichzeitig lassen sie ungebrochene Frömmigkeit der Orthodoxie erfahrbar werden. Entsprechend der Heiligkeit des Ortes sollte die Kleidung des Besuchers ausfallen. Knie, Schulter und Oberkörper müssen bedeckt sein. Am Eingang von häufig besuchten Kirchen werden dafür Tücher oder Röcke bereitgehalten.

Da viele einsame Kapellen von Ikonenräubern in der Vergangenheit regelrecht ausgeplündert wurden, sind heute die meisten Kirchen verschlossen. In der Regel verwahrt ein Anwohner in der Nachbarschaft den Schlüssel. Man fragt ›*Pjós échi to klidí, parakaló*‹ (Wer hat den Schlüssel, bitte?)

Der Verwalter oder der Priester, der Papa, erwartet für seine Mühe eine Spende an die Kirche, die man in das Sammelkästchen am Eingang wirft. Dort liegen meist auch dünne Kerzen aus, die gegen eine Spende entzündet werden dürfen.

Bei Klosterbesuchen ist eine Mittagsruhe von 13 bis 17 Uhr zu beachten. Frauen werden nur eingelassen, wenn sie einen Rock tragen, doch auch hier wird meist Kleidung verliehen. Eine Spende ist in den Klöstern ebenfalls gern gesehen, erst recht, wenn die Mönche den Gast geführt oder gar mit einer Kleinigkeit bewirtet haben.

Museen

Die Museen und Ausgrabungsstätten sind in der Regel recht teuer (bedeutende Stätten wie z. B. Líndos 6 € pro Person). Am Eingang werden oft ausführliche Infobroschüren verkauft. Kernöffnungszeiten sind Di bis So 8.30–15 Uhr, geschlossen jeweils montags. In der Hochsaison (Juli/August) gelten teilweise erweiterte Öffnungszeiten: Di bis So bis 20 Uhr, Mo bis 15 Uhr. Letzter Eintritt jeweils 30 Min. vor Schließzeit.

Tipp: Gegen Vorlage eines internationalen Studentenausweises (ISIC) zahlt man oft nur die Hälfte des Preises. Im Winterhalbjahr muss man sonntags überhaupt keinen Eintritt zahlen.

Nacktbaden

Ein Paradies für textilfreies Sonnenbaden ist Rhodos nicht unbedingt. Griechische Familien sehen es nicht gern, dass ihre Kinder an die Strände ziehen, um dort blanke Busen zu begaffen. An den touristischen Stränden ist ›oben ohne‹ zwar möglich, doch wird es von den Gigolos oft als direkte Einladung verstanden. Ganz ›ohne‹ ist nur in einer Nacktbadezone bei Faliráki (eine Bucht Richtung Ládiko) gestattet.

Beleidigend empfinden viele Griechen auch jene Urlauber, die in Strandkleidung durch ihre Dörfer flanieren.

Notruf

s. Umschlagklappe vorn

Öffnungszeiten

s. Umschlagklappe vorn

Polizei

Die griechische Polizei ist – zumindest wenn es sich nicht um ernste Kriminalität wie z. B. Rauschgiftdelikte (!) handelt – sehr zurückhaltend. Polizei-Büros gibt es in Rhodos-Stadt, Líndos, Archángelos, Kremastí, Ialyssós und am Flughafen.
Notruf: Tel. 100.

An die **Touristenpolizei** kann man sich bei ernsthaften Beschwerden und Betrugsangelegenheiten wenden.
Touristenpolizei Rhodos:
Alex. Papagou, Tel. 22410-27 423

Post (ELTA)

Briefmarken *(grammatósima)* gibt es auch am Kiosk und in Souvenirläden. Eine Postkarte oder ein Standardbrief kosten 60 Cent. Die Post nach Mitteleuropa wird per Luftpost befördert und braucht etwa eine Woche.
Hauptpost Rhodos: Platia Eleftherias (gegenüber der Kirche Evangelísmos) Mo bis Fr 7.30–20 Uhr

Souvenirs

Rhodos-Stadt und Líndos sind die großen Souvenirmärkte auf Rhodos. Neben Kitsch und Massenware kann man auch sehr schönes Kunsthandwerk (Keramik, Schmuck, Holzschitzereien, handgeknüpfte Teppiche) mit künstlerischem Anspruch finden. In Rhodos-Stadt verkaufen zahlreiche Läden zudem Lederkleidung und Pelzmäntel. Darüber hinaus gibt es Kupfer- und Messingarbeiten und Schwämme, man kann Ikonen kaufen oder sich selbst in Farbe oder in Schwarzweiß porträtieren lassen. In Líndos bieten die Frauen gestickte Decken an, in den Bergdörfern Siána und Émbona auch Webteppiche, die aber zumeist Fabrikware sind.

Telefonieren

Von Telefonzellen kann man nur mittels Wertkarten *(tilekárta)* telefonieren, die bei der OTE, aber auch an Kiosken oder in Supermärkten erhältlich sind (zu 3 €, 6 € und 9 €). Für Gespräche vom Hotelzimmer zahlt man erhebliche Aufschläge (bis 200 %).
Hauptzentrale der OTE:
Odos Amerikis, tgl. 8–23 Uhr.

Mit dem eigenen **Mobiltelefon** kann man im GSM Roaming in ganz Rhodos und auch auf den kleinen Nachbarinseln problemlos telefonieren. Die Tarife (innerhalb der Europazone) sind noch relativ günstig, doch zahlt man auch für eingehende Anrufe die Verbindung aus dem Heimatland. Wer viel telefonieren will, kauft besser eine Prepaid-Karte, z. B. vom Marktführer Cosmote oder von Vodafone. Auch wenn man innerhalb von Griechenland mit einem deutschen Teilnehmer telefonieren will, muss man die internationale Vorwahl (+49) mitwählen. Griechen ruft man übrigens eher auf dem Handy an (ohne eine Landesvorwahl zu wählen) als per Festnetz, besonders zur Siesta zwischen 14 und 17 Uhr. **Achtung bei der Netzwahl:** Manche griechischen Betreiber (wie z. B. Panafon) setzen viele Werbe-SMS ab, die erhebliche Kosten verursachen können. Grundsätzlich sollte man auch die Mailboxfunktionen ausschalten.

Auslandsvorwahlen: s. Umschlagklappe vorn

Toiletten

Der Standard griechischer Toiletten ist berüchtigt, oft fehlen die Sitzbrillen ganz. Auf Rhodos besitzen aber die meisten modernen Restaurants akzeptable ›stille Örtchen‹. Das Papier wirft man stets in einen nebenstehenden Eimer (damit es nicht im Meer wieder auftaucht). Toilettentüren sind durch die Aufschrift ΑΝΔΡΩΝ (Männer) oder ΓΥΝΑΙΚΩΝ (Frauen) gekennzeichnet.

Trinkgeld

In den touristischen und den modernen Lokalen und Kneipen ist Trinkgeld gern gesehen; man lässt es beim Gehen einfach auf dem Tisch liegen. Beträge unter 1 Euro wirken jedoch eher beleidigend – viel oder gar nicht lautet die Devise. In ganz traditionellen Kafénia sind Trinkgelder, jedenfalls für den Wirt selbst, eher unüblich.

Unterkunft

Zimmersuche

Schwierigkeiten, ein freies Zimmer zu finden, hat man wenn überhaupt in der **Hochsaison** zwischen Mitte Juli und Ende August. Kurzfristige telefonische Vorausbuchungen werden dann oft nicht angenommen. Wer einfache Pensionszimmer sucht, kann Taxifahrer fragen oder auch in Tavernen oder Supermärkten. In der Nebensaison bieten Zimmervermieter ihre Quartiere am Hafen an (auf Rhodos teils auch am Flughafen). Gute Zielorte für Individualreisende mit zahlreichen einfachen Unterkünften wie Pensionen oder Studios sind Rhodos-Altstadt, Líndos, Charáki, Stegná, Gennádi und die umliegenden kleinen Inseln.

Buchung per Internet: Viele Apartmentbesitzer bieten ihre Quartiere im Internet an, meist mit Vorzahlung über die Kreditkarte. In der Regel handelt es sich aber nicht um die am schönsten oder günstigsten gelegenen Häuser; oft sind die Preise höher als vor Ort.

Hotels

Für die staatlichen Hotelklassifikationen (de luxe und A bis E, bald soll ein Sternesystem eingeführt werden) sind neuerdings Preisrahmen festgelegt: A 130–300 €, B 90–170 €, C 60–135 €, D 40–65 €, E 25–50 €, Luxus ist in der Preisgestaltung frei. Die Klassifikation bezieht sich aber auf die Ausstattungsmerkmale, nicht auf die Qualität. So kann man in neueren Häusern der B- und C-Kategorie besser unterkommen, als in älteren der A-Kategorie. Dieser Effekt lässt sich auch an den neun **Luxus-Hotels** von Rhodos in Rhodos-Stadt und Ixiá beobachten, die alle schon über 25 Jahre alt sind. Auf der anderen Seite sind viele Vermieter, vor allem in der Nebensaison, zu erheblichen Nachlässen zu bewegen – das ist Verhandlungssache!

Deutsche Pauschalveranstalter bieten meist neue Häuser der **A-Kategorie** an, Großanlagen mit Lounge und Bar, Pools, Restaurant, Disco und häufig Sportangeboten oder Tennisplätzen. Auch hier ist das Ambiente sehr luxuriös, die meisten werden als **All-inclusive-Anlagen** geführt. Mit typisch griechischem Flair hat das freilich nur noch wenig zu tun (s. S. 64f), darüber können auch die Shows der ›Griechischen Abende‹ nicht hinwegtäuschen.

Häuser der **D-Kategorie,** also einfache Mittelklasse, häufig in Familienbesitz und mit freundlicher Atmosphäre, finden sich nur selten in den Katalogen. Dass dort nur Frühstück serviert wird, nicht aber Halbpension wie in den Großhotel ist kein Nachteil – über die Qualität dieser Großküchenverköstigung kann man nur höflich schweigen. Bei Preisen von 35–60 € fürs DZ mit Bad sind vor allem diese Häuser interessant für Individualtouristen.

Pensionen

In den unteren Kategorien sind **Pensionen** angesiedelt, die sich ›Rooms to let‹ nennen. Die Zimmer sind einfach (oft nur Etagenbad), die Atmosphäre aber locker und von Inselhopper-Flair bestimmt. Vor allem in Rhodos-Altstadt ist die Auswahl groß, auf den kleinen Inseln sind sie häufig die einzige Übernachtungsmöglichkeit. Auf jeden Fall erst das Zimmer anschauen, bevor man mietet. Allerdings sind die Preise seit der Euro-Einführung, vor allem in Rhodos-Altstadt, unverhältnismäßig angehoben worden. Bei DZ-Preisen von 30–50 € ist das Preis-Leistungsverhältnis derzeit nicht überzeugend.

Studios & Apartments

In den Küstenorten vermieten Privatleute in kleineren Bauten Studios (Zimmer mit Kühlschrank und Kochgelegenheit) und Apartments (zwei Zimmer, sonst wie Studios). Das Preis-Leistungsverhältnis ist in der Regel günstig, die Lage ruhig – dafür fehlen aber die Angebote einer Großanlage. Sehr schöne Studios gibt es in Líndos und auf Sými und Chálki; sie werden jedoch nur von britischen Veranstaltern angeboten. Man kann sie aber über die Reisebüros vor Ort von Deutschland aus privat buchen (per Fax auf Englisch, Adressen im Reiseteil).

Camping

Auf Rhodos gibt es keinen Campingplatz mehr. Freies Campen auf öffentlichem Grund ist verboten, ebenso auch, einfach am Strand zu schlafen.

Verkehrsmittel

Busverbindungen

Auf Rhodos gibt es Stadtbusse, die in die Vororte von Rhodos-Stadt fahren (S. 109), sowie Überlandbusse, die Rhodos-Stadt mit jedem Ort der Insel verbinden. Bis zur Linie Lárdos–Theólogos sind die Verbindungen häufig und auf die Bedürfnisse der Touristen abgestimmt, im Inselsüden fahren die

Busse seltener (oft nur morgens früh in die Stadt, nachmittags zurück).

Es gibt zwei unterschiedliche Linien: Die weiß-beigen KTEL-Busse fahren entlang der Ostküste, aber auch bis hinüber nach Apolakkiá im Südwesten, die blau-weißen RODA-Busse fahren entlang der Westküste bis hinunter nach Apolakkiá. Fahrpläne erhält man beim städtischen Infokiosk gegenüber der Néa Agorá.

Zentraler Abfahrtspunkt in Rhodos-Stadt ist die Néa Agorá (Rückseite für RODA, Sound & Light-Park für KTEL). Die Fahrpreise sind relativ günstig: Die 55 km lange Fahrt von Rhodos-Stadt nach Líndos kostet 3,70 €. Die Busse halten auch an den größeren Hotels, bei den Rezeptionen ist meist ein Fahrplan erhältlich.

Mietfahrzeuge

In allen Touristenorten werden Autos vermietet, alle größeren Agenturen sind am Flughafen vertreten. Besonders beliebt sind auch Motorräder: Häufig führerscheinfreie Roller, aber auch 250er Enduros, 600er Virangos (Kawasaki) und sogar Harleys (bei: Rent a Harley, Rhodos-Stadt, 80 28-Oktovriou, Tel./Fax 22410-74925, z. B. die Bad Boy für ca. 110 €/Tag).

Ein Kleinwagen kostet pro Tag ohne Kilometerbeschränkung ab etwa 35 €, für längere Zeiten und in der Nebensaion kann man den Preis auf 22 € herunterhandeln. ›Normale‹ Motorräder kosten um 25 € pro Tag, führerscheinfreie Mopeds oder Roller um 12 €.

Bei der Übernahme muss man Führerschein und Reisepass vorlegen; gezahlt wird vorab. Eine Kreditkarte ist vorteilhaft, das spart die Barzahlung einer Kaution: für Pkw ca. 300 € als Selbstbeteiligung bei Vollkaskoversicherung (Achtung: Schäden an Reifen und Wagenunterseite sind nicht gedeckt). Das Mindestalter beträgt 21 Jahre, der Mieter muss den Führerschein mindestens ein Jahr besitzen. Kontrollieren Sie bei Autos Reservereifen und Wagenheber, bei Zweirädern empfiehlt sich auch eine kurze Proberunde (auf die Bremsen achten!).

Taxis

Die Taxis von Rhodos sind blau mit weißem Dach. Der Haupttaxistand von Rhodos-Stadt liegt zwischen der Néa Agorá und dem Eleftherías-Tor, größere Standplätze gibt es sonst nur noch am Flughafen, in Ialyssós (Triánda), Faliráki und Líndos.

Die Gebühren liegen vergleichsweise niedrig, sind aber kompliziert. So gibt es zwei unterschiedliche Tarife für Stadt und Land. Zuschläge kassiert der Fahrer für Nachtfahrten, an Feiertagen sowie für Fahrten zum Flughafen und mit Gepäck. Wenn der verlangte Preis von der Taxameteranzeige abweicht, ist das also normal. Achten sollte man aber darauf, ob der Fahrer das Taxameter einschaltet! Taxi-Ruf in Rhodos-Stadt: Tel. 22410-64712, wer kein Griechisch spricht, fragt am besten den Hotelwirt.

Zeit

Griechenland gehört zur osteuropäischen Zeitzone (OEZ). Man stellt die Uhr bei der Einreise also um eine Stunde vor. Auch in Griechenland gilt die

SPRACHFÜHRER

Auch ohne griechische Sprachkenntnisse kommt man heute überall in Griechenland zurecht. Fast alle sprechen Englisch (die älteren nur die gängigen Phrasen, die Jungen und die Auswanderer perfekt), viele können auch Deutsch. Hinweisschilder sind meist in griechischen und lateinischen Buchstaben abgefasst, so dass auch die Orientierung keine große Schwierigkeit bereitet.

Dennoch empfiehlt es sich, ein wenig Griechisch zu lernen; man kommt schneller zurecht und wird häufig auch freundlicher behandelt. Doch bietet für den Anfänger gerade das Alphabet und die Umschrift manche Schwierigkeit, keine der gängigen Umschriften entspricht der richtigen Aussprache.

Auch die Griechen selbst scheinen sich nicht ganz einig zu sein: So wird man selbst in einem Dorf verschiedene Namensschreibweisen finden und auf jeder Landkarte eine andere. Beim griechischen Alphabet gibt es einige Buchstaben, deren übliche lateinische

Das griechische Alphabet

		Aussprache	Umschrift
Α	α	a	a
Β	β	w	v, w
Γ	γ	j vor e und i, sonst g	g, j, y
Δ	δ	wie engl. th in ›the‹	d, dh
Ε	ε	ä	e
Ζ	ζ	s wie in ›Sahne‹	z, s
Η	η	i	i, e
Θ	ϑ	wie engl. th in ›thief‹	th
Ι	ι	i, wie j vor Vokal	i
Κ	κ	k	k
Λ	λ	l	l
Μ	μ	m	m
Ν	ν	n	n
Ξ	ξ	ks, nach m oder n weicher: gs	x, ks
Ο	ο	o	o
Π	π	p	p
Ρ	ρ	gerolltes r	r
Σ	σ, ς	s wie in ›Tasse‹	ss, s
Τ	τ	t	t
Υ	υ	i	i, y
Φ	ϕ	f	f, ph
Χ	χ	ch wie in ›Bach‹ (vor a, o, u) wie in ›Milch‹ (vor e, i)	ch
Ψ	ψ	ps	ps
Ω	ω	offenes o	o

Buchstabenkombinationen

		Aussprache	Umschrift
ΑΙ	αι	e wie in ›Brett‹	e, ä
ΓΓ	γγ	ng wie in ›lang‹	ng, gg
ΕΙ	ει	i wie in ›lieb‹	i
ΕΥ	ευ	ef wie in ›heftig‹	ef, ev
ΜΠ	μπ	b im Anlaut, mb im Wort	B mp, mb
ΝΤ	ντ	d im Anlaut nd im Wort	D nd, nt
ΟΙ	οι	i wie in ›Liebe‹	i
ΟΥ	ου	langes u wie in ›Lupe‹	u, ou

Schreibweise stark von der Aussprache abweicht, z. B.:

Β/β (*vita*) = v, gesprochen wie w

Γ/γ (*gamma*) = g, gesprochen wie r vor dunklen Vokalen (a, o, u); wie j vor hellen Vokalen (e, i)

Δ/δ (*delta*) = d, gesprochen wie weiches (stimmhaftes) englisches th

Θ/θ (*thita*) = th, gesprochen wie stimmloses englisches th

Weiterhin muss man auf die richtige Betonung achten, um verstanden zu werden: Manche Wörter haben mit anderer Betonung eine völlig unterschiedliche Bedeutung (etwa: *mílo* = Apfel; *miló* = ich sage).

Begrüßung und Abschied

Guten Tag!	*Káli méra!* (bis 17 Uhr)
Guten Abend!	*Káli spéra!* (ab 17 Uhr)
Gute Nacht!	*Káli níchta!* (ab 22 Uhr, nur beim Abschied)
Hallo, Tschüss!	*Yássu!* (Du-Form), *Yássas!* (zu mehreren, zugleich Sie-Form)
Seien Sie gegrüßt!	*Chérete!* (sehr höflich)
Wie geht es Dir? / Ihnen?	*Ti kánis? / Ti kánete?*
gut (m./f.)	*kaló / kalí*
schlecht (m./f.)	*kakó / kakí*
Auf Wiedersehen!	*Adío!* (zu einem) *Adíosas!* (zu mehreren)

Wichtige Redewendungen

Bitte	*parakaló*
Wie bitte? / Bitte sehr!	*oríste*
Danke (vielmals)	*efcharistó (polí)*
ja / nein	*nä / óchi*

(**Achtung:** Griechen heben dabei etwas den Kopf, was man leicht mit – bejahendem – Kopfnicken verwechselt)

Entschuldigung!	*Signómi!*
Keine Ursache!	*Típota!*
O.K., in Ordnung!	*Endáxi!*
Prost	*yammas*
Das ist nicht schlimm.	*Dhen pirási.*
Ich habe nicht verstanden.	*Dhen katálava.*
Ich habe es eilig!	*Viássome!*
Hau ab!	*Fíye!*
Lass uns gehen!	*Páme!*
der da (das da) / die da	*aftó / aftí* (gängige Floskel für alles, wor auf man gerade zeigt oder schaut)
Woher kommst Du?	*Apo pu ísse?*
Deutschland	*jermanía*
Österreich	*afstría*
Schweiz	*elvetía*

Auskünfte, Adjektive

Wo ist …?	*Pú íne …?*
Bitte, ich möchte …!	*Parakaló, thélo …!*
Gibt es …?	*Échi …?*
Darf ich … haben?	*Boró ná écho …?*
Wie spät ist es?	*Tí óra íne?*
Ich suche ein / eine …	*Thélo ná vró éna / mía …* (wörtl. Ich möchte eine … finden)
Was wünschen Sie?	*Ti thélete?*
Wo ist die Toilette, bitte?	*Pú íne í tualéta, parakaló?*
gut / schlecht	*kalós / kakós*

groß / klein	*megálos / mikrós*
neu / alt	*néos / paliós*
mit / ohne	*mé / chorís*
rechts / links	*dhexiá / aristerá*
geradeaus	*efthían*
hinter, zurück	*píso*
weit / nah	*makría / kondá*
heiß / kalt	*sésto / krío*

Reisen

Gute Reise!	*Kaló taxídi!*
Straße / Platz	*odós / platía*
Boulevard	*leofóros*
Hafen / Schiff	*limáni / karávi*
Bahnhof / Bus	*stathmós / leoforió*
Flughafen	*aerodrómio*
Flugzeug	*aeropláno*
Fahrkarte	*isitírio*
Motorrad	*motosikléta*
Fahrrad	*podílato*
Wann fährt er/ es ab?	*Póte thá fíji?*
Wann kommt er/es an?	*Póte thá ftássi?*
Wie viele Kilometer bis …?	*Póssa chiliómetra sto … ?*
Wo fährt der Bus nach …?	*Pú févji tó leoforío yá … ?*
Wann fährt der Bus nach …?	*Póte févji tó leoforío yá … ?*
Ist das der Weg nach …?	*Íne aftós ó dhrómos yá … ?* (**Achtung:** die höfliche Antwort ist immer ja!)

Bank, Post, Arzt

Bank	*trápeza*
Geldwechsel	*sinállagma*
Post	*tachidhromío*
Briefmarken	*grammatósima (Pl.)*
Ich möchte telefonieren.	*Thélo ná tilefonísso.*
Arzt	*iatrós*
Krankenhaus	*nosokomío*
Ich suche eine Apotheke.	*Thélo ná vró éna farmakío.*

Einkaufen, Essen

Kiosk	*períptero*
Bäckerei	*fúrno*
Gemischtwarenhandlung	*pandopolío*
Brot / Wasser	*psomí / neró*
Bier / Wein	*bíra / krassí*
rot / weiß	*kókino / áspro*
Fleisch / Fisch	*kréas / psári*
Milch / Zucker	*ghála / záchari*
Käse / Eier	*tirí / avghá*
Obst / Gemüse	*frúta / lachaniká*
Speisekarte	*katálogos*
Was wünschen Sie?	*Tí thélete?*
Bitte, ich möchte …!	*Parakaló, thélo …!*
eine Portion	*mía merída*
zwei Portionen	*dío merídes*
Was kostet das?	*Pósso káni afto?*
Ich nehme es!	*To pérno!*
Das ist teuer!	*Íne akrivó!*
Es gefällt mir (nicht).	*(dhen) maréssi.*
Darf ich ein Glas Wasser haben?	*Boró ná écho éna potíri neró?*
Ich möchte eine Flasche Retsina!	*Thélo éna boukáli retsína!*
Kann ich Eier mit Schinken bekommen?	*Boró na écho beikon ké avghá?*
Prost!	*Yámmas!*
Die Rechnung, bitte!	*Tó logarjasmó, parakaló!*
Zahlen, bitte	*Pliróssome, parakaló!*

Zahlen

1	éna (mask.), mía (fem.)	50	penínda
2	dhío (spr. *sío)*	60	eksínda
3	tria (Ziffer), tris (Menge)	70	evdomínda
4	téssera (Ziffer),	80	oghdónda
	tésseres (Menge)	90	enenínda
5	pénde	100	ekató
6	éksi	200	diakósja
7	eftá (veraltet: epta)	300	triakósja
8	októ (spr. *ochto)*	400	tetrakósja
9	ennéa	500	pendakósja
10	dhéka (spr. *seka)*	600	eksakósja
11	éndheka	700	eftakósja
12	dhódheka	800	oktakósja
13	dhekatría	900	enjakósja
14	dhekatéssera	1000	chília
	usw.	1100	chília ekató
20	íkossi	1200	chília diakóssia
21	íkossi éna	2000	dhío chiliádes
22	íkossi dhío	3000	trís chiliádes
	usw.	4000	tésseres chiliádes
30	triánda	20000	íkossi chiliádes
40	saránda	35000	triánda pénde chiliádes
		1 Million	ekatomírrio

REGISTER

REISEATLAS

LEGENDE

1 : 170.000

0 — 8 km

Schnellstraße vierspurig	Burg	Hafen
Hauptstraße	Burgruine	Leuchtturm
Verbindungsstraße	Kloster	Berggipfel
Nebenstraße, geteert	Kirche; Kapelle	Höhenpunkt
Nebenstraße, ungeteert	Archäologische Stätte	Aussichtspunkt
Piste	Sendeturm	Campingplatz
Fußweg	Höhle	Badestrand
Fähre	Windmühle	Windsurfen
Staatsgrenze	Information	Wasserski
Internationaler Flughafen	Museum	Gute Schnorchelmöglichkeit
Flugplatz	Krankenhaus	Tankstelle

A
B
C
1
2
3
4
Kamári (Kós) Καμάρι (Κώς)
Kardámena (Kós) Καρδάμαινα (Κώς)
Kós Κώς
Rhódos Ρόδος
Nísi Gialí
Νήσι Γυαλί
180 m
Gialí
Γυαλί
175 m
45 m
Nísi Ágios Antónios
Νήσι Άγ. Αντώνιος
Órmos Gialí
Όρμος Γυαλί
120 m
Nísi Strongíli
Νήσι Στρογγύλη
200 m
100 m
50 m
Akr. Kaloúti
Akp. Καλούτι
Egéo Pélagos
Αιγαίο Πέλαγος
Ägäisches Meer
Mandráki
Μανδράκι
Panagiá Spiliáni
Akr. Mólos
Chochláki Beach
Palékastro
White Beach
Akrotíri
Ακρωτήρι
Páli
Πάλοι
Römische Thermen
Akr. Palós
Ακρ. Πάλος
Liés Beach
Pachía Ámmos Beach
Moní Evangelístria
Armás
Agía Anastásia
Emborió
Εμπορειό
547 m
Profítis Ilías
Προφήτης Ηλίας
698 m
540 m
545 m
Caldera
Moní Panagiá Kirá
588 m
Akr. Mávro
Ακρ. Μαύρο
Moní Ioánnis Theológos
Nikiá
Νικιά
Akrotírio
Ακρωτήριο
Ágios Stavrós
Nísi Pírgousa
Νήσι Πύργουσα
73 m
140 m
Nísi Pachiá
Νήσι Παχιά
Akr. Petródes
Ακρ. Πετρώδες
Avláki
Αυλάκι
Akr. Loutrós
Ακρ. Λουτρός
Níssyros
Νίσυρος
Egéo Pélagos
Αιγαίο Πέλαγος
Ägäisches Meer
500 m
Nísi Alimi
Νήσι Αλιμι
Voun
Bouv
269 m
Nísi Sfira
Νήσι Σφυρα
Nísi Ágios Theodoros
Νήσι Άγιος Θεοδωρος
91 m
Akr. Mérmingas
Órmos Alimiá
Όρμος Αλιμιάς
Órmos Tría Giálos
Όρμος Θιο Γιαλος
Akr. Arméno
Ακρ. Αρμένο
Órmos Ágios Geórgios
Όρμος Άγιος Γεώργιος
Órmos Arréta
Όρμος Αρρέτα
Chálki
Χάλκη
200 m
100 m
50 m
Akr. Kefáli
Ακρ. Κεφάλι
Maístros
Μαίστρος
601 m
Órmos Kánia
Όρμος Κάνια
441 m
Profítis Ilías
Προφήτης Ηλίας
578 m
Agía Marína
Moní Ágios Ioánnis
Chorió
Χωριό
Kástro
Emborió (Chálki)
Εμπορειό (Χάλκη)
Kámiros Skála (Rhódos)
Κάμειρος Σκάλα (Ρόδος)
Nísaki
Νήσακι
Órmos Gialí
Όρμος Γυαλί
Órmos Póndamos
Όρμος Πόνδαμος
Akr. Matsoúka
Ακρ. Ματσούκα
Akr. Ichalá
Ακρ. Ιχαλά

S. 236

D
E
F
1
2
3
4
Datça
Kós, Níssyros Κώς, Νίσυρος
Akr. Mákria
Ακρ. Μάκρια
Nísi Nýmos
Νήσι Νύμος
Nýmos
Νύμος
360 m
Nísi Chóndros
Νήσι Χόνδρος
101 m
Panagiá Ipakóis
Stenó Diápori
Diápori
Órmos Sétia
Órmos Sárpes
Análipsis
Rhódos Ρόδος
Órmos Kokkinochóma
Órmos Nimborioú
Akr. Koutsoúmpas
Ακρ. Κουτσούμπας
Nísi Oxiá
Νήσι Οξιά
Akr. Tolí
Ακρ. Τολή
Nimborió
Νημπορειό
Nós
Νός
Noúlia
Νούλια
249 m
Agía Marína
Agía Marína Beach
Órmos Pédi Όρμος Πέδι
Akr. Filónikos Ακρ. Φιλόνικος
Sými
Σύμη
Pédi
Πέδι
Chorió
Χωριό
Kástro
Gialós
Γιαλός
Órmos Tourkogiáli
Órmos Marathoúnda
Akr. Kefála
Ακρ. Κεφάλα
Moní Ágios Emilianós
Ágios Fanoúrios
Moní Roukouniótis
Ágios Nikólaos
Panagiá Eleoúsa
Sými
Σύμη
330 m
Kotíka
Κοτίκα
471 m
Vígla
Βίγλα
616 m
580 m
Moní Ágios Filimónos
Ágios Geórgios
Órmos Georgioú Disálona
Όρμος Γεωργιού Δισάλονα
594 m
Órmos Ládi
Ágios Vassílios
Panagiá Stratéri
Nisídes Diavátes
Νησίδες Διαβάτες
Nísi Koúpi
Νήσι Κούπι
Nísi Ghí
Órmos Koúpi
Ágios Nikólaos
Manós
Ágios Panteleímonas
Akr. Kalafátis
Órmos Ágios Vassíliou
528 m
Órmos Nánou Όρμος Νάνου
Megalonísi
Μεγαλονήσι
305 m
Agía Marína
Moní Metamórfosis tou Sotiroú
Ochriá
Όχριά
Órmos Kefaloú
Karavalonísi
Καραβαλονήσι
Mávra Spília
Akr. Atherína
Akr. Ág. Vassílios
Ακρ. Άγιος Βασσίλιος
Órmos Marathoúnda
Όρμος Μαραθούντα
Nísi Marmarás
Νήσι Μαρμαράς
100 m
200 m
Órmos Koutroúli
Akr. Koutroúli
Órmos Lopídia
Όρμος Λοπίδια
258 m
Akr. Skoulpúndas
Órmos Vathígialo
Moní Panormítis
Órmos Faneroméni
Akr. Pótos
Ακρ. Πότος
Troúlos
Τρούλος
269 m
Ágios Ioánnis Schistís
Nísi Sésklia (Teftloúsa)
Νήσι Σέσκλια
117 m
Ágios Pávlos
112 m
Spília toú Despóti
Nísi Strongílos
Νήσι Στρογγύλος
500 m
Stenó Rhodoú
Στενό Ροδού

S. 234

A
B
C
1
2
3
4
S. 233
S. 236
S. 236
Egéo Pélagos
Αιγαίο Πέλαγος
Ägäisches Meer
Stenó Rhodoú
Στενό Ροδού
500 m
200 m
100 m
50 m
Rhodos
(Ródos)
Ρόδος
Thólos Beach
Soroní Beach
Soroní Power Station
Theologos
Θεολόγος
Fánes Beach
Anemólimos Beach
Fánou Bridge
Soroní
Σορωνή
Ágios Loukás
Fánes
Φάνες
Akr. Agía Miná
Ακρ. Αγία Μηνά
Kalavárda
Καλαβάρδα
Argirós
Ágios Ioánnis
Άγιος Ιωάννης
198 m
Moní Ágios Soúla
Kamíros
Ágios Faneroméni
Ágios Geórgios
Agía Ánna
277 m
Ágios Ioánnis
Mandrikó
Μανδρικό
Sálakos
Σάλακος
Dimiliá
Διμυλιά
Eleoúsa
Ελεούσα
Kapí
Καπή
Profítis Ilías
Radio Tower
10%
780 m
Ágios Nikólaos Fountouklí
651 m
Ágios Geórgios
Náni
Νάνι
Oros Profítis Ilías
Όρος Προφίτης Ηλίας
Apóllona
Απόλλωνα
Platánia
Πλατάνια
Ágios Thomás
Panagía Karióna
Folklore Museum
504 m
Kritinía-Museum
Émbona
Έμπωνα
Ágios Ioánnis
Άγιος Ιωάννης
1216 m
Atávyros
Αταβυρος
Framéno
Φραμένο
1085 m
Moní Artamíti
402 m
Voukoliés
Stavrós
Moní Kamiroú

1 cm = 1,7 km 1 : 170.000
0
5 km
D
E
F
1
2
3
4
Akr. Zonári
Ακρ. Ζωνάρι
Mandraki
Großmeisterpalast
Apollon-Tempel
Ródos
Ρόδος
Órmos Triánda
Όρμος Τριάντα
Ialyssós Beach
Kritiká
Κρητικά
Rodiní
Ροδινή
Rodini Park
Zéfyros
Ixiá
Ιξιά
Hospital
Kremastís Bridge
Ialyssós
Ιαλυσός
Tris
Τρις
Moni Tris
Diagoras
tional Airport
Kremastí
Κρεμαστή
Asgourou
Σγουρου
Ágios Ioánnis
Agia Marina
Αγία Μαρίνα
Paradísi
Παραδείσι
Moní Agia Nikita
Filérimos
Tsaïri
Τσαϊρη
Koskinoú
Κοσκινού
Kallithéa
Καλλιθέα
Akr. Vódi
Ακρ. Βόδι
Flugplatz (aufgelassen)
Pastída
Παστίδα
Damatriá
Δαματριά
Thérmes Kallithéa
Tassos Beach
Ágios Minás
Loúka
Λούκα
261 m
Moní tís Theótokou
Maritsá
Μαριτσά
Water Park
Koumoúli
Κουμούλι
418 m
o Kalamónas
o Καλαμώνας
Faliráki Beach
ich Farm
Moní Ágios Eleoúsis
Ágios Ioánnis
Faliráki
Φαληράκι
oúdes
erfly Valley)
452 m
Kalythiés
Καλυθιές
434 m
Moní Profítis Amós
Anthony Quinn Bay
Ágios Geórgios
Akr. Ladikó
Ακρ. Λαδικό
Psalída
Ψαλίδα
331 m
Ladikó Bay
Psínthos
Ψίνθος
Traganoú Beach
Afándou
Αφάντου
Clubhouse
Agía Triás
Afándou Beach
Folklore Museum
Afándou Golfplatz
Katholikí
Panagía Parmeniotíssis
Órmos Afandoú
Όρμος Αφαντού
Moní Panagías Paramithiás
Ágios Nikólaos
Afándou Beach
Ágios Nektários
465 m
Loutáni Bridge
Loutáni Λουτάνη
Kolýmbia
Κολύμπια
Akr. Vágia
Ακρ. Βάγια
424 m
Épta Pigés
351 m
305 m
Kýra Panagía Tsambíka
Akr. Tsambíka
Ακρ. Τσαμπίκα
Moní Tsambíka
Tsambíka Beach
Ágios Konstantínos
Órmos Archangélou
Όρμος Αρχαγγέλου
Archangelos
Αρχάγγελος
Stegná
Στεγνά
Agii Theódori
Stegná Beach
Profítis Ilías
516 m
S. 237
200 m
500 m
1000 m
Ágios Geórgios

A
B
C
1
2
3
4
S. 234
S. 232
S. 238
Nísi Alimiá
Νήσι Αλιμιά
Vouní
Bouví
269 m
Ágios Minás
Órmos Alimias
Όρμος Αλιμίας
126 m
Akr. Katsoúni
Ακρ. Κατσούνι
Chálki Χάλκη
Akr. Kopriá
Ακρ. Κοπριά
Nísi Makrí
Νήσι Μακρύ
101 m
75 m
Mandrikó
Μανδρικό
Kástello Kritinía
155 m
Kámiros
Skála
Κάμειρος Σκάλα
Ágios
Geórgios
Náni
Νάνι
504 m
Kritinía
Κρητηνία
Kritinía-
Museum
Émbona
Έμπωνα
Paleóchora Beach
Panagía
Ámartos
Rhodos
(Ródos)
Ρόδος
Ágios Ioánnis
Άγιος Ιωάννης
1216 m
Framéno
Φραμένο
1085 m
Pithanízis
Πιθανίζης
609 m
Óros Attávyros
Όρος Αττάβυρος
Voukoliés
Βουκολιές
Glyfáda Beach
Lakkí
Λακκί
(verlassen)
Glyfáda
Γλυφάδα
200 m
Vaskotópi
Βοσκοτόπι
1071 m
Profítis Avakoúm
Stelliés
Στελιές
100 m
50 m
Makriá Séla
Μακριά Σέλα
Tsamóli
Τσαμόλι
564 m
Pírgos
Πύργος
Zoodóchos
Pigí
Ágios Isídoros
Άγιος Ισίδωρος
Ágios Geórgios
Kopéla
Κοπέλα
318 m
823 m
Óros Akramítis
Όρος Ακραμύτης
Siána
Σιάνα
Ágios Ioánnis
585 m
Órmos Kerameni
Όρμος Κεραμενή
Ágios
Geórgios
Monólithos
Μονόλιθος
402 m
Akr.
Monólithos
Ακρ. Μονόλιθος
Kástello
Monólithos
Ístrio
Ίστριο
Reservoir
Nísi Strongíli
Νήσι Στρογγυλή
Akr. Foúrni
Ακρ. Φούρνοι
Profylía
Προφυλία
Ágios Geórgios
Várdas
Strongíli
Στρογγυλή
496 m
Kourkoutachi
Kálamos
Beach
Órmos Apolakkías
Όρμος Απολακκίας
Ágios Geórgios
Ágios Ioánnis
Moní
Asoumadoú
Agía Iríni
Apolakkiá
Απολακκιά
Moní Filímonas
Arnítha
Αρνίθα
Troúlos
Τρούλος
515 m
Ágios Ioánnis

D
E
F
1
2
3
4
S. 235
S. 235
S. 239
Sálakos
Σάλακος
Kapí
Καπή
Profítis Ilías
Radio Tower
780 m
10%
Oros Profítis Ilías
Όρος Προφίτης Ηλίας
Panagía Kariόna
Apóllona
Απόλλωνα
Folklore Museum
Dimiliá
Διμυλιά
Eleoúsa
Ελεούσα
Ágios Nikólaos Fountouklí
651 m
Platánia
Πλατάνια
Ágios Thomás
Archípoli
Αρχίπολη
Ágios Nektários
465 m
424 m
551 m
Panagía Parmeniotíssi
Ágios
Ágios Konstantínos
Archangelos
Αρχάγγελος
Agii Theódori
Platanéro
Πλατανέρο
402 m
Malóna
Μαλώνα
Mákkaris
Μάκκαρις
325 m
Moní Kamiroú
Stavrós
Agía Sofía
348 m
Ágios Geórgios
Másari
Μάσαρη
Agía Agathí
Agía Agathí Beach
Feráklos
Charáki
Χαράκι
Akr. Omv
Ακρ. Ομβρ
Charáki Beach
Ágios Georgíos Loríma
Láerma
Λάερμα
Γαιδουράς
Gaidouras
Gadourás Bridge
Másari Beach
Moní Thárri
376 m
Koutári
Κουτάρι
Moní Ínko
Kálathos
Κάλαθος
Vlichá Beach
Akr. Ágios Emilianós
Ακρ. Άγ. Αιμιλιανός
Pilónas
Πυλώνας
Moní Ipsenís
Lárdos
Λάρδος
Marmári
Μαρμάρι
458 m
359 m
Líndos
Λίνδος
Panagía
Akropolis von Líndos
Ágios Pávlos Beach
Ágios Geórgios
Agía Marína
384 m
Ágios Thomás
Asklipío
Ασκληπιείο
Kímisis tis Theotókou
Folklore Museum
Lárdos Beach
Lothiarka Beach
Pέfki
Πεύκοι
Nísi Pendanísi
Νήσι Πενταννησι
Glýstra Beach
Órmos Lardoú
Όρμος Λαρδού
Nísi Pende Vrachi
Νήσι Πεντε Βραχοι
Akr. Gínas
Ακρ. Γκίνας
Kiotári
Κιοτάρι
Kiotári Beach
50 m
100 m
tamíti
Ép

A
B
C
1
2
3
4
S. 236
Nísi Strongíli
Νήσι Στρογγύλη
Akr. Foúrni
Ακρ. Φούρνοι
Órmos Apolakkías
Όρμος Απολακκίας
Kálamos Beach
Ágios Geórgios
Ágios Geórgios Várdas
Reservoir
Koukoutáchi
Ístrio
Ίστριο
Profylía
Προφυλία
Strongíli
Στρογγύλη
496 m
Ágios Ioánnis
Moní Asoumadoú
Agía Iríni
Apolakkiá
Απολακκιά
Moní Filímonas
Arnítha
Αρνίθα
Váti
Βάτι
Troúlos
Τρούλος
515 m
Archángelos Míchail
Ágios Ioánnis
Koukouliári
Κουκουλιάρι
Moní Skiádi
562 m
Rhodos
(Ródos)
Ρόδος
Mesanagrós
Μεσαναγρός
Kímisis tís Theotókou
Ágios Geórgios
383 m
Ágios Paraskeví
Profítis Ilías
Ágios Thomás
324 m
Nísi Chtenía
Νήσι Χτενία
Ágios Ioánnis
319 m
Ágios Geórgios
Ágios Nikólaos
306 m
Lachaniá
Λαχανιά
Agía Iríni
Profítis Ilías
259 m
Ágios Theódoros
Kattavía
Κατταβία
Ágios Pávlos
Lachaniá B
Chóchlakas
Χόχλακας
Akr. Karávolas
Ακρ. Καράβολας
235 m
Ágios Loukás
Zoodóchou Pigí
Nísi Karávolas
Νήσι Καράβολας
Plimmýri
Πλημμύρι
Plimmýri Beach
Ágios Geórgios
Akr. Germatá
Ακρ. Γερματά
Akr. Nísos
Ακρ. Νήσος
214 m
Vroúlia
Prasonísi
Πρασονήσι
Prasonísi Beach
Akr. Práso
Ακρ. Πράσο
Nísi Chína
Νήσι Χήνα

D
E
F
S. 237
1
2
3
4
Moní Ínk
Pilónas
Πυλώνας
Vlichá Beach
Akr. Ágios Emilianós
Ακρ. Αγ. Αιμιλιανός
Moní Ipsenís
Lárdos
Λάρδος
Ágios Geórgios
Agía Marína
Marmári
Μαρμάρι
458 m
359 m
Líndos
Λίνδος
Panagía
Akropolis von Líndos
Ágios Pávlos Beach
384 m
Ágios Thomás
Kímisis tis Theotókou
Folklore Museum
Lothiarka Beach
Lárdos Beach
Péfki
Πεύκοι
Nísi Pendanísi
Νήσι Πενταvησι
Órmos Lardoú
Όρμος Λαρδού
Glýstra Beach
Nísi Pende Vrachi
Νήσι Πεντε Βραχοι
Akr. Gínas
Ακρ. Γκίνας
Kiotári
Κιοτάρι
Kiotári Beach
50 m
100 m
200 m
Nísi Tetrapoli
Νήσι Τετραπολη
Gennádi Beach
500 m
120 m
400
Bucak Denizi
Antiphellos
Kaş
Çukurbağ
Kaş Limanı
Condor Bu.
Gürmenli Ad.
Ada Bu.
İnce Bu.
Bayındır Lı.
TÜRKEI
Gürmenli Kayaları
Kaş
Gata Bu.
162 m
Vátı
Στενό Βάτυ
Steno
Akr. Ágios Stéfanos
Ακρ. Άγιος Στέφανος
Rhódos Ρόδος
Ágios Stéfanos
Sulu Ad.
Ágios Geórgios
236 m
Bayrak Ad.
Akr. Limenári
Ακρ. Λιμενάρι
Megísti
Μεγίστη
86 m
50 m
Kovan Ad.
Paliókastro
100 m
272 m
Nísi Ró
Νήσι Ρώ
200 m
Moní Ágios Ioánnis
Moní Ágios Geórgios tou Vounoú
Başak Ad.
Kastellórizo (Megísti)
Καστελλόριζο (Μεγίστη)
Órmos Navlákas
Όρμος Ναβλάκας
Fokialikamára
500 m
Akr. Pounéndi
Ακρ. Πουνέντη
Kólpos Kastellorízou
Κόλπος Καστελλορίζου
196 m
GRIECHENLAND
Nísi Strongíli
Νήσι Στρογγίλη
Mittelmeer
Μεσόγειος Τηαλασσα
1000 m

Abbildungsnachweis
Rainer Hackenberg, Köln: Titelbild, Umschlagklappe hinten, S. 1, 2/3, 10, 16, 21, 26, 33, 40, 42, 44, 47, 50, 53, 57, 80, 88, 90, 95, 97, 101, 104, 111, 122, 124, 142, 153, 159, 163, 164, 168, 170, 200, 205, 210
Hans E. Latzke, Bielefeld: Umschlagklappe vorn, S. 13, 19, 34, 39, 62, 66, 71, 74, 76, 85, 106, 117, 127, 129, 133, 137, 147, 151, 154, 174, 179, 181, 186, 191, 197, 199, 207
Griechisches Fremdenverkehrsamt, Frankfurt: S. 55 re, 55 li

Alle anderen Abbildungen aus den Archiven des Autors

Abbildungen
Titel: Einfahrt des Mandráki-Hafens in Rhodos-Stadt mit den berühmten Hirschfiguren
Vordere Umschlagklappe: Ein typisches Restaurant in Líndos
Hintere Umschlagklappe: Die Ágios Nikólaos-Bucht bei Líndos unterhalb der antiken Akropolis
S. 2/3: Küstenlandschaft beim Ritterkastel Monólithos

Kartografie
DuMont Reisekartografie, Puchheim

2., aktualisierte Auflage 2006

Grafisches Konzept: Groschwitz, Hamburg
Druck: Rasch, Bramsche
Buchbinderische Verarbeitung: Bramscher Buchbinder Betriebe

Printed in Germany ISBN 3-7701-6064-9